W0388398

MARIE CURIE ET SES FILLES

Claudine Monteil

MARIE CURIE ET SES FILLES

CALMANN LEVY

CALMANN LÉVY

© Calmann-Lévy, 2021

COUVERTURE
Maquette : Olo.éditions
Photographie : © Classic Image/Alamy banque d'images

ISBN : 978-2-7021-8039-6

À la mémoire de ma mère, Josiane Serre,
universitaire, chimiste,
inspiratrice de nombreuses femmes scientifiques,
ancienne directrice de l'École normale supérieure
de jeunes filles (ex-Sèvres)
où Marie Curie et Irène Joliot-Curie enseignèrent.

1

DE LA POLOGNE À LA FRANCE, LA FORCE DE LA VOLONTÉ

Une sonnerie. Électrique. La petite Maria Sklodowska, sagement habillée, meilleure élève de sa classe, relève la tête. S'immobilise. Non à cause du froid dans la salle de classe de Varsovie, en cet hiver 1874. Non. Parce que ce méchant tsar russe dont les adultes mentionnent le nom à voix basse à la maison, cet homme qui inspire la peur, leur envoie un inspecteur. Vite, elle fait disparaître les cahiers et manuels polonais, ceux-là mêmes que son institutrice leur fait étudier, alors qu'ils sont interdits d'enseignement. Un autre enfant court vers les dortoirs cacher ces livres défendus. Surtout, ne pas être pris. La punition pourrait être terrible pour son père ou sa mère. Déjà, le frère de son père, l'oncle Zdzislaw, actif dans les mouvements de révolte contre les occupants et réfugié en France, a été capturé par les services secrets du tsar et renvoyé, enchaîné, dans un camp en Sibérie, comme tant d'autres de ses concitoyens[1]. À présent, le corps de l'enfant est saisi de tremblements, ses joues sont en feu. Elle sait ce qui l'attend, baisse les yeux pour qu'on l'oublie. La porte s'ouvre. L'inspecteur entre, l'air sévère, et découvre des petites filles sages qui cousent des boutonnières. Des anges.

L'homme à la démarche lourde, vulgaire, avance d'un pas sûr, bruyant, ouvre tous les pupitres et vérifie. Il ne doit pas trouver un seul ouvrage en polonais, pas une ligne écrite dans la langue que l'occupant russe veut gommer de la mémoire de ce peuple opprimé. D'ailleurs, la Pologne, rayée des cartes, n'est plus représentée que comme la « province de la Vistule ». L'inspecteur semble presque satisfait. Les ouvrages sont bien en langue russe, décrivant l'histoire des tsars et de la Russie à travers les siècles. Comme si la chère Pologne de Marie n'avait jamais existé. Mentir, se cacher, quelles épreuves pour une enfant ! Apprendre à cacher sa douleur et son humiliation. Et l'homme n'a pas fini sa tournée. À présent, il veut interroger une élève. L'institutrice, elle le sait, va la désigner. Marie se lève, rouge de honte. Décline un à un les noms des membres de la famille impériale de Russie, leurs titres, comme il le lui a ordonné. Enfin, de sa voix grave, l'inspecteur insiste : « Qui nous gouverne ? » Elle demeure sans voix. Il gronde, la petite répond : « Sa Majesté Alexandre II, tsar de toutes les Russies. » Il paraît satisfait de sa réponse et, accessoirement, satisfait de lui-même. Disparaît vers une autre classe, tandis que Marie s'effondre en larmes. Comment a-t-elle pu ainsi mentir, elle qui ressent dans son cœur l'amour de la Pologne ?

De retour dans le foyer familial parmi ses trois sœurs et son frère, Zofia, Bronia[2], Helena dite Hela, Józef, Marie, à peine âgée de sept ans, est triste et honteuse d'avoir ainsi, croit-elle, trahi son pays chéri. Wladyslaw Sklodowski, son père, lui, est rassuré. C'est un homme robuste à la barbe volumineuse, à l'allure sérieuse liée à son statut de fonctionnaire, mais aussi de professeur de mathématiques et de physique, aujourd'hui nommé directeur adjoint du lycée de la rue Nowolipki. Sa fille vient de sauver la famille d'un grand danger. Il y a trop eu de rebelles polonais chez eux, et lui a très tôt compris que résister à l'occupant russe ne garantirait que l'exil, l'internement et la répression de la famille entière. L'attitude de Marie, première de la classe, est celle qu'il convient d'avoir. Mais la petite tremble encore, s'approche de sa mère, s'apprête à l'effleurer, s'arrête net au contact des tissus de sa robe. Comme elle aimerait se réfugier dans ses bras ! L'enfant sait que les caresses dont elle rêve sont impossibles. Épuisée par la tuberculose, la mère de Marie ne peut prendre le risque de la transmettre à ses enfants. Alors que la belle Bronislawa Sklodowska, au visage ovale raffiné et à la chevelure noire, dirigeait une école de jeunes filles prestigieuse (une des rares femmes à l'époque à accéder à de telles responsabilités), elle a dû arrêter l'enseignement et éviter tout contact avec les élèves. Parfois, ses doigts effleurent le front de la petite, pour vite s'éloigner : « Ce geste familier est ce que l'enfant connaît de meilleur. Mania, aussi loin que remontent ses souvenirs, n'a jamais été embrassée par sa mère[3] ».

C'est à la naissance de Marie que la maladie insidieuse s'est imposée, volant peu à peu les forces de sa mère. Elle ne l'aura donc jamais connue en bonne santé. Inquiète, celle-ci s'oblige à prendre ses repas dans une vaisselle séparée, envoie ses enfants courir dans le jardin alors qu'elle aimerait tant les caresser, leur donner son amour. Et pourtant, Marie grandit dans une famille pleine de tendresse, tournée vers les sciences, l'art, la musique, la littérature, en particulier la poésie qui offre réconfort lorsque celle-ci est prononcée à voix haute devant les enfants soudain silencieux et attentifs. Leur mère, si ouverte aux autres, recevait également chez elle des amis de diverses croyances, dans ce XIXe siècle où la tolérance n'était pas toujours au rendez-vous.

Un soir où les enfants sont en train de jouer, leur monde tremble soudain. Leur père rentre du gymnase, ouvre le courrier, est saisi d'un malaise. Il s'assied péniblement dans son fauteuil habituel, la lettre entre les mains. Les réponses polies et hypocrites de la petite Marie à l'école n'auront pas suffi à empêcher que le malheur tombe sur lui et sa famille. Un malheur encore dû à l'occupation russe. Par courrier officiel, Wladyslaw Sklodowski apprend que son salaire est réduit, son logement de fonctionnaire et son titre de sous-inspecteur lui sont retirés. Son épouse réagit. C'est, à coup sûr, une vengeance du directeur de son lycée, proche des hommes du tsar, toujours lui. Il se souvient alors : n'a-t-il pas osé s'opposer au directeur en défendant un enfant qui avait commis une faute de grammaire dans sa rédaction en russe ?

La sanction est terrible. Il faut vite déménager dans un appartement plus petit, et le salaire ne suffit plus pour nourrir la famille. On réduit encore l'espace, les chambres, pour loger des jeunes garçons comme pensionnaires. Il n'y a plus d'intimité dans cette famille obligée de chuchoter pour tenter de communiquer. C'est toute la Pologne qui étouffe.

Et, bien sûr, il faut surveiller chaque dépense. Exercice difficile, parfois périlleux. M. Sklodowski revient un soir, l'air accablé. L'investissement qu'il a accepté de réaliser pour ne pas déplaire à son beau-frère se révèle être un gouffre financier qui le conduit à la faillite. Ses économies, amassées petit à petit avec tant de peine – trente mille roubles –, sont englouties. Il ne pourra plus offrir une dot à chacune de ses filles. Elles ne pourront plus prétendre à un beau mariage, conventionnel et confortable. Elles sont à présent, pense-t-il, condamnées à la pauvreté. Il ne se pardonnera jamais sa naïveté.

Peu de temps après, alors qu'il ne se remet pas encore de cet échec financier, en janvier 1876, un des jeunes pensionnaires, malade du typhus, contamine deux des sœurs, Bronia, l'aînée, dont Marie est particulièrement proche, et Zofia qui s'éteindra très jeune. Trop souffrante et contagieuse pour accompagner son enfant jusqu'au cimetière, Bronislawa Sklodowska aperçoit depuis la fenêtre le convoi funéraire où son mari et ses filles avancent à pas lents derrière le cercueil. À neuf ans, Marie a déjà vécu tant de souffrance et de chagrin. Les adultes, si aimants, semblent bien fragiles, presque submergés par leurs soucis.

Il y a aussi la santé de sa mère, qui s'affaiblit de jour en jour, qui l'inquiète. Deux ans après la mort de Zofia, Mme Sklodowska, épuisée par sa lutte contre la maladie, s'éteint. En ce 9 mai 1878, la perte est terrible. Marie, dix ans, s'enfonce dans la dépression. M. Sklodowski devient leur seul tuteur et entend leur donner amour et soutien moral, à défaut de financier. Il faut, se dit-il, que les enfants aient une jeunesse aussi normale que possible. Peu à peu les cavalcades, les rires reprennent le dessus. Marie s'amuse avec sa sœur Bronia, bien sûr, mais aussi avec des garçons et filles de son âge. Elle apprend la danse, la polka, la mazurka, l'*oberek*. Elle se passionne pour les cours de littérature et de sciences, en particulier pour les mathématiques que son père enseigne.

À l'adolescence, Marie ressent une immense soif d'apprendre. Un des bonheurs de sa vie dont elle sera récompensée. Quelques années après sa sœur Bronia, elle décroche la médaille d'or du lycée. Avec, pour cadeaux, des livres tous écrits en russe, mais Marie ne cache pas son bonheur. La cérémonie de remise des prix a lieu devant son père. Wladyslaw Sklodowski est soulagé. Il a réussi à donner à ses enfants la meilleure éducation, en dépit de l'absence de son épouse.

Ces dernières années, l'adolescente a un rêve, servir la Pologne, trop maltraitée, victime d'une injustice qu'elle entend réparer. Pas, comme certains jeunes Polonais anarchistes ou révolutionnaires, en jetant des bombes sur les militaires russes qui paradent dans les rues, insolents envers les occupés. Non, sa fille Ève le confirmera plus tard : « Une seule chose compte : travailler, constituer à la Pologne un magnifique capital intellectuel et développer l'éducation du peuple, que les autorités maintiennent exprès dans l'obscurantisme[4]. »

Le XIXe siècle est déjà bien avancé, les questions sociales, la lutte contre la pauvreté et pour la liberté occupent les esprits. Là-bas, en France, dans ce pays dont Marie et Bronia apprennent la langue, un éminent écrivain va bientôt s'éteindre : Victor Hugo, personnage mythique, auteur des *Misérables*, *Notre-Dame de Paris*, *La Légende des siècles*, dont les romans sont lus à travers l'Europe, est le défenseur des pauvres et des opprimés. Comment ne pas l'aimer, ne pas vibrer en lisant ses lignes, et aussi ses poèmes ? Un écrivain français que Marie n'oubliera pas.

À côté, un nouvel idéal soulève les passions, attise les curiosités et suscite des fascinations. Le positivisme d'Auguste Comte, les travaux de Pasteur et de Darwin ont un retentissement considérable. L'heure est aux sciences, avec, pour la jeunesse polonaise, une soif de progrès social. Mais l'université polonaise est fermée aux filles ! Tant pis. Marie rejoint l'Université polonaise clandestine, dite Université volante, où elle devient une brillante étudiante. Dans sa chambre de Varsovie, comme elle envie les étudiantes étrangères ! Marie s'inquiète à présent pour son aînée, Bronia. À quel avenir peut-elle prétendre, alors qu'elle rêve de devenir médecin ?

*

M. Sklodowski n'a pas de bonnes nouvelles. Il se sent fatigué. Bien sûr, coûte que coûte, il continue son travail au lycée, mais il n'a plus la force d'abriter dans son appartement de la rue Leszno des pensionnaires, dont le maigre loyer lui permet d'aider un peu ses filles. Et le nouvel appartement de la rue Nowolipki est bien petit. C'est là que revient vivre Marie. Tant pis si elle manque d'espace, elle aime ce père aimant qui a été si protecteur avec ses enfants et dont la culture universelle enchante encore la jeune génération. Quel plaisir pour la jeune fille de lui poser des questions scientifiques, philosophiques, littéraires, dans un va-et-vient incessant. Marie ne se lasse pas d'apprendre, à travers lui, les plus récentes découvertes scientifiques, les langues étrangères, les dernières parutions : « Chaque samedi, raconte Ève Curie, M. Sklodowski, son fils et ses filles passent ensemble la soirée, qu'ils consacrent à la littérature. Ils bavardent autour du samovar fumant. Le vieil homme récite des poésies, ou bien il fait la lecture [...]. De samedi en samedi, les chefs-d'œuvre du passé viennent ainsi à Mania, portés par une voix familière[5]. » Une chance exceptionnelle pour une jeune fille polonaise, que lui envieraient ses consœurs d'autres pays européens, tant les préjugés de son époque envers l'éducation sont encore très ancrés. L'université de Varsovie n'est d'ailleurs pas ouverte aux femmes, une discrimination que l'on retrouve alors dans les plus prestigieux collèges anglais, pour ne citer qu'un exemple, et que Virginia Woolf, des décennies plus tard, dénoncera dans son essai *Trois guinées*.

Mais M. Sklodowski va devoir prendre sa retraite, dont le montant, à la suite de ses déconvenues financières, lui interdit une aide à domicile. Le verdict familial tombe. Ses filles ne peuvent espérer de dot pour un mariage et devront travailler. Marie n'a pas le temps de larmoyer ni de se plaindre, ce qui serait contraire à son caractère. Elle s'attelle à donner des cours privés, mais bientôt cela ne sera pas suffisant pour se nourrir, se loger, vivre et, qui sait, poursuivre des études. Il faut courir à travers Varsovie, dans la pluie et le froid, risquer de ne pas être payée, simple oubli, si courant, de parents qui ne mesurent pas ce que représentent ces quelques roubles pour une jeune fille sans ressources.

Mais dans chaque crise, il y a toujours ce rêve, caché, de servir sa Pologne, non par des actes révolutionnaires mais par l'apprentissage. Devenir une force pacifique pour son pays occupé. Cette force ne passe pas par l'élan mystique que ressentent certains jeunes Polonais, mais par la curiosité et la fascination pour les sciences. Pasteur, Darwin et Claude Bernard occupent ses pensées. Marie est fascinée par les propos d'une professeure du lycée passionnée par les découvertes scientifiques récentes et qui souhaite partager son enthousiasme avec ses élèves. Avec Bronia et Hela, elle va participer aux cours secrets de l'Université volante, premières approches scientifiques d'études d'anatomie et de biologie notamment, qui vont la marquer à vie et qu'elle évoquera plus tard avec chaleur dans ses écrits. Mais ces études ne sont pas autorisées, et les jeunes filles prennent des risques. Pourtant, dans leur enthousiasme, elles ne s'arrêtent pas là. À leur tour, elles initient des jeunes femmes du peuple à une connaissance, à une culture à laquelle elles ne pourraient prétendre sans cela. Apprendre et transmettre, être solidaire, ces idéaux sonnent comme une évidence. Marie ne se doute pas jusqu'où cela va l'entraîner, au-delà de ses rêves les plus fous.

Mais voilà que la réalité de leur condition de jeunes filles polonaises sans le sou les rattrape. Bronia, l'aînée, rêve de Paris, où les jeunes filles peuvent s'inscrire à l'université. Devenir médecin et revenir ensuite en Pologne, quitter la ville, s'installer à la campagne où tant d'êtres ont besoin de soins, être utile, aider. Vision pleine d'humanité mais, sans un rouble, bien irréelle.

Une chimère ? Pas tout à fait. Marie aime sa sœur d'un amour double. L'aînée, sa protectrice, a pris la place de la mère disparue, plus tendre, plus physique et gaie. Leur complicité, leurs joies, espoirs, chagrins les lient dans une fusion qui ne les aliène pas. Marie pense au bonheur de Bronia. Et elle ne pense plus à ses propres rêves de cadette, qui idéalise aussi Paris, la France, sa culture, ses sciences, ses arts, sa littérature, ses paysages, sa cuisine et sa capitale qui attire des personnalités intellectuelles du monde entier. Elle chasse ce rêve pour elle-même. Seul importe l'avenir de Bronia. Et il doit bien y avoir une solution, se dit-elle, tout en se perdant dans des projets fous qui risquent de ne pas aboutir.

Soudain, une idée jaillit. Si Marie s'engage comme institutrice dans une famille, elle aura de quoi envoyer un mandat chaque mois à Bronia : « Au début, tu dépenseras ton argent, lui dit-elle. Ensuite, je m'arrangerai pour t'en envoyer ; père aussi. En même temps j'accumulerai des fonds pour mes études futures. Lorsque tu seras docteur, je partirai à mon tour. Et alors tu m'aideras[6]. »

Bronia est émue. Comment accepter un tel sacrifice de la part d'une jeune fille de dix-sept ans, si brillante, si proche d'elle ? Et pourquoi partirait-elle en premier ? Elle est l'aînée des deux sœurs, et pour Marie la différence d'âge sonne comme une évidence. Il ne faut pas attendre pour effectuer des études. À vingt ans, de nombreux étudiants ont déjà plusieurs années d'études derrière eux, il n'y a pas de temps à perdre pour Bronia. Marie, elle, peut bien attendre quelques années. Bronia cède aux injonctions de sa sœur, soutenue par leur père. Bien sûr, la séparation sera douloureuse, Paris est si loin, personne n'aura les moyens financiers de prendre le train, même en quatrième classe, et de traverser l'Europe centrale pour aller la voir. Une séparation de plusieurs années ? C'est le risque, mais dans l'espoir d'un monde meilleur.

Bronia s'engouffre avec quelques sandwichs et un thermos dans la voiture du train qui la conduira vers Paris. Marie, de son côté, réussit à être engagée comme institutrice. Et découvre les coulisses de la vie. À Varsovie, malgré son sens de l'économie, chaque rouble mis de côté ne suffit pas. Elle dépense trop dans cette ville où tout coûte cher, ne peut envoyer assez à sa sœur. Le projet de son aînée va-t-il échouer par sa faute ? Elle ne le supporterait pas, se sent perdue. Mais elle ne s'abandonne pas à des pensées sombres. Pas le temps. Il faut réagir. Et si elle acceptait un poste d'institutrice à la campagne ? Elle serait isolée, mais elle serait blanchie, nourrie, n'aurait guère de dépenses. Ce serait des années d'isolement terribles, certes, loin de son père et de sa sœur. Mais le sacrifice n'en vaut-il pas la peine ?

Le lendemain du réveillon, elle prend le train vers un ailleurs guère réjouissant. Il fait un froid glacial en ce 1er janvier 1886 et elle tremble. Elle songe à tous ceux qu'elle aime. Les reverra-t-elle un jour ? Elle ne le sait pas. Mais découvre vite, au petit matin, dans la maison des métayers d'un grand propriétaire terrien, que la campagne dont elle rêvait – forêts, arbres, clairières – n'est en réalité que cheminées d'usage et champs de betteraves à l'horizon. Au lieu de l'harmonie et de la diversité de la nature tant espérée, elle n'a droit qu'à la monotonie laide de plantations et de travaux sous un ciel sinistre et pluvieux. En outre elle travaille beaucoup, avec des enfants insupportables et trop gâtés. Et surtout, elle découvre que l'aisance matérielle n'entraîne pas l'intelligence, la culture, la curiosité intellectuelle. Rien de tout cela. Quel choc ! Quelle déception ! En même temps, quelle leçon de vie. À dix-huit ans, elle apprend le monde réel et n'oubliera pas.

Marie observe, avec intensité, ces enfants d'agriculteurs et d'ouvriers, illettrés. Sans avenir, comme leurs parents. Elle se prend à rêver de leur enseigner l'alphabet. Lire, écrire. Un luxe inaccessible pour eux, mais qu'elle se sent en mesure de leur offrir. Bien sûr, il faudra l'autorisation du chef de famille chez qui elle travaille. Marie entend enseigner aux enfants en polonais, et non en russe. Action de résistance, que rappellera des années plus tard Ève Curie dans sa biographie sur sa mère. La jeune fille risque la déportation en Sibérie[7]. En dépit du danger, le propriétaire se laisse, lui aussi, séduire par l'idée, mais, avec bon sens, impose la plus stricte discrétion. Dix enfants montent doucement, sur la pointe des pieds, vers la chambre de Marie qui passe en moyenne près de huit heures par semaine avec eux. Les petits découvrent les cahiers, les crayons, se démoralisent souvent, pour enfin, après des larmes, des découragements, parvenir à aligner des lettres. Quelle victoire ! Et quelle récompense pour elle de découvrir leurs visages triomphants ! Ils rentrent chez leurs parents le soir, fiers de montrer leurs réussites, leurs accomplissements. Ils se sentent plus forts, plus armés dans la vie que leurs père et mère qui travaillent de longues heures à l'usine de betteraves.

Marie a atteint son objectif, sans être satisfaite pour autant. Si jeune, elle rêve parfois de Paris, où sa sœur tente de réussir ses examens de médecine, où de jeunes garçons et filles bavardent, échangent, rient après les cours, vivent. Dans les lettres à son père, elle le supplie qu'il lui envoie vite des problèmes de chimie, de physique, et même de mathématiques. Les sciences, toujours les sciences, la passionnent. Ces lettres deviennent des liens du cœur, liens qu'elle reproduira plus tard avec sa propre fille, Irène. Des liens fusionnels à travers les sciences.

Il y a aussi les autres élans du cœur, son attirance pour le fils de la famille, qui la submerge de temps à autre, les promenades en tête à tête à travers les champs de betteraves. Peu à peu, la complicité, les échanges sont tels que le jeune homme demande à ses parents l'autorisation de l'épouser. Dans cette famille où Marie est à présent traitée avec chaleur, comme un de ses membres, le verdict tombe cependant, cruel. La jeune fille n'a pas un sou, n'est pas issue d'une famille qui permettrait aux parents d'assurer une quelconque assise sociale. Marie interroge le jeune homme. Compte-t-il résister à sa famille ? Il n'en a pas la force. Ils se reverront, elle lui reposera la question, toujours sans succès, puis se détournera de lui. Déçue. Meurtrie. Premier chagrin d'amour. Désormais, elle sera plus prudente avant de se laisser aller à ses sentiments. Il deviendra délicat de l'approcher, une vraie gageure. Et au loin, en France, Bronia en a encore pour des années à poursuivre ses études et à avoir besoin de l'aide de sa famille. À vingt ans, l'avenir de Marie semble bien sombre.

Il ne faut pas s'effondrer. Les jours, les mois passent. Bientôt trois ans dans cette campagne sinistre. Son père prend sa retraite. Elle envisage alors de rentrer à Varsovie, de vivre avec lui dans un petit appartement. Le devoir d'une fille n'a-t-il pas toujours été, à travers les siècles, de s'occuper des parents âgés ? Mais M. Sklodowski n'entend pas devenir une charge. Il accepte un emploi qu'il n'aurait pas imaginé considérer un jour, celui de directeur d'une maison de correction pour enfants. Quelle tristesse ! Et pourtant, dans cette ambiance, surgit une lumière. Le salaire. Il peut enfin envoyer plus d'argent à Bronia. Marie sera en mesure d'économiser pour elle-même. Enfin. La jeune femme rentre à Varsovie, son contrat terminé. La vie, la vraie vie reprend. Elle s'installe auprès d'une famille très riche, observe ce monde fortuné, leurs générosités à son égard, leurs petitesses, leur univers superficiel, parfois tourné vers la culture, lorsque soudain Bronia lui adresse une lettre à laquelle elle ne croyait plus. Son aînée se marie avec un Polonais qui va gagner très vite sa vie lorsqu'il aura achevé ses études de médecine ; elle ne dépendra plus de l'aide financière de leur père :

> Et maintenant toi, mon petit Mania, il faut pourtant qu'un jour tu fasses quelque chose de ta vie. Si tu réunis quelques centaines de roubles cette année, tu pourras, l'an prochain, venir à Paris et habiter chez nous où tu trouveras le gîte et la nourriture. Il faut absolument que tu aies quelques centaines de roubles pour les inscriptions à la Sorbonne [...]. Il faut que tu prennes cette décision ; il y a trop longtemps que tu attends ! Je te garantis qu'en deux ans tu seras licenciée. Penses-y, amasse de l'argent, dépose-le en lieu sûr, ne le prête pas[8].

Marie hésite, a besoin de se remettre de ces années de brouillard. Elle ne sait pas si elle a encore la force de quitter la Pologne, d'y laisser leur père. Être si loin. Mais les sciences l'attirent tant ! Bientôt, elle passe ses dimanches non pas à sortir avec des jeunes gens mais dans un laboratoire que l'Université volante met à sa disposition au musée de l'Industrie et de l'Agriculture. Quelle chance ! Elle saisit des éprouvettes, sent en elle une force, une passion dévorante. Mais elle retombe malade, hésite. Enfin, elle se décide, envoie son matelas, quelques draps, ses maigres biens, une malle à Paris, garde pour elle de quoi se nourrir, le voyage sera long, trois jours et trois nuits. Une éternité sur un banc de quatrième classe. Sur le quai de la gare balayé par le vent, son père l'étreint, elle saute sur le marchepied du train qui s'ébranle, dans une volute de fumée et des vibrations douces à son cœur. Les kilomètres filent et la rapprochent de l'inconnu tant espéré.

Le quartier non loin de la gare du Nord où habitent Bronia et son mari ne correspond pas à ce qu'elle imaginait. Et pourtant, il symbolise ce que Marie a tant attendu : la liberté et l'accès à l'université. Ici, la jeune femme peut aller comme bon lui semble, échanger, discuter sans peur, sans chuchoter, sans se cacher. Magnifique découverte. Enivrante. Traverser la capitale pour rejoindre la Sorbonne ne la fatigue pas. Au contraire, le bruit, la circulation des impériales et des chevaux, les rires des passants, les costumes, tout l'éblouit. Pourtant, peu à peu, elle s'interroge. Retrouver sa sœur a été un bonheur, mais le couple a des habitudes qui l'empêchent de se concentrer sur ses études. Casimir Dluski et Bronia reçoivent le soir des amis, discutent, chantent jusque tard dans la nuit. Un pianiste polonais célèbre, que Marie croisera, leur fait l'honneur de jouer pour eux. Cet Ignace Paderewski, personne ne s'en doute, ne fera pas que les enchanter alors qu'il atteint tout juste la célébrité. Plus tard, il s'engagera pour la cause de la Pologne libre, agira pour l'indépendance de son pays auprès du président américain Woodrow Wilson en 1917 et, au titre de Premier ministre et ministre des Affaires étrangères, signera, en tant que chef de la délégation polonaise, le traité de Versailles. Il poursuivra à la fois sa carrière de diplomate et de pianiste.

Pour l'heure, la jeune fille rattrape à la Sorbonne ses trois années loin du monde universitaire. Pas une minute à perdre, car les économies fondent. Elle a beau s'asseoir au premier rang des amphithéâtres de ce lieu prestigieux, elle tombe parfois de sommeil. Son français n'est pas aussi impeccable qu'elle le croyait et elle veut l'écrire et le parler comme les autres étudiants. Enfin, elle est l'une des rares jeunes filles. Les garçons observent cette demoiselle aux cheveux blonds, qui semble si appliquée, penchée sur son cahier, même si ce regard sérieux s'illumine parfois d'un sourire qui les charme. Les premiers mois, excitants, sont épuisants. Va-t-elle tenir ?

Une solution : prendre une chambre près de la Sorbonne. Petite, certes, mais où elle peut enfin se concentrer sur ses études et d'où elle découvre le ciel, la lumière et les toits d'ardoise bleu-gris symboles de la capitale. En mars 1892, elle s'installe donc au sixième étage de la rue Flatters, près du Val-de-Grâce, dans le 5e arrondissement, celui du Collège de France, des bibliothèques, de l'École normale supérieure, de l'École supérieure de physique et de chimie industrielles de la Ville de Paris, non loin du jardin du Luxembourg où elle pourra prendre l'air. Et elle rejoint la Sorbonne à pied, vingt petites minutes dans ces rues vivantes débordant de librairies et de bibliothèques.

Un immense bonheur. Le Paris de ses rêves existe enfin. Marie va d'une chambre à une autre, la précédente n'étant jamais assez calme et monacale tant elle souhaite pouvoir étudier en toute quiétude. Elle se fait quelques amis, d'abord dans la communauté polonaise. Avec, parfois, en dépit de leurs conditions modestes, des repas polonais préparés par les uns et les autres, quelques bons mets qui leur rappellent leur pays et leurs familles si lointains. Ce sont de petites fêtes joyeuses. Mais peu à peu Marie s'isole, prend une mansarde sans chauffage ni eau. La pauvreté se fait sentir. Sa fille Ève rappellera qu'elle doit monter les quelques sacs de charbon et l'eau par ces marches pentues et dangereuses, dans le froid. Heureusement, il y a les bibliothèques qui, elles, sont un peu chauffées, et qui la sauvent. Les bons plats chauds de Bronia et de Casimir lui manquent, elle ne sait pas cuisiner, et surtout avec un petit poêle et une bouilloire, elle n'a pas les moyens de s'alimenter correctement. Du pain beurré et du thé. Elle perd des forces, s'étourdit, épuisée, anémiée. Elle s'évanouit un jour ; son beau-frère médecin accourt, la nourrit, mais bientôt elle retrouve sa maigre pitance. Malgré tout, elle passe ses examens et réussit l'incroyable dans ces conditions si rudimentaires : première en licence de sciences physiques en 1893, seconde en « licence ès sciences mathématiques » l'année suivante[9]. Car une licence n'était pas suffisante pour Marie, elle se rajoute le travail d'une seconde ! Après avoir réussi ses examens, elle retourne l'été à Varsovie, se remplume, mais s'inquiète. Comment vivre à Paris à l'automne ?

Une autre lumière apparaît dans ce brouillard. Grâce à la générosité d'une Polonaise, elle obtient une « bourse Alexandrowitch » décernée aux étudiants polonais qui étudient à l'étranger. Elle va toucher six cents roubles, une somme inespérée ! Son année universitaire est sauvée. Elle économisera encore et encore, au détriment de sa santé, pour que cette bourse lui dure deux ans ! Et elle travaille d'arrache-pied, avec bonheur, car les études scientifiques, les moments dans les laboratoires où, debout, elle effectue des expériences, la comblent. Effectuer des recherches, découvrir, apprendre, la transporte. Et année après année, elle approche de la fin de ses études, brillantes. Rien ne peut la détourner de sa concentration. Enfin, croit-elle.

*

Un ami polonais lui propose de rencontrer un jeune scientifique français qui pourrait l'aider à trouver une place plus spacieuse que celle du laboratoire du prestigieux physicien Gabriel Lippmann, à la Sorbonne[10]. Après tout, pourquoi pas ? Cet ami qu'elle connaît depuis sa jeunesse à Varsovie, Joseph Kowalski, alors professeur à l'université de Fribourg, effectue son voyage de noces à Paris. Une chance. Il pense aussitôt, avec sa jeune épouse, que cette rencontre pourrait être sympathique. Marie a confiance en lui et elle brûle d'envie de poursuivre ses recherches dans de meilleures conditions. Elle n'a rien à perdre à cette rencontre.

Pierre Curie se tient debout, accoudé à une fenêtre, l'air rêveur, le visage tourné vers le ciel, la lumière. Il semble ailleurs. Au loin. Il tourne doucement la tête, esquisse un geste, se redresse, la salue. Il est poli, grand, une belle barbe, le visage éclairé d'un regard d'une grande douceur. Le scientifique français semble heureux d'être là, de rencontrer une jeune femme qui s'intéresse aussi à la physique, aux sciences exactes, dans un monde très masculin. Pierre ne s'est pas encore remis de la perte, des années plus tôt, de son amour de jeunesse. Il ne veut plus se laisser séduire par une femme, meurtri par la mort de celle qu'il aimait, pour ne pas souffrir une nouvelle fois. Mais il s'est souvent pris à imaginer une compagne qui regarderait le monde dans la même direction, vers le même idéal, celui de la recherche scientifique. Marie ne se rend pas compte que cet homme face à elle représente une exception dans l'univers scientifique de la fin du XIXe siècle, où les femmes sont en général vouées au seul rôle d'épouses soumises. Celles-ci consacrent la majeure partie de leur temps à l'éducation des enfants et aux réceptions pour pousser la carrière du mari. Dans le monde scientifique, peu d'hommes reconnaissent la créativité et le talent des femmes.

La jeune femme observe cet homme, d'allure si simple – elle s'en fera la remarque des années plus tard. Elle ne se sent pas intimidée, en dépit de la différence d'âge – huit ans – et de l'expérience de cet homme au sein du monde universitaire français :

> Quand j'entrai, Pierre Curie se tenait dans l'embrasure d'une porte-fenêtre donnant sur un balcon. Il me parut très jeune, bien qu'il fût alors âgé de trente-cinq ans. J'ai été frappée par l'expression de son regard clair et par une légère apparence d'abandon dans sa haute stature. Sa parole un peu lente et réfléchie, sa simplicité, son sourire à la fois grave et jeune inspiraient confiance. Une conversation s'engagea entre nous, bientôt amicale ; elle avait pour objet des questions de sciences sur lesquelles j'étais heureuse de demander son avis, puis des questions d'intérêt social et humanitaire, auxquelles nous nous intéressions tous deux. Il y avait entre sa conception des choses et la mienne, malgré la différence

de nos pays d'origine, une parenté surprenante, attribuable sans doute en partie à une certaine analogie dans l'atmosphère morale, au milieu de laquelle chacun de nous avait grandi dans sa famille[11].

Il a alors derrière lui des années de recherche, de découvertes. Et d'ailleurs, celui qui les présente connaît les travaux de Pierre Curie, dont on parle déjà entre physiciens. Son parcours, comme son talent, est original. Il n'est pas allé à l'école ni au lycée. Ses parents lui ont fourni des précepteurs à domicile parce qu'ils avaient compris que le doux rêveur vivrait mal le système scolaire et ses contraintes. Son frère Jacques, l'aîné, a joué un rôle important dans sa jeunesse. Il a été son premier ami et a complété son éducation, après leur père et leur mère. Les deux frères ne vont pas seulement se lier d'une affection constante. Ils vont aussi se passionner pour des recherches en physique. Pierre Curie, reçu au baccalauréat à seize ans, est licencié en sciences physiques à dix-huit ans. Pour raisons financières, il ne peut continuer ses études et devient préparateur. Dans le même temps, Pierre et Jacques vont travailler ensemble et découvrir le phénomène de piézoélectricité[12]. Les deux frères deviennent ainsi, en peu de temps, de jeunes physiciens reconnus pour leur créativité.

Si Pierre conserve quelques amis de jeunesse, de la vie en société il ne connaît que celle de ses parents et de fils d'amis. Son père, le docteur Eugène Curie, est un homme ouvert, plein d'humour, d'une intelligence vive, d'esprit anticlérical. Pierre n'a pas non plus suivi le cursus universitaire classique français. Il n'a pas été tenté par l'École normale supérieure de la rue d'Ulm, d'où les plus grands savants français sont issus et qui peut s'enorgueillir, à partir des années 1900, d'avoir parmi ses anciens élèves le plus grand nombre de Prix Nobel scientifiques. Pierre ne passe pas non plus de thèse d'État, nécessaire pour obtenir un poste de professeur d'université. Mais il enseigne à l'École municipale de physique et de chimie de la Ville de Paris, de très bonne renommée également, dans ce Quartier latin près du Panthéon où se côtoient les plus grands scientifiques, entre la rue des Écoles, la rue Saint-Jacques et la rue d'Ulm. Surtout, il construit la « balance de Curie » en 1895, une balance magnétique qui accroît considérablement la rapidité d'exécution des pesées, grâce à un microscope fixe qui traverse les parois de la cage[13]. À cela s'ajoute une autre invention, dite « la loi de Curie », nouveau principe de base des thermomètres magnétiques utilisés pour les très basses températures. Devant Marie, lors de leur première rencontre, se tient un chercheur déjà reconnu pour ses découvertes. Seul son travail le préoccupe, et peut-être pourrait-il avoir des difficultés à s'adapter, au jour le jour, à une présence féminine auprès de lui. Mais le physicien évolue au sein d'une famille pleine d'amour, de tendresse et de bienveillance. Père et mère, ainsi que son frère aîné lui offrent un exemple d'harmonie familiale.

Lorsqu'il rencontre Marie, Pierre ressent une émotion à laquelle il ne s'attendait pas. Celle d'une joie, d'une douceur à s'entretenir avec une femme de ses sujets préférés, de sa raison de vivre : la physique, ses problèmes, ses défis, et le bonheur de tenter de les résoudre. Une chaleur l'envahit, un bien-être oublié depuis longtemps le submerge. Lorsqu'ils se quittent, le jeune homme ne songe plus qu'à la revoir. Mais comment ? Il ne sait s'y prendre, ne souhaite pas l'effaroucher, lui, le timide avec les femmes.

Très vite lui vient une stratégie. Lui écrire, non pour lui dire combien il souhaite la revoir, mais pour lui parler de leur lien, celui des sciences, de la recherche. Ils échangent, se revoient. Mais Marie entend retourner en Pologne, peut-être même y rester. Hypothèse insupportable. Cette fois, l'amour prend sa place dans les lettres envoyées à Varsovie. Peu à peu, Marie se laisse toucher par ces missives qui lui apportent un réconfort perdu depuis si longtemps. Elle hésite, finit par céder. À l'automne, elle retourne en France. Et cette fois, elle ne roule pas seulement vers Paris, mais aussi vers Pierre Curie.

*

Une chaleur douce irradie cette journée d'été du 26 juillet 1895 dans la salle des mariages de la mairie de Sceaux qui ressemble à un hôtel particulier élégant et blanc crème. Le père et la sœur de Marie sont venus de Pologne, émus. Lorsque la jeune savante pénètre dans la mairie de Sceaux, c'est sans robe blanche. Qu'en feraitelle ensuite ? Impossible de la porter pendant les longues journées de travail. Elle apparaît devant le maire vêtue d'une robe de lainage bleu, délicate mais classique. Pour cette scientifique venue de sa Pologne natale sans un sou, ayant vécu chichement dans une chambre et se nourrissant à peine, toute dépense inutile est inenvisageable. Rester pratique et toujours penser au travail. Cette tenue aux teintes douces, elle pourra l'utiliser au laboratoire, parmi les roches et les cailloux, les éprouvettes, et même pour pédaler sur son vélo. Un cousin leur a offert un peu d'argent, dépensé dans un plaisir partagé : deux bicyclettes. Leur bonheur, leur luxe. Vite, ils les enfourchent pour parcourir l'Île-de-France. Voyage de noces si doux, si tendre. Bientôt ils iront plus loin, à travers ce pays que la jeune Marie rêvait de découvrir depuis sa campagne polonaise. En roulant à travers la campagne, le pays de Victor Hugo mais aussi de la romancière Colette, au faîte de sa gloire, devient sa seconde patrie. Pologne et France, France et Pologne. Une identité enrichie, prête à s'épanouir, sans jamais renier l'une ou l'autre des cultures. Nature et sciences seront les deux piliers de leur vie.

Ainsi pourront-ils chaque dimanche aller déjeuner chez les parents de Pierre, le docteur Eugène Curie et sa femme. Un moment de douceur et de détente tant ils sont choyés – ses beaux-parents reçoivent la jeune Polonaise comme la fille qu'ils n'ont jamais eue. Le frère de Pierre, Jacques Curie, se lie aussi avec elle. Les repas sont joyeux, vivants, et le docteur Curie, homme de culture, fervent laïc et républicain, ne manque pas de critiquer le gouvernement avec un humour qui charme l'assemblée.

Marie ne s'est pas contentée de ses diplômes de physique et chimie, elle a aussi réussi l'année précédente une licence de mathématiques. Un an après leur mariage, ils vivent un deuxième été heureux. La jeune épouse est reçue, en août 1896, première à l'agrégation féminine des sciences. Elle devient l'une des femmes les plus diplômées de France et elle a rencontré un homme qui la considère et lui parle comme à une égale. Une chance, alors que tant d'autres chercheuses ne peuvent aspirer à une telle reconnaissance. Pas question pour la plupart des hommes d'épouser une femme qui travaille. Et qui pense ! Un comble. Pierre rêve que Marie et lui avanceront ensemble dans le monde scientifique. On est loin du schéma classique de l'homme, savant émérite, secondé par une épouse dans l'ombre. Non, il s'agira de s'aimer côte à côte en effectuant le plus passionnant des métiers, la recherche scientifique.

Leur vie se déroule non loin du quartier Mouffetard, près de la place de la Contrescarpe et du Panthéon. La bibliothèque Sainte-Geneviève donne sur le Panthéon où Victor Hugo a été inhumé dix ans auparavant lors d'une cérémonie grandiose. Des obsèques nationales pour un homme qui a fait don d'une partie de sa fortune « aux pauvres ». Pierre et Marie s'installent à la lisière du 13ᵉ arrondissement, rue de la Glacière. Ils peuvent ainsi rejoindre leur laboratoire de la rue Lhomond à bicyclette. Marie apprécie l'appartement de trois pièces, simple et nécessitant peu d'entretien. Les deux chambres sont parfois utilisées pour les travaux hors laboratoire. Toujours le sens pratique. Très peu de meubles, mais par contre une bibliothèque regorgeant de livres et une table sur laquelle sont étalés des papiers scientifiques, des résultats de calculs. Enfin, parce qu'il en faut bien, deux chaises...

Ce lieu sera le théâtre d'années de travail intense. La vie est là, avec ses bonheurs et ses chagrins. Joie d'annoncer à Pierre qu'ils attendent un premier enfant, même si Marie, penchée sur les éprouvettes, souffre de vertiges. Joie vite tempérée. Pierre rentre un soir, accablé. Sa mère souffre d'un cancer. Et parce que vie et mort sont si souvent liées, lorsque le 12 septembre 1897 Marie met au monde leur premier enfant, Irène, quelques jours plus tard Mme Curie s'éteint.

C'est un choc et, pour Pierre, une confusion des sentiments qui le fragilise. Parfois, aux larmes succèdent des rires, et Pierre s'en sentira coupable. Marie est là pour le rassurer. Les rires, lui chuchote-t-elle, n'enlèvent rien au chagrin que tu ressens. La vie reprend ses droits, souvent au moment où l'on s'y attend le moins. Désormais, un autre homme les rejoint dans leur petit appartement. Le docteur Curie, veuf, vient s'occuper de sa première petite-fille, Irène. Il espère la voir grandir. Peu à peu, elle devient son réconfort. C'est Marie qui a proposé que son beau-père s'installe avec eux, comme une évidence. Elle se souvient, lors de la disparition de sa mère, du désarroi de son père. Celui-ci, seul, avait alors pris en main l'éducation des enfants, créant un nouveau cocon, un foyer uni envers et contre tout.

Deux ans après le mariage, alors que l'automne approche, la jeune épouse se sent fatiguée mais ne ralentit pas le rythme. Il est temps de songer à une habitation ouverte sur la nature, loin de la pollution. Le couple Curie déménage dans une maison avec un jardin au 108, boulevard Kellermann, située aux fortifications de Paris près du parc Montsouris. Irène, leur fille, peut jouer avec son grand-père dans le jardin. Un rêve pour Marie qui tient, depuis sa jeunesse, à conserver un lien avec la nature, souhait ardemment partagé par Pierre Curie. Des bouquets préparés avec soin et amour ajoutent au charme des lieux. Lors de leurs promenades, Pierre Curie a plaisir à cueillir des fleurs sauvages. Il a appris, depuis sa jeunesse, à connaître plantes et animaux de la forêt, et il transmet ses connaissances à son épouse. Tout l'émerveille, et les promenades à bicyclette dans la forêt de Compiègne ou sur les chemins venteux de Bretagne sont des enchantements pour le couple[14].

Ce bonheur dure plusieurs années, avec l'instauration du rituel du dimanche après-midi. Des amis, scientifiques pour la plupart, viennent se reposer à l'ombre des arbres, conversent, échangent sur les découvertes en cours par le monde, se réjouissent des avancées scientifiques, évoquent leurs propres travaux, heureux. Déjà, Paul

Langevin, ancien étudiant de Pierre Curie, Jean Perrin, André-Louis Debierne, des physiciens qui accompagneront Marie leur vie durant, aiment à discuter. L'art de la conversation, qui a rendu célèbres les salons littéraires du XVIIIe siècle où les femmes rayonnaient, n'a pas disparu en cette fin du XIXe siècle. Une communauté de chercheurs se crée, comme une seconde famille, celle des sciences. Aimé Cotton, qui épousera bientôt la jeune et brillante sévrienne Eugénie Feytis, élève de Marie Curie à l'École normale supérieure de jeunes filles de Sèvres, fréquente la maison.

Quelques mois après la naissance d'Irène, Marie entame un doctorat de recherche au 42, rue Lhomond. À l'École municipale de physique et de chimie industrielles, le couple Curie travaille dans un hangar prêté par l'école. Marie est éblouie par ce lieu digne d'un film noir : « C'était une baraque en planches, au sol bitumé et au toit vitré, protégeant incomplètement contre la pluie, dépourvue de tout aménagement [...] elle contenait pour tout matériel des tables de sapins usées, un poêle en fonte dont le chauffage était très insuffisant et le tableau noir dont Pierre aimait tant se servir[15]. » Dans ce laboratoire de bric et de broc, ils travailleront deux ans, et seront, de l'avis de Marie, heureux. Se concentrer tous deux vers un seul but, découvrir, comprendre des mystères, se poser des questions, initier des découvertes ensemble, partager une raison de vivre qui, plus qu'elle les rapproche, les unit. Ce hangar comme un chaudron les fusionne. On est loin des laboratoires de recherche publics ou privés des États-Unis ! Pierre trouve un poste de préparateur dans cette école de la rue Lhomond. Prépare sa thèse. Des années plus tard, après l'avoir passée, il deviendra professeur au sein de cette même école. Il y passera vingt-deux années de bonheur, de recherche tranquille, d'union familiale avec sa compagne de chaque instant. Ils suivent les recherches des autres physiciens.

Dans le salon de leur appartement, le docteur Eugène Curie suit attentivement les nouvelles politiques. Libre penseur, il s'est intéressé avec passion à l'affaire qui secoue le pays, divise les familles : l'affaire Dreyfus. D'un côté, les socialistes et de nombreux républicains considèrent Alfred Dreyfus comme innocent, de l'autre, des Français catholiques et conservateurs en ont appelé à la mort de l'officier. Marie, de son côté, écoute son beau-père et son mari évoquer l'affaire Dreyfus mais restera sur la réserve lorsque celle-ci ressurgira plus tard en première page des journaux. Elle a dû entendre, sur les bancs de la Sorbonne, assez de propos acerbes à son égard, des étudiants se moquant de « l'étrangère ». Sa vie durant, elle tentera, sauf pendant la Grande Guerre, de ne pas prendre de position politique, même si son cœur et son action se rangeront toujours du côté de la Justice et de la Liberté.

*

Ce qui intéresse Marie, c'est, nuit et jour, d'effectuer dans ce laboratoire des recherches sur le magnétisme et ses propriétés sur certains dérivés. Vers quel sujet se tourner ? Elle suit les plus récentes découvertes telles que celles des rayons X, dont Henri Becquerel est le spécialiste avec la fluorescence. Le physicien a mentionné des phénomènes mystérieux, des rayons proches des rayons X isolés par Wilhelm Conrad Röntgen, révélant les os de la main. Ces « rayons de Röntgen » provoquent une phosphorescence qu'Henri Becquerel, rapporte Janine

Trotereau, va présenter à l'Académie des sciences : « Les sels d'urane émettent des radiations invisibles avec une constance remarquable, mais il n'en est pas de même d'autres substances phosphorescentes[16]. »

Mais d'où provient l'émission de ces rayonnements ? Ce mystère intrigue Marie. La voici installée dans ce laboratoire du 4, rue Lhomond, au cœur des sciences françaises. Dorénavant, elle se concentre sur sa thèse de doctorat. Et quel laboratoire ! Une pièce vétuste où des gouttes d'eau suintent du plafond, où l'électricité saute, sans compter les difficultés, dans ce contexte presque insalubre, pour les appareils d'enregistrement. Quelle misère pour ce qui est pourtant la pointe de la recherche scientifique en France... Mais rien n'arrête Marie. Elle va d'abord mesurer le pouvoir d'ionisation de l'uranium et découvre que ses rayons sont originaux. Et s'il y avait d'autres éléments inconnus ? La jeune Franco-Polonaise réussit à trouver des composés d'un autre corps, le thorium, avec une intensité analogue à celle du radium. Elle propose alors le terme de « radioactivité ».

Marie ne s'arrête pas là et étudie l'ensemble des rayonnements des minéraux. Elle se rend compte que les quantités d'uranium et de thorium dans les minéraux ne suffisent pas à justifier l'intensité du rayonnement. Il doit bien y avoir une autre substance encore plus radioactive. Mais après avoir examiné et vérifié tous les corps chimiques connus, elle arrive à une conclusion révolutionnaire : il doit y avoir un corps nouveau, beaucoup plus radioactif que le thorium et l'uranium. Son intuition s'avère juste. Et son travail de thèse sur les rayons de l'uranium semble maintenant dépassé.

Devant Pierre, intrigué par les travaux de son épouse, la jeune savante réagit vite. Il faut, sans tarder, faire connaître cette étape de sa recherche aux scientifiques de l'Académie des sciences. Mais ni Pierre ni elle-même n'en sont membres. D'une part, ils sont trop jeunes, et d'autre part l'Académie des sciences n'élit que des hommes en son sein. Marie demande donc au professeur Gabriel Lippmann, physicien et futur lauréat du prix Nobel de physique en 1908, de présenter, le 12 avril 1898, sa communication qui sera aussitôt publiée dans les prestigieux *Comptes rendus*. Cette communication fait état de la possibilité d'un corps nouveau, d'une radioactivité puissante, première étape de la découverte du radium.

Pierre, de son côté, est fasciné par l'intuition de sa compagne en laquelle il croit. Il comprend que les recherches seront gigantesques et laborieuses. Elles prendront plusieurs années. Trois mois plus tard, ils découvrent ensemble que la radioactivité se concentre dans deux fractions chimiques de la pechblende. Il est temps de proposer un nouveau nom, dans une autre communication aux *Comptes rendus*, en juillet 1898 : « Si l'existence de ce nouveau métal se confirme, nous proposons de l'appeler *polonium,* du nom du pays d'origine de l'un de nous[17]. »

Pour l'heure, cependant, personne n'a vu ni radium ni polonium. Il faudra traiter d'énormes quantités de minerai dans ce misérable hangar. Pour acheter ce minerai, Marie et Pierre ont recours à leurs maigres économies. Mais il leur faut un plus grand local. Ils essuient refus sur refus. La France aime les sciences mais de loin, sans donner les moyens aux chercheurs de mener leurs recherches à bien. Le couple va donc devoir se rabattre sur un hangar plus vétuste encore, une baraque de bois misérable et glaciale, sans plancher. Marie et Pierre s'y installent tant bien que mal. Marie s'est levée une fois encore de bonne heure. Pour travailler sur un minerai d'uranium, la pechblende, roche de laquelle ils vont retirer le radium, mais avec difficulté, tant ils n'en trouvent qu'en petite quantité. Or il leur en faut une quantité considérable pour poursuivre leurs recherches. Le couple se tourne vers la Bohême, en Tchécoslovaquie, qui dispose d'une mine importante d'oxyde d'uranium, à Saint-Joachimsthal. Pierre et Marie collaborent avec la Société centrale des produits chimiques qui dispose d'un procédé industriel de traitement de la pechblende. Des milliers de kilogrammes sont nécessaires « pour extraire quelques décigrammes de matières actives. Il est bien évident que ce travail est long, pénible et coûteux[18] ».

Soudain, un cadeau imprévu ! Une tonne de résidus d'extraction d'uranium est offerte au couple par le gouvernement autrichien. C'est dire combien la rumeur de leurs recherches fait déjà frémir l'Europe entière, et les voilà, tous deux, observant les ouvriers transporter ces détritus vers leur hangar. Ils sont soudain remplis d'espoir. Leur bonheur est peut-être à portée de main. Certes, le poêle ne fonctionne guère, leurs mains sont gelées, ils s'épuisent. Pierre Curie dira : « Elle est pourtant dure, la vie que nous avons choisie[19]. » Mais ils sont heureux, là, ensemble, à travailler. C'est dans ce lieu misérable que s'écoulent les meilleures années de leur vie. Ils y passeront quatre ans et la dernière année du XIXe siècle sera pour eux l'une des plus belles, avec des publications dont celle sur les effets de la radioactivité.

*

Alors que l'exposition de Paris 1900 s'annonce comme une fête des nouvelles technologies et de la « fée électricité », le laboratoire aurait besoin de travaux. Le hangar a l'air sinistre avec ses courants d'air et ses fuites d'eau. Mais qu'importe, il faut travailler, travailler encore, poursuivre les recherches avec les moyens du bord. Ils sont ensemble. Pierre écoute Marie, comme Marie écoute Pierre, il y a entre eux un amour fait de respect mutuel. 1900 représente l'année de tous les défis, l'entrée dans un nouveau siècle qui sera, ils ne le savent pas encore, le siècle des Curie. Au cours de l'Exposition universelle, inaugurée en grande pompe le 14 avril 1900, Paris recevra plus de 48 millions de visiteurs du monde entier. Des foules d'hommes, de femmes, avec leurs enfants se passionnent pour les découvertes scientifiques et leurs merveilles. Entre la place de la Concorde, l'esplanade des Invalides, la colline de Chaillot et le Champ-de-Mars, quarante nations participent à la fête. À Paris, le palais de l'Électricité attire des milliers de visiteurs chaque jour. Tous veulent essayer le trottoir roulant électrique pour se déplacer sans effort entre les pavillons. Trottoir magique dont adultes et enfants raffolent, à deux vitesses, ancêtre des escaliers mécaniques, sur lequel les talons des dames peinent à trouver leur équilibre, quoique ces dernières n'en soient pas moins enchantées par cet exploit. Autre merveille, le cinéma des frères Lumière et son écran géant, avec projection d'images et son enregistré pour la première fois. On inaugure enfin, en prévision des jeux Olympiques, la première ligne de métro qui conduit à Vincennes où vont se dérouler les épreuves sportives, uniquement masculines – la bien nommée ligne 1.

Le couple Curie visite le palais de l'Optique et de la Grande Lunette astronomique, la plus grande jamais construite. Face à la tour Eiffel, le palais de l'Électricité, qui assure toute la production nécessaire au fonctionnement et à l'éclairage de l'Exposition pendant les six mois. Sa façade surprend, tant elle ressemble à un palais des mille et une nuits. Derrière le décor d'une grotte et d'une cascade d'eau, se cache une véritable usine qui fascine les badauds.

De l'autre côté de la Seine, rue Lhomond, Pierre et Marie, dans un décor beaucoup moins somptueux, où le toit laisse couler l'eau de pluie, avancent dans leur recherche. Lorsque débute, en pleine Exposition universelle en août 1900, par de fortes chaleurs, le Congrès international de physique, les scientifiques du monde entier sont intrigués. Pierre Curie présente les travaux du couple sur « Les nouvelles substances radioactives et les rayons qu'elles émettent[20] ». Marie écrira : « Le Congrès de 1900 nous fournit une occasion de faire connaître au plus près, aux savants étrangers, nos nouvelles matières radioactives. Celles-ci ont été un des points sur lesquels s'est principalement concentré l'intérêt du Congrès[21]. »

Un autre défi attend Marie cette même année. Elle est nommée chargée des conférences de physique des premières et deuxièmes années de l'École normale supérieure de jeunes filles. Elle va y enseigner six ans et marquer une génération de jeunes élèves dont certaines rêvent aussi de devenir des chercheuses scientifiques. L'une d'elles, Eugénie Cotton, deviendra une amie de la famille et plus tard directrice de l'ENSJF. Elle se souvient de la venue des professeures, chacune annoncée « par un coup de cloche [...] Jusqu'à notre entrée à Sèvres, nous aurions pu croire que la physique s'apprenait uniquement dans les livres [...]. Marie Curie doubla le temps qu'elle devait passer avec nous, en ajoutant à son cours d'intéressantes manipulations. Bien souvent elle nous apportait des appareils construits ou modifiés par ses soins et que nous utilisions avec elle. C'étaient des appareils très simples mais notre guide était si habile que nous arrivions à réussir nos mesures, et rien n'était plus passionnant que de discuter après coup avec elle des résultats obtenus en commun[22] ».

*

Marie ne cesse de communiquer avec sa famille en Pologne, comment pourrait-il en être autrement ? Elle s'inquiète. Son père, affaibli, s'est réfugié chez Józef, le frère de Marie. Ses forces déclinent. Il n'a que soixante-dix ans, mais a vécu tant d'épreuves qu'il s'éteint le 14 mai 1902. Marie n'a que le temps d'accourir pour découvrir son père gisant dans le cercueil. Sa vie, leur complicité, leur tendresse, les souvenirs liés à cet homme qui a cru en ses filles rejaillissent en elle. Un père comme tant de jeunes filles auraient aimé en avoir, à une époque où beaucoup d'entre elles n'aspirent qu'à un mariage heureux et sans violences. Wladyslaw Sklodowski était empreint de bonté. Il voulait que ses filles puissent choisir une profession. Dans le chagrin, la jeune savante reprend le train pour Paris. Elle se plonge dans ses recherches aux côtés de Pierre Curie, tout aussi respectueux des compétences scientifiques des femmes. Depuis son enfance, Marie aura été entourée d'hommes bienveillants.

L'année 1902 apporte aussi son lot de joies. « Marie obtient un décigramme de radium pur et détermine son poids atomique[23]. » En novembre de la même année, rappelle Natacha Henry, le sanatorium de Casimir et Bronia est enfin ouvert[24]. L'endroit est magnifique, baigné de soleil dans les montagnes polonaises, un climat pur, les généreux donateurs de l'aristocratie et les médecins polonais ont tenu à être présents. Bronia en est la vice-présidente. L'un de ses rêves se réalise. Leur père aura manqué de peu l'inauguration, mais il aura su que son aînée, comme Marie, a obtenu ce qu'elle voulait. Quelle douce récompense pour ce veuf.

Lorsqu'ils célèbrent avec Irène et le docteur Eugène Curie le Nouvel An, Marie et Pierre sourient. L'année 1903 s'annonce pleine d'espoir. La jeune savante devrait présenter sa thèse avant l'été. Elle y travaille avec acharnement. Irène, petite fille de cinq ans déjà, des yeux perçants, volontaires, une voix forte, exige câlins, attention, observe ses parents, la nature, et est choyée par son grand-père paternel. L'insouciance et le bonheur. Voilà qu'un soir, sa mère lui annonce une heureuse nouvelle. Elle aura bientôt un frère ou une sœur, pour ses six ans, en septembre prochain. Auparavant, Marie doit présenter ses travaux de recherche pour sa thèse sur les substances radioactives.

Peu de temps avant sa soutenance de thèse, alors que Marie est enceinte en ce printemps, ils se rendent à Londres où Pierre présente leurs travaux à la Royal Society. Il cite Marie quatre fois dans son discours, mais son épouse ne se sent pas à l'aise. Elle est observée par ces messieurs comme une espèce bizarre… une femme scientifique ! Malgré la place que lui laisse Pierre, elle garde un souvenir mitigé de ce séjour, elle n'est pas encore reconnue pour ses propres recherches. C'est pourtant là, à Londres, qu'elle rencontre la physicienne Hertha Ayrton, militante féministe et l'une des suffragettes les plus prestigieuses de sa génération. Elle ne peut se douter que bientôt Marie et elles vivront des moments forts, traverseront ensemble des épreuves. C'est le début d'une amitié. Avant de quitter

Londres, où Pierre a aussi mis en garde contre les dangers de brûlure du radium ses collègues britanniques, les deux amoureux ont pris une décision. Leurs découvertes concernent tous les êtres humains et peuvent être utiles dans les luttes contre des maladies, notamment le cancer. Bien sûr, les bénéfices financiers auraient pu permettre de garantir à Irène une éducation confortable. Mais, plus que tout, ces découvertes doivent être au service de tous, et donc être accessibles gratuitement.

Leur décision est à l'opposé des idées des scientifiques anglo-saxons, mais Marie ne compte pas changer d'avis. Ils l'ont prise ensemble, comme une évidence. La santé de tous d'abord. Forte de cette certitude, le 25 juin 1903, elle monte l'escalier de la Sorbonne, pénètre dans une salle comble, où s'entassent étudiants, chercheurs, curieux, sévriennes et, bien sûr, assis et émus, Pierre, son père et Bronia, sa sœur venue de Pologne. Tous veulent découvrir cette chercheuse qui présente une thèse scientifique dans un endroit aussi prestigieux et aussi masculin !

Vêtue de noir, Marie passe au tableau, cet instrument ami de tous les scientifiques sur la planète, et fait face au jury qu'elle connaît bien. Ils ont pris connaissance de sa thèse de cent trente-deux pages. Elle répond à leurs questions d'une voix tranquille, et ce n'est pas sa grossesse de trois mois qui la gêne. Un deuxième enfant en perspective, mais d'abord une consécration par le corps scientifique et universitaire de la Sorbonne. Et quelle consécration ! Elle sourit enfin, lorsque des applaudissements éclatent. Une femme scientifique vient de briser un tabou. Et d'ouvrir la voie à d'autres femmes, dont certaines, si jeunes, ses étudiantes, ressentent combien le moment est historique. Deux des membres de son jury, les professeurs Henri Moissan et Gabriel Lippmann[25], seront lauréats du prix Nobel à leur tour, quelques années après leur doctorante. Quelle ironie ! Décidément, des barrières tombent grâce au prix Nobel tout juste créé. Le monde bouge. Et pour les jeunes femmes scientifiques, l'avenir s'annonce plein d'espoir.

Pour les suffragettes françaises qui luttent tant pour obtenir le droit de vote à leurs compatriotes, ce succès d'une femme suscite en elles un espoir fou. Les Françaises pourront-elles enfin être reconnues comme citoyennes à part entière ? Mais les autorités masculines, aussi bien à l'Assemblée nationale qu'au Sénat, savent faire mine de ne pas voir un évènement qui pourrait les déranger dans leurs prérogatives et leurs privilèges.

Marie, pour sa part, retourne à ses travaux. Quelques jours plus tard, alors que l'été est moins chaud que les années précédentes, d'une température presque automnale, dans la fraîcheur, elle ressent des spasmes violents, et bientôt perd l'enfant qu'elle attendait. Cette fausse couche déclenche un cataclysme, une souffrance qui la déchire de larmes, un chagrin dont elle peinera à se remettre. Ce garçon ou cette fille, elle s'en réjouissait. Et voilà que le rêve est anéanti. À sa sœur chérie, sa confidente repartie dans le sanatorium de Zakopane dans la montagne polonaise, elle écrit : « Je suis si consternée par cet accident que je n'ai le courage d'écrire à personne. Je me suis tellement habituée à l'idée de cet enfant que je ne puis pas me consoler [...]. L'enfant, une petite fille, était en bon état et vivait. Et moi qui la désirais tellement[26] ! »

Dans la douleur, elle reprend avec acharnement sa tâche, si utile pour effectuer, vaille que vaille, le lent travail du deuil. Et une question l'inquiète. Ses journées au laboratoire n'ont-elles pas miné sa santé ? Les matériaux qu'elle touche ne représentent-ils pas un danger ?

Et si elle ne pouvait plus mener à terme une grossesse ? Cette perspective la fait frémir. L'automne arrive, Irène est fêtée, adulée, câlinée pour ses six ans en ce 12 septembre 1903. Elle a vu sa mère si triste pendant l'été, mais aujourd'hui elle est heureuse et, finalement, n'est-elle pas ravie de cette position de fille unique, au centre du monde des adultes ?

Quelques mois plus tard, les nouvelles tombent de Pologne alors que Marie se remet avec peine de la perte de sa fille. Bronia vit un drame semblable. Son fils, le petit Georges, cinq ans, a soudain été pris de fortes fièvres. En dépit des efforts de Bronia et de son mari pour le sauver, le garçon meurt d'une méningite tuberculeuse. Chez sa sœur aussi, dès lors, il ne reste plus qu'un enfant, une petite fille aînée de onze ans, Helena, un peu plus âgée qu'Irène chez les Curie. À son tour, Marie tente de consoler sa sœur, mais comment le pourrait-elle, alors que chaque allusion à la mort du petit Georges lui rappelle la douleur de la perte de sa propre fille ? Cette année qui aurait dû être si belle, symbole de l'amour qui l'unit à Pierre, de la joie d'une nouvelle enfant, n'a plus, de part et d'autre, en France et en Pologne, qu'un goût de cendres.

Sans tarder, secouée parfois de vives douleurs, Marie poursuit ses travaux, en silence ; seules leurs voix, celles de Pierre et la sienne, s'élèvent, comme un refrain d'amour et de travail partagé, d'une œuvre, leur œuvre. Ils ne le mesurent peut-être pas pleinement, car ils sont dans le plaisir et les efforts de la recherche pure, mais leurs travaux sont, dans ce XXe siècle naissant, au cœur des enjeux de pouvoir des gouvernements, alors masculins. Rien d'étonnant à ce que l'Académie des sciences française, uniquement composée d'hommes, propose au comité à Stockholm que le Nobel de physique, tout juste créé, soit décerné à Pierre Curie et à Henri Becquerel. Deux hommes. Aucune femme. Le nom de la scientifique, chercheuse, première docteure ès sciences en France, a été gommé. Invisible, comme si elle n'existait pas. Dans leur inconscient, le travail de Marie ne correspondait sans doute qu'à celui d'une assistante et non d'une vraie chercheuse.

En Suède, les experts entendent s'assurer que les savants consacrés ne sont pas sujets à caution. Or le mathématicien suédois Gösta Mittag-Leffler ne comprend pas l'absence de mention de Marie dans le choix possible du comité Nobel. Cet éminent mathématicien, ami de Raymond Poincaré, connaisseur de la France, a peut-être été influencé par l'histoire de son pays, nordique, où les associations de femmes ont du poids dans la société suédoise depuis la moitié du XIXe siècle, et où celles-ci ont plus facilement accès à des postes scientifiques que dans un pays latin tel que la France. Elles sont plus écoutées qu'en France. Par ailleurs, sa sœur Anne Charlotte Leffler est alors la dramaturge suédoise la plus connue des arts et écrit même une pièce avec la mathématicienne russe Sofia Kovalevskaïa, dont les travaux sont reconnus dans le monde entier. Gösta Mittag-Leffler le sait, la valeur scientifique des femmes chercheuses existe bien.

Pour cet homme de talent suédois, par ailleurs connu pour son intégrité professionnelle, il est important d'alerter son ami Pierre Curie, lui aussi réputé pour sa simplicité et sa droiture, de sa possible désignation mais également de l'absence de Marie sur la liste. Alors que Gösta Mittag-Leffler est tenu par le secret, il ne peut s'empêcher de passer outre, et il écrit à Pierre. À la lecture de ce courrier confidentiel, le savant français sursaute.

Bien évidemment, Marie, la compagne de sa vie et de ses recherches, mérite aussi d'être reconnue. Il ne veut pas qu'elle soit effacée de l'histoire des sciences, situation injuste trop souvent répétée à travers les siècles. Il répond à la missive : « Dans le cas où il serait vrai que l'on songe sérieusement à moi, je désirerais beaucoup que l'on me considère comme solidaire avec Mme Curie dans mes recherches sur les corps radioactifs. C'est en effet son premier travail qui a déterminé la découverte des nouveaux corps et sa part est très grande dans cette découverte (elle a aussi déterminé le poids du radium)[27]. » Propos qui surprennent, d'autant que les femmes scientifiques sont peu reconnues et ne sont pas acceptées au sein des académies des sciences à travers l'Europe. Le scientifique suédois va pourtant prendre en compte la demande de Pierre Curie et réussir à l'imposer auprès des autres scientifiques du comité Nobel, tous masculins.

Ce soutien est donc à saluer, tant les grandes femmes de science sont reléguées derrière les, encore plus grands, hommes de science. Le souci de Pierre Curie, énoncé comme une évidence, en ce début du XXe siècle, marquera une étape dans l'ouverture aux femmes des métiers jusque-là réservés aux hommes. Pierre Curie n'aura pas le temps de mesurer l'aide qu'il a apportée aux droits des femmes à travers le monde. Aujourd'hui encore, un siècle plus tard, le prix Nobel de Marie Curie est cité en exemple pour la jeunesse.

Lorsque le prix est annoncé pour les trois lauréats, Pierre, Marie et Becquerel, en France, le couple passe de l'obscurité à la lumière. Des centaines de courriers leur arrivent au laboratoire, par paquets, les journalistes les harcèlent. Mais si Marie semble réservée, Pierre lui, souffre d'un blocage d'élocution devant tant de demandes qui le troublent dans son travail. Et, de fait, il ne peut plus se concentrer comme il le souhaiterait. Lorsqu'en janvier 1904, le président de la République, Émile Loubet, se rend au laboratoire entouré d'une cour d'officiels, le scientifique éprouve des difficultés à présenter leurs découvertes. Il s'en voudra et en sera malheureux. En réalité, la moins timide des deux est Marie. Mais, dans ce baptême du feu de la célébrité, Pierre et Marie sont maladroits, ne développent pas leurs réponses. Et ce malgré les articles élogieux, certains caricaturaux pour Marie, mère de famille appelée parfois « Marie, Notre-Dame du Radium ». Le grand public et les médias ne parviennent pas à accepter qu'elle soit vraiment une chercheuse scientifique et qu'elle ait contribué à leurs découvertes. Marie et Pierre, de leur côté, n'en peuvent plus : « Nous sommes inondés de lettres, de visites de photographes et de journalistes. On voudrait pouvoir se coucher sous la terre pour avoir la paix[28]... » L'Amérique, toujours à l'affût, souhaite attirer les meilleurs savants sur son territoire. Pierre et Marie sont invités aussitôt pour une tournée de conférences, rémunérées bien sûr. Un tel voyage prendrait temps et énergie, les détournerait de leurs travaux. Il n'en est pas question. Et pourtant, l'Amérique, bientôt, se rappellera à Marie... Pour une autre aventure.

Malgré sa timidité, Pierre réussit ses premiers cours à la Sorbonne où il a enfin été nommé titulaire d'une chaire. Quel monde pour l'écouter ! Tout Paris est là, avec son cortège de snobs et de mondains. Il faut ouvrir les portes de l'amphithéâtre, tant ils sont devenus des vedettes, et leur simplicité, racontée dans les articles de journaux, touche le cœur du public. Mais il peine à se concentrer vers de nouvelles recherches, tellement cette célébrité lui est insupportable : « Voilà un an que je ne fais aucun travail et je n'ai pas un moment à moi. »

Qui aurait cru qu'un jour la vie de Pierre et Marie serait changée par l'inventeur de la dynamite ? L'industriel Alfred Nobel aura déposé plus de 355 brevets, amassant une fortune considérable. Fils d'un fabricant d'armes qui fait faillite à Saint-Pétersbourg après la guerre de Crimée, le Suédois mettra au point la fabrication d'un détonateur à retard, la nitroglycérine, étape importante vers la maîtrise des explosifs. Il va créer plusieurs variétés de dynamite, dont certaines gardent leur propriété dans l'eau. À la tête d'une immense fortune, demeuré célibataire, il entretient des correspondances avec des écrivains qui, eux, rêvent de paix, tel Victor Hugo. Il séjourne à Paris, acquiert un château à Sevran, village où des pyrotechniciens effectuent, en secret, des recherches militaires pour la Poudrerie nationale. C'est dans ce laboratoire français qu'il invente un nouvel explosif, plus pratique. Mais les critiques fusent, et las, il quitte la France pour l'Italie.

Une fausse nouvelle peut parfois créer des surprises heureuses. En 1888, Alfred Nobel lit, avec stupéfaction, l'annonce de son propre décès. Et découvre dans la presse sa nécrologie, accablante : « Le marchand de la mort est mort. Le docteur Alfred Nobel, qui fit fortune en trouvant le moyen de tuer plus rapidement que jamais auparavant, est mort hier[29]. » C'est un choc. Puisqu'il a amassé cet argent par des inventions qui sèment la mort, il va en faire don, par testament, aux vivants qui agissent pour des inventions à vocation humaniste. Quelques années plus tard, à Paris, au Cercle norvégien et suédois, où les fenêtres de son bureau donnent sur le jardin des Tuileries, Alfred Nobel annonce qu'il fera don, à sa disparition, de sa fortune pour un fonds dont les intérêts seront redistribués à ceux qui auront au cours de l'année « rendu les plus grands services ». Il choisit cinq domaines : la paix, bien sûr, mais aussi la littérature, la chimie, la médecine et la physique. Un an plus tard, Alfred Nobel décède brutalement. Cinq ans après sa disparition, la première cérémonie des prix Nobel se tient à Stockholm en 1901. Non sans créer des polémiques. Ainsi le choix du premier prix Nobel de littérature suscite-t-il de vives réactions. Le poète français Sully Prudhomme est récompensé sous les protestations. De nombreux critiques littéraires estimaient naturel que celui-ci revienne à Léon Tolstoï, l'auteur de *Guerre et paix* et d'*Anna Karénine*. Le jury Nobel ne peut pas se permettre d'être une fois de plus remis en question, c'est pourquoi la nomination de Marie Curie a été sujette à tant de débats.

Mais Pierre et Marie ne sont pas en mesure d'être présents à la remise des prix en Suède à la date prévue, début 1904, pour recevoir leur prix Nobel de physique. Pierre souffre de rhumatismes aigus et Marie est épuisée par les nombreuses sollicitations. Un succès inattendu les submerge. Ce ne sont plus seulement les travaux solitaires de deux êtres tendus vers le même but, mais une explosion de recherches et de découvertes qui nécessitent du personnel auprès d'eux. Arrive dans leur équipe le chimiste André-Louis Debierne, qui deviendra, plus qu'un collaborateur, un éminent scientifique, découvreur de l'actinium, futur directeur de l'Institut du radium à la mort de Marie Curie et un ami qui sera auprès d'eux jusqu'à sa retraite de l'enseignement supérieur en 1946. Les mois passent. Pierre, épuisé, se lasse. Marie, elle, conserve cette féroce volonté. Ce n'est pas aujourd'hui, dans ce Paris des sciences, qu'elle va lâcher si près du but. Sa fille Ève rapporte fièrement le jour où tout bascule : « En 1904, quarante-cinq mois après le jour où les Curie annonçaient l'existence probable du radium, Marie remporte enfin la victoire de cette guerre d'usure. Elle réussit à préparer un décigramme de radium pur[30]... »

Avec Pierre, main dans la main, ils vont retourner dans la nuit au hangar et contempler le radium dont la couleur irradie dans l'obscurité. Ils sont si heureux. Leurs découvertes ont dépassé leurs rêves les plus fous. Ce XXe siècle naissant s'annonce plein de promesses.

*

À la joie de ses travaux, s'ajoute un bonheur inespéré. Marie est de nouveau enceinte, et cette grossesse est cette fois menée à son terme ; le chagrin de la perte de sa fille en est adouci. Ève naît le 6 décembre 1904, sept ans après Irène. Les premiers mois de 1905, Marie, fatiguée, reprend vite le travail. Le matin, elle reste à l'appartement, s'occupe de ses deux filles, et il faut bien qu'Irène, habituée à être la fille unique adorée, centre de toutes les attentions depuis sept ans déjà, se fasse à ce bébé qui lui enlève une part de l'affection de ses parents, même si, par son âge, elle se sent supérieure à elle. La mère d'Ève ne lâche pas pour autant ses cours à Sèvres, aime échanger avec ces jeunes filles, presque des femmes qui, par leur enthousiasme, lui rappellent ses années d'étudiante à la Sorbonne, sa concentration acharnée à apprendre, apprendre, apprendre.

Ils ne se rendront donc à Stockholm qu'un an plus tard, en juin 1905, à la belle saison, pour recevoir le fameux prix du roi Oscar II de Suède, dont les lauréats touchent 150 000 couronnes suédoises, soit 10 000 francs or. La cérémonie représente un moment d'autant plus propice au rayonnement de ce pays scandinave que la séparation entre la Norvège et la Suède est décrétée le même mois. Le 6 juin 1905, Pierre Curie, seul lauréat à prendre la parole, met en garde contre le risque que le radium tombe entre de mauvaises mains :

> On peut concevoir que dans des mains criminelles le radium puisse devenir très dangereux, et ici on peut se demander si l'humanité a avantage à connaître les secrets de la nature, si elle est mûre pour en profiter ou si cette connaissance ne lui sera pas nuisible. L'exemple des découvertes de Nobel est caractéristique, les explosifs puissants ont permis aux hommes de faire des travaux admirables. Ils sont aussi des moyens de destruction entre les mains de grands criminels qui entraînent les peuples vers la guerre. Je suis de ceux qui pensent, avec Nobel, que l'humanité tirera plus de bien que de mal[31].

Dans leurs recherches, Pierre et Marie restent aveugles sur un point : les effets du radium sur leur santé et les risques qu'ils prennent. En réalité, les autres chercheurs n'y attachent pas non plus grande importance. Pourtant, des taches et des brûlures apparaissent. Pierre Curie en rend compte, d'un ton neutre, dans un *Compte rendu* de l'Académie des sciences qu'il rédige avec Henri Becquerel, colauréat du prix Nobel de physique avec eux : « Les mains ont une tendance générale à la desquamation… Les extrémités des doigts qui ont tenu les cubes ou capsules […] deviennent dures et parfois très douloureuses : pour l'un de nous l'inflammation des extrémités des doigts a duré une quinzaine de jours et s'est terminée par une chute de la peau mais la sensibilité douloureuse n'a pas encore disparu au bout de deux mois.[32] »

Et lorsque des marques de brûlure apparaissent sur les mains de Marie, elle en sourit ; une simple ampoule due au radium, pense-t-elle. Mais peu à peu les objets qui l'entourent deviennent radioactifs. Pour autant, elle continue les recherches dont, déjà, quelques scientifiques envisagent les vertus thérapeutiques. Pierre et Marie approchent plusieurs médecins et biologistes, rappelle Henri Gidel, et « l'intuition des Curie se révélera particulièrement féconde. On s'apercevra vite que des érythèmes comme les lupus sont guéris par l'irradiation à laquelle on les soumet[33] ». L'espoir est donc permis de trouver de nouvelles applications, de sauver des vies humaines. Face à un tel défi, qu'importe le danger.

2

SCIENCES ET AMOUR, ESPOIRS ET ÉPREUVES

La pluie. Encore la pluie. Cette averse semble ne pas s'arrêter. Marie glisse la clef dans la serrure de son appartement du boulevard Kellermann, soucieuse. Elle s'est énervée face à Pierre ce matin. Trop de fatigue, et il fallait qu'elle s'occupe d'Irène et Ève. Elle s'en veut d'avoir répondu ainsi à son mari. Elle l'aime, se sent si bien avec lui. N'est-il pas un bon compagnon, tant dans la vie privée que professionnelle ? N'a-t-elle pas une chance dont rêveraient tant de femmes : le bonheur de partager recherches et découvertes ? Être respectée par l'homme de sa vie pour ses propres travaux scientifiques ? En quittant Varsovie, en joignant sa vie à la sienne, se dit-elle une fois encore, elle a fait un choix heureux. Vite, elle a envie de l'embrasser, d'effacer cette chamaillerie du matin. Être dans ses bras. L'aimer et être aimée. Tout simplement.

Mais Pierre n'est pas encore rentré. Elle ne le voit pas. Découvre d'autres hommes, chez eux. Son père, le docteur Eugène Curie, et deux collègues de Pierre, les visages figés. Pas le moindre sourire. Que font-ils là à cette heure ? Lentement, ils se tournent vers elle, mais aucun n'ose croiser son regard. Ils baissent la tête. Paul Appell, le doyen de la faculté des sciences, le premier prévenu par le commissariat de police, s'avance vers elle. Lui raconte l'accident, les chevaux, la roue.

Pierre n'a peut-être pas fait attention en traversant au niveau du quai des Grands-Augustins et de la rue Dauphine. Il revient d'un déjeuner avec ses collègues, heureux des discussions. Il ne pense pas au sol mouillé par la pluie, et son pas glisse sur les pavés, son parapluie l'empêchant de voir la voiture à cheval, incapable de freiner, de s'arrêter. Pierre tombe, sa tête passe sous les sabots des chevaux, puis sous la roue arrière. La foule hurle, menace de lyncher le cocher, tandis que Pierre gît sur les pavés. Il a quarante-six ans. Le pauvre cocher, au commissariat, pleure, terrifié.

Marie n'ose croire ce qu'elle entend : « Pierre est mort ? Tout à fait mort ? » Sa voix n'est plus que murmure. Elle ne retrouve plus son souffle, parti avec l'homme qu'elle a quitté ce matin d'une voix agacée et auquel elle ne pourra plus dire combien elle l'aime. Le corps est amené chez eux dans la soirée, tandis que les filles sont confiées à des scientifiques, le physicien Jean Perrin et son épouse, amis et voisins. Celui-ci sera à son tour lauréat du prix Nobel de physique en 1926. Aux côtés du docteur Eugène Curie, Marie caresse le visage de son époux ensanglanté. Dans la nuit, elle saisit un cahier et entame un journal en forme de dialogue. Comment, en effet, interrompre cette conversation qui dure depuis des années et les a conduits vers tant de découvertes et de bonheurs partagés ? Pendant une longue et douloureuse année elle va tenir ce journal, sauvegardant une intimité avec celui qui ne répond plus à ses paroles. Tant qu'elle lui écrit, Pierre ne peut être tout à fait mort. Il y a en lui encore un peu de vie, essaie-t-elle de croire. Et de toute façon, ce journal est une bouée de sauvetage, vitale pour elle. Marie doit en effet sauver sa vie et celle de ses deux petites.

Lentement, le convoi se dirige vers le cimetière de Sceaux, bordé d'arbres, si paisible, où Pierre va reposer auprès de sa mère. Marie a décrété qu'il n'y aurait pas de cérémonie officielle, pas de discours. La nouvelle de la mort de Pierre a pourtant fait la une des journaux, au même titre que le tremblement de terre de San Francisco qui vient de détruire une partie de la ville, dans les flammes et la terreur. Des messages sont parvenus du monde entier, mais Marie veut se retrouver dans l'intimité. Sans succès, bien sûr, tant la foule des badauds, des curieux, des scientifiques, accourt autour des allées du cimetière. Un officiel est présent cependant. Cofondateur du parti socialiste français et du journal *L'Humanité*, Aristide Briand deviendra six fois président du Conseil et recevra plus tard le prix Nobel de la paix.

Marie s'appuie sur le docteur Eugène Curie, tandis que sa sœur Bronia et son frère Józef, tous deux arrivés de Varsovie, veillent sur chacun de ses pas, de peur qu'elle ne s'effondre. Alors que le cercueil est descendu dans la fosse, elle veut rester jusqu'au bout, auprès de son beau-frère Jacques. Marie se dresse droite dans sa robe noire. Elle a voulu des obsèques simples. Mais des journalistes ont réussi à se dissimuler derrière les arbres, les tombes. Des flashs aveuglent la scène. Brisent son intimité. Elle n'a pas la force de réagir.

Marie veut annoncer elle-même la nouvelle à Irène. Les Perrin, venus garder l'enfant pendant la cérémonie au cimetière, n'ont pu que chuchoter entre eux, pour que l'aînée ne comprenne pas le malheur qui s'est abattu sur sa famille. Pas même que son père repose au cimetière. Le lendemain de l'enterrement, en présence de Bronia et du docteur Eugène Curie, Marie prend doucement sa fille dans ses bras, maîtrise ses larmes. Irène écoute, abasourdie. Comprend-elle vraiment ce que signifie la mort ? Elle semble perdue, découvre sa mère recouverte de noir, ce noir qu'elle ne quittera plus jusqu'à sa propre mort, près de trente ans plus tard. Marie laisse dormir Irène dans son lit, la serre doucement, elle qui n'a pas pu embrasser sa propre mère par peur de la contagion de la tuberculose. Dans le silence de la nuit, elle songe que ses propres enfants auront été, comme elle, orphelines si jeunes, trop jeunes. Dans le salon, la petite Ève, inconsciente à seize mois de cette tragédie, veut jouer, sourit. Elle ne se rend pas compte qu'elle n'aura jamais le moindre souvenir de son père. Ce sera une souffrance qui la poursuivra. Pour l'heure, il faut adoucir le chagrin d'Irène, se dit Marie, le sien n'est guère possible. Voilà Marie qui écrit à Pierre, l'absent aimé, parce que l'écriture est un baume sur les plaies de la douleur. Assise à son bureau, de sa plume penchée et fine, aux lettres petites mais claires, elle lui parle de leur fille aînée, comme s'il était dans la pièce, à ses côtés, ou parti pour un voyage. Elle lui dit combien Irène, par son sérieux, aurait sans doute pu devenir une compagne de travail de son mari.

La nuit tombe sur le boulevard Kellermann. Le compagnon de sa vie vient d'être conduit au cimetière. Seule, elle est seule face à son désespoir. La jeune veuve de trente-neuf ans ne peut pas exprimer sa douleur devant ses amis, collègues. Elle ne veut pas embarrasser, craquer, dévoiler qu'elle est perdue. Les petites sont couchées, Ève, si gaie, pétillante, court à travers la maison, s'accroche, réclame des baisers, des câlins que le docteur Eugène Curie donne bien volontiers à sa petite-fille. Mais là, dans le noir, l'absence de Pierre rejaillit, comme un laser qui transperce la peau et le cœur. Alors, il ne reste plus qu'un seul recours, celui de l'écriture. À l'absent, elle raconte son propre enterrement. Ce sera, en plus de ses nombreux carnets, le seul journal qu'elle tiendra :

> Pierre, mon Pierre, tu es là, calme comme un pauvre blessé qui se repose en dormant, la tête enveloppée. [...] J'ai baisé tes paupières que tu fermais pour que je les embrasse, en m'offrant ta tête d'un geste familier. [...] Nous t'avons mis en bière samedi matin, et j'ai soutenu ta tête pour ce transport. Nous avons mis le dernier baiser sur la tête froide. Puis quelques pervenches du jardin dans la bière et le petit portrait de moi que tu appelais « la petite étudiante bien sage » et que tu aimais. C'est le portrait de celle qui avait eu le bonheur de te plaire assez pour que tu n'hésites pas à lui offrir de partager ta vie, alors que tu ne l'avais encore vue que quelques fois... Ta bière est fermée et je ne te vois plus. Je n'accepte pas que l'on la recouvre de l'affreux chiffon noir. Je la couvre de fleurs et je m'assieds près d'elle[1].

À la douleur s'ajoutent les préoccupations matérielles. Comment vivre sans le salaire de Pierre, plus élevé que le sien ? Et ce ne sera pas la pension de veuve qui lui permettra d'assurer le confort de ses deux filles. D'autant que Marie la refuse ! Elle veut assumer seule la survie du foyer familial. Elle ne veut rien devoir. Sans doute, après ces années difficiles en Pologne, puis son arrivée à Paris, si pauvre, connaît-elle la valeur de l'indépendance qui commence par l'indépendance économique, comme l'écrira plus tard Simone de Beauvoir. Mais il faut bien vivre.

Ses proches, Bronia, Jacques Curie, le frère de Pierre, s'inquiètent. Et soudain, osent une idée audacieuse, presque folle. Interrogent la Sorbonne. Marie Curie, elle-même Prix Nobel, ne pourrait-elle, à ce titre de scientifique prestigieuse comme son mari, lui succéder à sa chaire ? Les résistances fusent. Une femme à la Sorbonne ? Ces messieurs n'osent exprimer leurs réserves de la sorte, mais l'a priori est fort. De grands noms scientifiques, des hommes, insistent. Et la Sorbonne, qui après tout va pouvoir s'enorgueillir qu'une Prix Nobel enseigne dans ses murs de la rue des Écoles, accepte de la nommer, moins d'un mois après la mort de Pierre, le 13 mai 1906, à la chaire de physique de son défunt mari, ainsi que son laboratoire.

Sera-t-elle en état physique et psychologique d'assumer ses cours ? Bien sûr. Marie a traversé déjà tant d'épreuves, il n'est pas question qu'elle se laisse aller. C'est un défi qu'elle va relever, avec énergie, en dépit du chagrin qui la transperce. Pour l'été, elle a un objectif. Préparer sans relâche ses cours. Mais il faut qu'elle trouve une personne pour prendre sa place à l'École normale supérieure de jeunes filles de Sèvres. Car elle tient à ne pas abandonner ces étudiantes qui représentent l'espoir des sciences françaises, une nouvelle génération de femmes scientifiques. Avec douceur et fermeté, elle demande à Paul Langevin de la remplacer pour au moins un an dans cette prestigieuse école. Lui, l'ami de la famille, accepte. Elle est soulagée. Les sévriennes, ses filles spirituelles, seront sauvées. De son côté, elle est prête pour la Sorbonne.

Le 5 novembre 1906, il y a foule dans l'amphithéâtre de la rue des Écoles. Des scientifiques, des fidèles, des amis, des étudiants et des étudiantes venues de Sèvres, des mondains, des snobs, des curieux, des journalistes. Quelques femmes vêtues de leurs plus belles robes ont fait réserver, une heure à l'avance, leur siège par leurs cochers. Sous les applaudissements, Marie ne les regarde pas, ne leur accorde pas un seul mot de politesse. Seule la science, la sienne et celle de Pierre, compte. Elle reprend le cours là où le compagnon de sa vie l'avait laissé. La plupart des présents ne comprennent rien, mais qu'importe, cette conférence, la première, sera évoquée dans les dîners parisiens.

Marie songe-t-elle au parcours qu'elle a accompli en moins de dix ans ? Depuis ses débuts dans des familles polonaises mesquines isolées à la campagne ? Non, elle a fini son cours, pense déjà au suivant, et encore à celui d'après, et à ses deux petites. À sa famille polonaise car Bronia doit repartir. Plus que jamais, elles sont unies, elles s'aiment tant que seule la mort pourrait les séparer.

Quel curieux anniversaire, ce 6 décembre 1906. Une nuit où, une fois encore, Pierre ne sera pas à ses côtés. Seront présents autour de la table du dîner le docteur Eugène Curie, Irène et la petite Ève. La cadette fête ses deux ans. Marie ouvre la porte, embrasse ses filles, les serre dans ses bras, dîne avec elles et son beau-père, fait souffler deux bougies à sa cadette et cache ses larmes. Elle ne supporte plus cet appartement. Pierre, si absent, y est trop présent. Il faut partir, vers un nouveau lieu qui ne lui rappellera pas ce mari disparu. Ce ne sera plus Paris, mais une maison, un jardin. Une éducation saine pour ses filles. Sceaux, alors loin de la pollution, du bruit de la capitale dont l'une des rues a été la cause de son chagrin. Sceaux, la ville où elle a épousé Pierre et où il repose. En cachette de ses filles, elle pourra se rendre plus souvent sur sa tombe. Les transports seront plus longs pour se rendre au laboratoire, qu'importe. Marie partira plus tôt le matin, reviendra plus tard le soir. Mais les petites seront dans un environnement sain. Leur grand-père s'occupera d'elles durant la journée. Et c'est ce qui compte, plus que tout.

Irène s'adapte aussitôt au changement de vie. Et Eugène Curie, le grand-père, aimant et vif, tente de compenser l'absence de son propre fils, profite de ses petites-filles. Irène a déjà neuf ans, elle est volontaire, dicte sa conduite et discute avec lui, écoute les conversations des adultes, s'en imprègne, apprend. Déjà elle pose des questions scientifiques, ces dinosaures, le docteur Curie en a-t-il connu ? La petite Ève profite de sa tendresse, de cette présence masculine, car il est à présent l'homme de la famille. La fille cadette évoquera plus tard, avec pudeur, sa perception de ce grand-père dans sa biographie sur Marie :

> Ève est encore trop jeune pour que se crée entre elle et lui une véritable intimité, mais il est l'incomparable ami de l'aînée, de cette enfant lente et farouche, si profondément semblable au fils qu'il a perdu… Il ne se contente pas d'initier Irène à l'histoire naturelle, à la botanique, de lui communiquer son enthousiasme pour Victor Hugo… L'équilibre moral de l'actuelle Irène Joliot-Curie, son horreur du chagrin, son attachement implacable au réel, son anticléricalisme, ses sympathies politiques même, lui viennent en droite ligne de son grand-père[2].

Marie part donc le matin tôt, alors que les petites sont prêtes pour l'école, déjà elle travaille dans le train qui la conduit à Paris, il n'y a pas une minute à perdre. Et c'est aussi du temps gagné pour ne pas se laisser envahir par le souvenir de Pierre, même si celui-ci est présent à chaque instant. En fin de semaine, elle accompagne ses filles dans des promenades à bicyclette ou dans des longues marches. Peu importe le temps, vent, pluie. Et même bourrasques. Les petites doivent aussi apprendre à ne pas avoir peur, à être indépendantes. Pas question de manifester la moindre crainte lorsque le tonnerre gronde près de la maison. Elle profite des éclairs dans le ciel, du bruit de l'orage, pour expliquer à ses filles que plus les secondes passent entre l'éclair et le tonnerre, plus loin est l'orage. Les sciences, donc, aident à comprendre et à rassurer.

Marie n'est pas en reste. La Sorbonne, malgré le prestige de son prix Nobel et de ses découvertes, ne respecte pas son engagement de lui fournir un laboratoire plus moderne et fonctionnel. Elle menace l'honorable institution de démissionner et de rejoindre l'Institut Pasteur dont elle connaît bien le directeur, le docteur Roux[3]. Ces messieurs de la Sorbonne prennent la menace au sérieux, lâchent un terrain et accordent des financements pour la construction d'un autre bâtiment qui sera consacré aux recherches biologiques sur les applications médicales des rayons pour traiter le cancer. Le professeur Claudius Regaud, médecin et radiologiste, le dirigera, tandis que Marie sera à la tête du pavillon Curie de l'Institut du radium, qui se consacre aux recherches physico-chimiques des radioéléments. Le professeur Regaud démontrera quelques années plus tard, avec l'arrivée de la Grande Guerre, son engagement en mettant en pratique une nouvelle méthodologie pour éviter que les soldats grièvement blessés soient envoyés vers une mort certaine et en les soignant sur place. Son hôpital de Gérardmer sera l'un de ceux qui auront le plus faible taux de décès. Pour avoir sauvé tant de vies, le président de la République Raymond Poincaré viendra sur place en 1915 lui remettre la Légion d'honneur. Claudius Regaud reprendra ses fonctions après la guerre, et la section médicale de la fondation

Curie, créée en 1920, jusqu'en 1937. Marie Curie a su choisir les meilleurs collaborateurs, aussi exigeants et passionnés qu'elle.

*

L'hiver 1910 est rude. À Sceaux, sous la neige et le froid, le docteur Curie bavarde avec Irène, bientôt une adolescente. Les cours de botanique, de mathématiques, de biologie qu'il lui donne ont déjà laissé des marques en elle. L'aînée des filles Curie aime les sciences. Elle ne sait pas encore vers quel avenir sa vie d'adulte la portera, mais elle écoute Marie, son grand-père, l'esprit aux aguets. Et discute. Toutes ces questions qu'elle leur pose amusent le père de Pierre. Il tente d'y répondre mais doit, de temps à autre, se reposer et s'allonger. À soixante-treize ans, il se sent de plus en plus fatigué. Peu à peu, il a de moins en moins la force de se relever. Marie l'observe, inquiète. Cet homme généreux, cultivé, plein d'humour et de vivacité est devenu un ami indispensable pour la sauver de sa détresse, et un père de substitution pour Irène et Ève. Elle le soigne avec tout l'amour qu'elle sait donner, mais le docteur Eugène Curie attrape une congestion pulmonaire à laquelle il succombe, entouré des trois femmes Curie, et de son autre fils Jacques. Triste mois de février 1910. Le vieil homme laisse ainsi Marie seule pour élever ses filles. Irène est bouleversée. Alors âgée de douze ans, elle se sent abandonnée par son compagnon de jeu qui l'ouvrait sur la culture, les sciences, les beautés du monde, la politique, les lectures, la laïcité. C'est un coup terrible. À ses côtés Ève, cinq ans, est triste, mais ne mesure pas le choc de cette perte. À présent, il n'y a plus d'adulte lorsque les enfants rentrent de l'école, plus d'adulte pour converser, discuter avec Marie et, par une présence familière et chaleureuse, la réconforter. Nouveau deuil, douloureux, pour Marie. Elle doit encore accompagner un homme Curie au cimetière de Sceaux, dans un froid glacial. En cette fin de février 1910, un vent balaie l'Île-de-France. Marie grelotte. Et là encore, Pierre se rappelle à elle. Comment pourrait-il en être autrement ? Elle ordonne que le cercueil de Pierre soit remonté et retiré de la tombe. Celui du docteur Curie est alors descendu en premier. Celui de Pierre est posé sur celui de son père. Le plus âgé au fond de la sépulture. Et son cercueil sera le premier qu'on verra, lorsque ce sera un jour le moment de le rejoindre. Tandis que le corps de Pierre est conduit en terre, Marie se tourne vers ses petites, frigorifiées. Elles ont besoin d'elle, tout comme le laboratoire, la recherche scientifique. Elle ne doit pas craquer. Lutter, encore et encore. Rester debout.

Comment amoindrir le deuil, adoucir le chagrin, en admettant que ce soit possible ? Par le travail, y compris pour les enfants. Marie entend leur donner une éducation équilibrée, un esprit sain dans un corps sain. Mais les études dans le système secondaire français ne laissent guère de place à la gymnastique, aux sports. Marie a des exigences. Les petites doivent avoir une vie au grand air. Leur jeunesse sera ponctuée de longues marches, parfois épuisantes. Un portique a été installé dans le jardin de Sceaux, où Irène et Ève s'exercent à la corde lisse, aux anneaux. Elles deviendront les meilleures de leur classe en gymnastique. Elles doivent aussi accomplir, l'été, des excursions à bicyclette, des dizaines de kilomètres, au grand air, et il n'est pas question d'être fatiguées. Enfin, et leur mère y tient, elles apprendront à « être hardies ». Ne pas avoir peur. Pour Marie, qui a eu une enfance à la fois aimante et difficile avec la mort de sa mère et l'occupation russe, la peur doit être vaincue. Seul compte le sang-froid. Elles ne doivent pas être effrayées dans le noir ni quand éclate un orage. Marie a connu jadis ces terreurs. Pas question que ses enfants souffrent des mêmes traumatismes.

Durant ces quatre années où Pierre a été absent, elle n'a pas pu prononcer son prénom, parler à ses filles de leur père. Impossible. Sans doute trop de douleur reste cachée, enfouie tant bien que mal, derrière ce prénom tant aimé. Si Marie le prononçait, ne risquerait-elle pas d'éclater en sanglots, offrant ainsi aux petites un spectacle perturbant ? Du moins Irène a-t-elle entendu sa mère s'adresser à son père vivant. Pierre, un nom aux oreilles d'Irène, symbole d'amour du couple Curie. Mais Ève, comment pourrait-elle s'en souvenir ? Ce non-dit sera si lourd à porter pour les deux orphelines qu'Ève, adulte, y fera allusion :

> Ce choix répond avant tout à une impossibilité physique. Jusqu'à la fin de ses jours, c'est avec la plus grande difficulté que Marie prononcera les syllabes de « Pierre » ou « Pierre Curie » [...] et sa conversation, pour contourner les îlots du souvenir, usera de stratagèmes incroyables [...]. Elle ne juge pas ce silence coupable à l'égard de ses filles... Plutôt que de les plonger dans une atmosphère de tragédie, elle les prive, et se prive elle-même, d'émotions nobles[4].

Sans doute Ève sera celle qui en aura le plus souffert. Sans souvenir de son père, la cadette doit se construire dans le silence et l'absence, comme une ombre dont elle ne peut parler.

*

« Ah, encore ces suffragettes ! »

À treize ans, Irène se sent plus concernée par les sciences que par les faits divers. Elle découvre dans la presse l'action des suffragettes anglaises. Celles-ci font la une des journaux, démolissent des vitrines, menacent des députés, organisent des manifestations dans le froid, la brume et la tempête, sous les huées de nombreux Britanniques. Le ton monte et le gouvernement, masculin, ne prend pas en compte les revendications féministes. Le 18 novembre 1910, elles sont nombreuses à se rassembler devant le Parlement britannique. La police se jette sur elles avec violence. De nombreuses suffragettes sont blessées sous les coups de la police, deux d'entre elles sont tuées, une centaine arrêtées, jugées et emprisonnées. La répression sera de plus en plus féroce. Winston Churchill, alors secrétaire d'État à l'Intérieur, devient leur pire ennemi. Il donne l'ordre d'alimenter de force les suffragettes en grève de la faim, au risque de tortures, étouffements et blessures : « Après ça, elles n'ont plus jamais manifesté sans être préparées », raconte Elizabeth Crawford[5]. Elles s'initient au jiu-jitsu sous la houlette d'Edith Margaret Garrud. Du haut de son mètre cinquante, cette militante féministe, qui tient une école d'arts martiaux avec son mari à Londres, devient la professeure attitrée des suffragettes, ou plus précisément de la Women's Social and Political Union[6], leur association[7]. Elle est l'une des premières femmes professeures d'arts martiaux. Ces militantes sont aussi victimes d'agressions d'hommes dans la rue, dont l'hostilité est entretenue par les journaux qui ridiculisent leurs actions pour le droit de vote des femmes. Elles sont menacées de toutes parts, en butte à des « chasses aux suffragettes » dans les rues. La violence est omniprésente, et, plus que jamais, elles doivent se défendre. Mais elles n'envisagent pas d'abandonner. Au contraire. Elles créent même un service d'ordre, de véritables gardes du corps, surnommées « les Amazones ».

La jeune Irène entend parler de ces affrontements où des femmes sont malmenées, certaines victimes de tortures en prison. Mais l'adolescente – elle vient d'avoir treize ans – ne mesure pas encore leur courage. Elle écrit à Marie : « J'ai remarqué que chaque jour ou presque un ministre anglais manque de se faire tuer par les suffragettes, mais il me semble que ce n'est pas une manière très brillante de démontrer qu'elles sont capables de voter[8]. » Irène ne sait pas encore que certaines sont des scientifiques, déterminées, et qu'elles vont bientôt croiser sa vie. L'une d'entre elles leur apportera, un jour, réconfort et soutien. Plus tard, en 1918, le Parlement britannique votera le *Representation of the People Act*, qui accorde le droit de vote à huit millions de femmes anglaises, celles qui sont âgées de plus de trente ans, et encore sous certaines conditions. Il faudra attendre 1928 pour que toutes les femmes britanniques au-delà de vingt et un ans puissent voter. Les femmes Curie auront le temps de suivre de plus près les combats de ces femmes pour l'égalité.

*

La maison semble bien vide à présent. Irène est une jeune adolescente, Ève grandit. Marie a, en matière d'éducation, des principes rares en ce début du XXe siècle où les femmes s'habillent encore de robes longues difficiles pour se mouvoir, et où le sport et la gymnastique ne sont tolérés que dans les milieux les plus aisés auxquels n'appartient pas la famille Curie. Marie entend, en femme d'avant-garde, que chaque heure de travail soit suivie d'une heure d'exercice physique. Vite, un trapèze, des anneaux, une corde sont installés dans le jardin. Marie est attachée à l'excellence. Les petites le comprennent, et n'aiment-elles pas plaire à leur mère ? Elles se prennent toutes deux au goût de l'effort et de la compétition, même si Ève avouera plus tard que l'aînée est plus endurante et a une volonté de fer héritée de sa mère... Bientôt elles remporteront des prix d'éducation physique d'un gymnase proche de Sceaux. Et pour acquérir l'esprit scientifique, elles ne doivent être ni soumises ni craintives. Cette éducation serait-elle due à la propre expérience de Marie face à l'adversité russe, l'humiliation, puis l'exil ? N'a-t-elle pas dû se ressaisir et affronter la pauvreté, la solitude à l'époque où une jeune fille a envie de sortir, rire, rêver, apprendre, aimer ? Marie ne veut pas que ses filles, plus tard, se heurtent aux mêmes épreuves qu'elle. Sa devise sera de compter, envers et contre tout, sur ses propres forces.

Parfois, la savante fatigue. Les effets des rayons commencent à se faire sentir, même si elle ne veut pas y prêter attention. Elle enfourche sa bicyclette et la voilà déambulant sur les routes de campagne. Irène avance de plus en plus vite, dépasse bientôt sa mère, mais qu'importe. Marie tente de suivre, et revient parfois le soir épuisée, engourdie. Quel plaisir d'oublier quelques heures le laboratoire, de sentir la nature ! Un bonheur inestimable. Et les filles rient, semblent si heureuses.

Pourquoi s'arrêter ainsi alors que de nouvelles activités sportives se développent ? La montagne, qu'elles connaissent avec leur tante Bronia en Pologne, est aussi la promesse d'un nouveau défi, celui du ski. Ski à peaux de phoque, ski sans remontées mécaniques, sentir le vent siffler, gifler les visages, être éblouies par les reflets aveuglants de la neige, c'est enivrant. Les filles Curie en sont marquées : « À une époque où l'on commençait à peine à parler de sports d'hiver, ma mère nous a emmenées, ma sœur et moi, à Noël, dans une petite localité du Jura pour patiner sur un lac, et j'ai chaussé pour la première fois les skis sur des pentes de dix mètres de dénivellation. Malgré la modestie de ces performances et bien qu'ensuite je sois restée jusqu'en 1922 sans retourner aux sports d'hiver, je puis me vanter d'être sans doute l'une des plus anciennes skieuses de France[9]. » Plus tard, la famille achètera un chalet dans le village de Courchevel, encore loin de devenir une station à la mode. Un autre refuge pour la famille, un cocon. Avec la Bretagne et la mer, les Alpes et la montagne. Un équilibre auquel avant-guerre, peu avaient accès. Une chance pour Irène et Ève.

Cette éducation détonne. Ève et Irène ne mesurent pas à quel point elles sont différentes des autres jeunes filles du début du XXe siècle, qui ne rêvent que d'un bon parti, un mari bourgeois au revenu confortable assuré. Leur jeunesse leur semble insouciante, d'autant qu'elles la partagent avec d'autres enfants d'universitaires. Ève a un talent qui a été remarqué par sa mère alors qu'elle était très jeune. La musique. Depuis ses quatre ans elle prend des cours de solfège, joue au piano de nombreuses chansons et autres airs. Les amis s'émerveillent, Marie en est émue. Et si sa cadette devenait une pianiste aussi douée qu'Irène et elle en sciences ? Une vocation vers l'excellence ? Irène en est moins ravie, toutes ces notes de musique l'énervent, troublent sa tranquillité pour réfléchir à des problèmes sérieux, comme des exercices de physique et de chimie. Bientôt, pour ses six ans, le pianiste et compositeur polonais Ignace Paderewski vient l'écouter et loue les qualités « exceptionnelles » de la petite devant Marie, enchantée. Une virtuose peut-être ? On ne sait pas encore, mais il est permis d'espérer. Marie rêve, retrouve le sourire. Elle en a besoin.

*

En ce mois de janvier 1911, Marie avance d'un pas rapide vers son laboratoire. Elle a une décision difficile à prendre. Se présentera-t-elle à l'Académie des sciences, lieu masculin par excellence ? Après tout, elle a été lauréate de la plus prestigieuse reconnaissance mondiale, le prix Nobel de physique. Une femme d'un tel renom ne pourrait-elle être la première élue dans cette enceinte prestigieuse ? Quelques collègues de son défunt mari rappellent qu'elle est déjà membre d'académies des sciences étrangères dont celles de Suède, des Pays-Bas, et même de Saint-Pétersbourg où les académiciens russes ont passé outre ses origines polonaises. Alors, qu'attend la France ?

Face à elle, un autre candidat, français, d'origine catholique, est soutenu ardemment, d'autant plus que le comité Nobel a commis le péché de ne décerner le prix Nobel de physique en 1909 qu'à l'inventeur italien Guglielmo Marconi, omettant ainsi de reconnaître le travail du physicien français Édouard Branly. Or celui-ci a découvert le principe de la reconduction et de la télémécanique, devenant ainsi un précurseur de la radio. Une injustice que les plus éminents scientifiques français entendent réparer. Et soudain, voilà que la presse s'en mêle, en particulier les propos hostiles de Léon Daudet dans le journal *L'Action française*, accusant une « cabale » composée de dreyfusards de soutenir cette « étrangère » et de faire ainsi obstacle à la candidature d'un Français catholique. La foule se presse le 24 janvier 1911, hostile à la savante. Pour autant, au premier tour, Branly n'est devant elle que d'une voix, 29 contre 28. Au deuxième tour, il est élu avec 30 voix. C'est donc une défaite honorable pour Marie qui, malgré tout, se sent humiliée. Mais peut-être pourrait-elle être élue au prochain siège libéré ? Peut-être, tout s'est joué de si peu… Irène, déjà jeune adolescente, se blottit dans les bras de sa mère, la réconforte, mais n'oubliera pas cette journée. En silence, elle observe. Qui sait si, un jour, ce ne sera pas à son tour de se présenter devant cette assemblée ?

*

Par une belle soirée, Marguerite Borel, de son nom de plume Camille Marbo, a un choc lorsqu'elle ouvre la porte à Marie qui se joint au café d'un dîner d'amis scientifiques. La savante, veuve depuis déjà quatre ans, n'est pas habillée en noir ! Et elle sourit, rayonne de gaieté. Que se passe-t-il pour que l'échec de son élection à l'Académie des sciences, si récent, semble avoir été oublié ? Très vite, dans les milieux scientifiques, la rumeur enfle. Marie rougit dès qu'elle prononce le nom du physicien Paul Langevin qu'elle qualifie même de « génie ». L'amour, inconcevable, l'a frappée. Elle croit ses propos lorsque celui-ci se déclare malheureux en ménage. Encore marquée par sa relation harmonieuse et respectueuse avec Pierre, Marie croit Paul Langevin semblable à son mari disparu, et idéalise très vite ce scientifique. La voilà qui loue un appartement avec lui, rue du Banquier, dans le 13e arrondissement. Celui-ci a l'avantage d'être situé dans un autre quartier que là où habite la famille Langevin et pas trop éloigné de leurs laboratoires respectifs. Mais tout ce que Paul Langevin lui raconte, Marie le croit sur parole. Après tout, l'amour de sa vie, Pierre Curie, n'a-t-il pas été digne de cette confiance qu'elle lui a accordée ? Un grand scientifique ne peut être qu'un chevalier envers la femme qui l'aime. Mais Mme Langevin connaît, elle, les incartades de son mari. Furieuse, elle devient violente, accable Marie d'injures. Celle-ci, terrorisée, ne sait plus comment vivre, doit quitter sa maison. Le physicien Jean Perrin intervient, négocie, calme l'épouse. Paul Langevin s'engage à ne plus revoir « la Polonaise », comme on la surnomme. Mais Jeanne Langevin découvre que les deux amants participent au même congrès international de radiologie et d'électricité à Bruxelles. Elle ressent la nouvelle comme une trahison. La guerre est déclarée. Et d'ailleurs, elle n'a pas tort. Paul et Marie se retrouvent encore rue du Banquier, croyant que Jeanne ne les fait pas surveiller.

Si Marie est encore naïve sur les aventures de nombre d'hommes français, la désinvolture de Paul Langevin, elle, stupéfie. Et lorsque Marie, en larmes, découvre que la serrure de leur location a été brisée et leur correspondance amoureuse volée, elle ne se doute pas de ce qui l'attend. D'autant que Paul Langevin, en intellectuel puissant et reconnu, s'énerve en famille, se fâche, et aurait, en cet été 1911, giflé son épouse avant de quitter le domicile conjugal avec ses deux fils. Départ pour l'Angleterre, de l'autre côté de la Manche. Mais après les photos dans les médias d'un nouveau colloque en octobre en Belgique, Mme Langevin n'en peut plus. Cette fois, elle va passer à l'attaque, soutenue par les femmes de son entourage. D'abord, sa propre mère. Elle dispose de relations familiales dans le monde de la presse, et les journalistes raffolent d'histoires scandaleuses. Une stratégie est vite adoptée, celle de faire pleurer dans les chaumières françaises, et de toute façon, dans l'opinion publique, ce sont toujours les femmes adultères qui sont fautives. Le 4 novembre, par une belle journée, Marie reçoit un télégramme de ses amis physiciens. *Le Journal*, qui tire à 750 000 exemplaires, arbore un titre pour le moins ambigu : « Une histoire d'amour, Mme Curie et le professeur Langevin. » Mais le reportage tourne aussitôt au scandale. Très habilement, c'est la mère de Jeanne Langevin qui accorde un entretien, pleure sur sa pauvre fille dont le mari a été « volé » par une Polonaise. Le lendemain, un autre quotidien publie un article encore plus accablant, cette fois avec une interview de Jeanne Langevin elle-même. Dans le public, l'émotion est à son comble. Marie proteste dans *Le Temps*. Elle n'est pas décidée à se laisser faire. Menace ceux qui colportent de telles rumeurs.

De retour à Paris, la savante reçoit un autre télégramme. Deuxième choc. Le prix Nobel de chimie va lui être décerné, à elle seule. Elle est ainsi la première femme scientifique à recevoir seule une telle reconnaissance, et la seule à être deux fois lauréate. Cette annonce, qui aurait dû rendre le public français fier d'elle, ne peut tomber au pire moment[10]. Ce prix ne pèse guère face au poids d'un scandale au parfum d'adultère. Mais le pire est à venir. Gustave Téry, ancien condisciple de Paul Langevin à l'École normale supérieure de la rue d'Ulm, journaliste antisémite et d'extrême droite, publie dans *L'Œuvre*, hebdomadaire qu'il a lancé en 1904 et qui deviendra bientôt un quotidien, des extraits des lettres de Marie dans lesquels elle donne des conseils à Paul Langevin sur la manière dont il devrait traiter – ou maltraiter – son épouse. Cette fois, l'opinion publique est encore plus scandalisée. De quoi se mêle cette briseuse de ménage, qui plus est étrangère ? Elle qui était perçue comme une sainte devient une sorcière, une méchante femme.

Le coup est fatal. Une foule agressive entoure la maison des Curie à Sceaux ; des sifflements et des cris se font entendre : « Dehors l'étrangère ! », « Voleuse de mari ! ». Avec André-Louis Debierne, Marguerite Borel – épouse du mathématicien et directeur adjoint de l'École normale supérieure Émile Borel – décide d'emmener Marie Curie rue d'Ulm où elle sera en sécurité dans son appartement de fonction. Marguerite, fille du doyen de la faculté des sciences de Paris, alerte en vain son père qui conseille un départ pour la Pologne, au moment même où le ministre de l'Instruction publique Théodore Steeg menace de révoquer Émile Borel. Mais celui-ci ne cède pas, déclarant solennellement au ministre : « Mme Curie demeurera chez moi tant qu'elle le voudra. » Un petit groupe de savants, que des liens de solidarité unissent depuis l'affaire Dreyfus, lance alors une contre-offensive, qui réussit : « C'est grâce à cinq d'entre nous (M. et Mme Borel, M. et Mme Perrin, André Debierne) qui la défendirent contre le monde entier et endiguèrent l'avalanche de boue qui menaçait de l'engloutir, que Marie Curie resta en France. Mais sans nous, elle serait retournée en Pologne et nous aurions été dans l'avenir marqués d'une honte éternelle », se souvient Camille Marbo dans ses *Souvenirs et rencontres*. À ces soutiens s'ajoutent ceux de Paul Painlevé, de Raymond Poincaré, cousin du mathématicien, avocat de Marie et aussi avocat du syndicat de la presse parisienne : il obtient de son président que cessent les articles sur la vie privée de Marie Curie. Ce petit groupe, par sa cohésion et sa capacité d'intervention auprès du pouvoir politique comme de l'université de Paris, est parvenu à s'opposer à l'engrenage nationaliste et au conformisme des élites républicaines.

La petite Ève ne comprend pas pourquoi elle reste enfermée avec sa mère dans une chambre qu'elle ne connaît pas. La presse accuse la Polonaise dreyfusarde de briser un couple français et lui demande de quitter le pays. Ce n'est plus la reconnaissance d'une femme scientifique qui est en jeu, mais l'honneur de la France. Paul Langevin, de son côté, craint beaucoup moins que Marie. Les incartades masculines, les histoires des garçonnières de ces messieurs font sourire le Tout-Paris. Le physicien ne risque pas grand-chose. Mais la mode des duels est encore vivace dans cette France du début du XXe siècle. Paul Langevin se sentira obligé de provoquer le journaliste Gustave Téry qui a souillé sa réputation. Le 25 novembre, au parc des Princes, les deux hommes s'affrontent au pistolet, devant des témoins difficiles à convaincre et quelques journalistes aux aguets, avides du sang qui pourrait couler. À la seconde de tirer le premier coup de feu, c'est la stupéfaction. Pas un son. En réalité, Paul Langevin a baissé son arme et n'a pas tiré. Du coup, Gustave Téry a agi de même, un peu déstabilisé. Le duel s'achève sans une goutte de sang. Les deux hommes sont sains et saufs.

Des problèmes demeurent, en particulier au Quai d'Orsay, qui doit tenir compte des effets désastreux qu'a cette affaire sur l'image de la France au plan international, alors que ce deuxième prix Nobel de Marie Curie aurait dû permettre, au contraire, d'assurer la promotion des sciences françaises. Depuis Stockholm, l'ambassadeur de France alerte le Quai d'Orsay par quatre dépêches à Paris en un mois, dont trois dans la semaine du 7 au 14 décembre 1911. La première est si confidentielle qu'elle est rédigée à la main à l'attention du cabinet du ministre. Mme Langevin a en effet rendu publiques les lettres entre son mari et Marie Curie et intenté un procès, ce que ne manque pas de rappeler le diplomate.

Selon l'ambassadeur, l'émotion est à son comble à Stockholm, les cérémonies en l'honneur de Marie seront annulées, l'Académie des sciences de Suède lui demandant si elle compte vraiment venir. Une menace d'offense pendant la cérémonie plane, écrit l'ambassadeur : « Enfin le bruit courait hier soir que si elle vient assister à la cérémonie du 10 décembre, la proclamation de son nom serait, malgré la présence du roi, accueillie par les sifflets des féministes dont Mme Curie, jusqu'ici l'orgueil, est devenue l'opprobre. On ajoutait que le roi, qui donnera le 11 décembre au soir le dîner d'usage aux lauréats du prix Nobel, aurait déclaré qu'il ne recevrait pas Mme Curie[11]. » Dans les dépêches, il n'est pas fait allusion au fait exceptionnel qu'une femme obtienne un deuxième prix Nobel dans une discipline scientifique. Seule compte sa relation avec Paul Langevin.

À Stockholm, les évènements se précipitent. Grâce à un accord passé entre Paul Langevin et son épouse, un revirement en faveur de Marie Curie est enfin possible. Les deux dépêches diplomatiques suivantes, cette fois tapées à la machine, en date du 7 et du 11 décembre 1911, témoignent du soulagement de l'ambassadeur de France en Suède, de l'art de désamorcer et d'habiller le scandale : « Les lettres imputées à Marie Curie sont des faux. » Il s'agit alors pour les Suédois – officiels et médias – de se faire pardonner d'avoir offensé la lauréate. L'ambassadeur « découvre » alors que Marie Curie reçoit une ovation partout où elle se rend, que l'affaire aurait pu être encore plus grande et que certains lui « auraient conseillé de refuser son prix. L'illustre mathématicien avait peine, en me faisant cette confidence, à maîtriser son émotion[12] ». Surtout, l'image de la France est sauve, diplomatie oblige.

À Prague, Albert Einstein suit les aventures de son amie Marie Curie dans la presse. Lui-même, qui connaîtra plusieurs amours et séparations et tiendra au respect de sa propre vie privée, garde le souvenir de cette double Prix Nobel comme celui d'une « femme d'exception ». Il venait de la retrouver à Bruxelles, à l'automne 1911, pour un colloque organisé par l'industriel belge Ernest Solvay, concernant les disputes entre physiciens sur la théorie d'Einstein qui suscitait des réserves, voire des hostilités. La conférence comprenait les plus éminents physiciens de tous pays, dont Henri Poincaré, Paul Langevin, Max Planck, l'un des fondateurs de la mécanique quantique et opposé à Einstein, Ernest Rutherford, physicien néo-zélandais et Marie Curie, seule femme dans ce groupe prestigieux.

Lors du congrès, la rumeur circulait d'une possible liaison entre Paul Langevin et la veuve de Pierre Curie à qui devait être remis le prix Nobel de chimie en décembre. Einstein éprouve à la fois de l'amitié pour Paul Langevin et Marie Curie, mais il ne peut concevoir que cette personnalité, à l'allure sérieuse, austère, puisse attirer le physicien français. Certes, Marie Curie est, écrit-il à un ami, « d'une intelligence brillante, mais, malgré toute sa passion, pas suffisamment attirante pour menacer qui que ce soit[13] ». Pour sa part, il peut réagir aux attaques dont Marie faisait l'objet d'autant plus que lui-même défend sa nouvelle théorie de la relativité contre d'éminents collègues physiciens des deux côtés de l'Atlantique. Comme le rappelle son biographe Denis Brian, pour de nombreux physiciens, sa théorie ne décrivait pas « l'univers en termes intelligibles[14] ». Einstein apprécie d'autant plus les marques de respect et de confiance que lui octroie Marie Curie. Depuis la capitale tchèque où il occupe alors un poste universitaire, il lui adresse une lettre pleine d'affection :

> Chère Madame Curie, Très honorée Madame Curie,
>
> Ne vous moquez pas de moi parce que je vous écris sans avoir quoi que ce soit de sérieux (scientifiquement, bien sûr), à vous dire. Mais je suis tellement en colère par la façon minable et basse dont le public vous traite que je tiens absolument à vous faire part de ma réaction. Je suis convaincu que vous méprisez toujours ainsi cette racaille, que ce soit sous la forme d'éloquents et obséquieux compliments ou des tentatives d'assouvir sa convoitise pour du sensationnel à travers vous ! Il me faut vous dire comme j'ai été amené à admirer votre intelligence, votre conduite, votre honnêteté, et je me sens honoré d'avoir pu faire votre connaissance à Bruxelles. Toute personne qui ne compte pas parmi ces reptiles est heureuse, maintenant comme auparavant, que nous ayons parmi nous des personnalités telles que vous et Paul Langevin également, des personnes authentiques avec lesquelles on se sent honoré d'être en compagnie. Si la racaille continue de vous harceler, alors très simplement ne lisez pas cette foutaise et laissez-le aux reptiles pour lesquels il a été fabriqué.
>
> Avec mes respects les plus amicaux à vous, à Langevin et à Perrin, à vous de tout cœur[15].

Sans doute Marie Curie a-t-elle cru retrouver en Paul Langevin un scientifique avec lequel, à l'instar de Pierre Curie, elle aurait pu constituer une relation durable et épanouissante à la mesure de l'échange et de la complicité intellectuelle vécus avec son mari décédé. Les deux hommes sont en réalité d'un caractère très différent. Paul Langevin ressemble à de nombreux hommes français de classe aisée qui souhaitent se divertir avec leurs maîtresses, sans que cela dérange en rien leurs rang social, respectabilité et confort bourgeois. Marie Curie a probablement idéalisé cet homme, à une époque où l'on ne divorce guère.

Ève, pour sa part, n'a que sept ans. Trop jeune pour comprendre ce qui est en jeu, suffisamment âgée pour se rendre compte que leur vie en est bouleversée. Comment n'aurait-elle pas été traumatisée ? Dans la biographie qu'elle consacrera plus tard à sa mère, elle sous-entend l'affaire sans jamais la nommer. Ses mots résonnent encore de la colère qu'elle ressentit en les écrivant :

> En une brusque rafale, la méchanceté s'abat sur elle et tente de l'anéantir. Une campagne perfide se déchaîne à Paris contre cette femme de quarante-quatre ans, si fragile, usée par un labeur écrasant. Marie, qui a un métier d'homme, a choisi parmi les hommes ses amis, ses confidents. Elle exerce sur ses intimes, sur l'un d'eux surtout, une profonde influence. Il n'en faut pas davantage. Il n'en faut pas davantage ! Une savante vouée au travail […] est accusée de briser des ménages et de déshonorer un nom qu'elle porte avec trop d'éclat […]. Quelques-uns d'entre eux vinrent plus tard lui demander pardon, avec des mots de repentirs, des larmes… Mais le crime était commis. Marie avait été conduite au bord du suicide, de la folie, et ses forces

physiques l'abandonnant, elle avait été terrassée par une maladie très grave[16].

Dans ce passage sur le scandale, le nom de Paul Langevin n'est pas évoqué. Un absent cependant présent entre les lignes.

Ève aura réussi, adulte, à rédiger ces quelques phrases de douleur. Mais elle n'en parlera jamais à ses proches, le sujet demeurera tabou : « Elle ne mentionnait pas cet évènement, se souvient Anne Joliot, sa nièce par alliance, sa confidente et meilleure amie. C'était dans le non-dit. Et je ne me serais pas permis de l'évoquer. » Hélène Langevin, pour sa part, remarque au sujet de sa grand-mère : « Tout de même, Marie Curie ne devait pas être si amoureuse de Langevin, puisqu'ensuite ils deviennent amis[17]. »

Marie se rend à Stockholm, envers et contre tout, accompagnée d'Irène, bientôt quatorze ans, et de sa sœur aînée Bronia. Marie montre ainsi aux autorités suédoises et internationales qu'elle est aussi une mère qui s'occupe de ses enfants. Curieux monde pour sa fille aînée de découvrir des robes du soir, des hommes en smoking, tout l'inverse de l'atmosphère de Paris et de l'Arcouest, et même de la Pologne. Qu'importe, Irène observe. Après tout, son père n'est plus là. À sa manière, elle le représente. Avec anxiété, elle observe Marie monter seule sur l'estrade. Le regard intense, prête à affirmer le bien-fondé de ses découvertes scientifiques. Et si, en 1904, Pierre était intervenu au nom d'eux deux, cette fois, seule lauréate, elle entend bien prouver au monde, s'il en est encore besoin, que ce prix lui a été accordé pour ses propres recherches à elle seule, sans ambiguïté. Certains n'ont-ils pas osé émettre des doutes sur la valeur de son travail ? Elle insiste dans son discours, pèse ses mots, et rappelle que ces « corps nommés par moi radioactifs ou de l'hypothèse faite par moi que la radioactivité est une propriété atomique de la matière ». Marie ne se déconcentre pas, mais lorsque la cérémonie est achevée, c'est un soulagement. Il n'y a pas eu d'incident. Elle peut se rendre au dîner offert par le roi, celui-là même qui aurait quelques jours auparavant, selon le diplomate français, refusé de la recevoir. Elle se retrouve même, pour des raisons de protocole, presque en face de lui... Le lendemain, la double Prix Nobel donne une autre conférence très technique sur ses découvertes et sur celles de Pierre auquel elle tient à rendre hommage devant un public nombreux. Marie peut rentrer à Paris soulagée. Grâce à ses compétences et sa pugnacité, elle a tenu tête à ces hommes de pouvoir, suédois et français. Et elle ouvre ainsi à d'autres femmes la voie vers le prix Nobel. Du moins le croit-elle. Ce ne sera pas si simple. Peu de femmes auront été jusqu'à ce jour lauréates de prix Nobel scientifiques.

De retour en France, Marie subit le contrecoup du scandale et s'enfonce dans la dépression. L'humiliation a été au-delà de ses forces. Impossible de continuer d'habiter Sceaux où elle a été attaquée par les passants comme une horrible étrangère. Et les trajets sont trop longs, loin du laboratoire. Elle se décide à louer un appartement, dans l'île Saint-Louis, mais n'a pas le temps de l'habiter. Dans des souffrances insupportables, elle doit être opérée des reins en urgence dans une clinique de la rue Blomet. Cependant, déclarent les médecins, sa condition physique ne permet pas de procéder à cette intervention chirurgicale. Elle doit d'abord reprendre des forces. Ses filles ne savent pas si elle sera en mesure d'être sauvée. Irène est pétrifiée d'inquiétude, elle comprend ce qui se joue. La fièvre ne quitte pas Marie, ni les douleurs.

La savante est alitée auprès des sœurs de Sainte-Marie, qui prennent soin d'elle avec discrétion et dévouement jusqu'en janvier 1912. Triste début d'année pour la double Prix Nobel, qui aurait rêvé de retourner à son laboratoire et de fêter Noël auprès des petites. En mars, enfin, l'opération peut se dérouler. Marie se sent plus mal encore, rédige un testament scientifique qu'elle ne confie pas à Irène, encore trop jeune, mais à un ami de Pierre Curie[18]. Amaigrie, épuisée, elle ne peut reprendre son enseignement à la Sorbonne. Quelle déception pour celle qui entendait honorer ses engagements ! Cet état douloureux lui rappelle celui de sa mère lorsque, enfant, elle ne pouvait l'approcher et l'embrasser. À présent, c'est son tour. Et si elle mourait aussi jeune que sa mère ? Mais pas question de lâcher prise, son laboratoire, ses enfants ont besoin d'elle. Repos après repos, déplacements après déplacements, le premier semestre de l'année 1912 semble bien triste, mais peu à peu Marie reprend des forces. Suffisamment pour emménager au troisième étage du 36, quai de Béthune, dans cette île Saint-Louis au charme désuet mais peuplée de milliardaires ou de vieilles familles aristocrates. Dans ces immeubles cossus, des meubles anciens et des œuvres d'art décorent les appartements. Quel contraste avec celui des Curie ! Marie ne s'intéresse pas à la décoration, mais l'adresse est pratique pour remonter vers le laboratoirc, cn traversant chaque matin la Seine sur le pont de la Tournelle. De toute façon, elle n'y sera guère ces six premiers mois. Elle ira se réfugier dans une maison à Thonon-les-Bains, en Haute-Savoie, au climat frais connu pour être bénéfique aux personnes atteintes de problèmes rénaux. Les souvenirs des humiliations de l'affaire Langevin sont toujours à vif. Partout, Marie veille à s'inscrire sous un faux nom. Ses filles, loin d'elle, lui manquent.

*

Le printemps est là, l'été approche, le premier depuis le scandale des lettres à Paul Langevin. Il sera bon de se retrouver toutes les trois, Marie et les filles Curie, s'aimer, jouer, courir, faire de la bicyclette, nager des heures durant, s'amuser avec les autres scientifiques, danser. Mais aussi, le soir, effectuer des devoirs scolaires pour les petites. Irène est une adolescente, elle apprend, découvre et s'ouvre aux autres cultures. Ne serait-ce que pour faire plaisir à sa mère, Irène lui adresse en voyage une lettre qu'elle sait que Marie, qu'elle surnomme Mé, lira avec attention :

> Tu sais, Mé chérie, que l'un de mes besoins est de lire. Quand j'ai un livre, je le dévore. Imagine-toi quel supplice d'avoir des livres et de ne pas savoir le contenu. Ainsi je me suis mise très vaillamment à lire simultanément Minna von Barnhelm, 2 ou 3 histoires de Shakespeare (arrangées pour les enfants), la fin d'*Ondine*, le commencement de *David Copperfield* (en anglais : Isabelle me l'a prêté), l'Ancien Marin (tu te souviens que c'est ce que j'avais à acheter pour mes leçons d'anglais), des petites histoires qui sont dans le livre d'allemand d'Ève et enfin des petites histoires qui sont dans le Berlitz qu'André m'a prêté. Cela fait 7 espèces de lecture [...]. Fais des vœux pour que je sorte heureusement de cet embrouillamini de livres anglais et allemands[19]...

Marie est, bien sûr, enchantée : « Ta lettre où il est question de la variété de tes lectures m'a beaucoup amusée. Elle m'a aussi fait grand plaisir, car il n'est pas douteux que, dans ces conditions, tu dois faire des progrès dans l'étude des langues[20]. » Mais la savante souffre des reins, se soigne sans assurance de guérir. Elle fera en sorte de revenir vers Paris pour s'en aller avec ses filles passer des vacances d'été dans un lieu et avec une femme dont l'influence va marquer Irène et Ève. C'est un plaisir en effet de traverser la Manche, loin des journalistes français qui ont souillé son nom et sa réputation, et de trouver refuge près d'une femme scientifique à son image avec laquelle elle a sympathisé. Mais, par précaution, elle apparaît sous le pseudonyme de son nom de jeune fille.

Une sacrée personnalité, cette Hertha Ayrton ! Née en 1854, d'origine juive polonaise par son père, elle vient vivre avec ses cousins à Londres à l'âge de neuf ans. À leurs côtés, elle s'initie aux mathématiques[21]. Lorsqu'elle voudra passer l'examen universitaire de Cambridge, elle n'obtient pas de diplôme, non accordé aux femmes. Elle va recevoir sa licence de l'université de sciences de Londres un an plus tard. Mais auparavant, forte de sa créativité, elle a déjà construit des instruments de mesure de pression du sang. Hertha Ayrton travaille d'abord comme gouvernante, enseigne les mathématiques dans un lycée de Notting Hill, tout en travaillant sur des applications mathématiques dans le domaine de l'ingénierie. Dès 1884, à trente ans, elle créera et déposera vingt-six brevets. Après avoir suivi des cours du soir sur l'électricité, elle entreprend des travaux de recherche sur l'arc électrique. Et devient la première femme à être autorisée à présenter ses résultats devant l'institution des ingénieurs électriques.

Avant même l'année 1900, ses travaux sont reconnus sur le plan international. Ses découvertes sont d'une telle importance que les hommes, seuls membres autorisés de la Société britannique d'avancement des sciences, décident d'ouvrir leurs comités aux femmes scientifiques. En 1900, en parallèle de l'Exposition universelle à Paris, la jeune scientifique anglaise intervient au Congrès international de l'électricité qui se tient également dans la capitale. C'est un moment historique où les spectateurs sont fascinés par la « fée électricité ». Ce succès et la reconnaissance par ses collègues, tous des hommes, entraînent l'acceptation de Hertha Ayrton comme membre de la prestigieuse Royal Society, équivalent de l'Académie française en Grande-Bretagne. Mais certains de ces messieurs trouvent une excuse pour refuser son adhésion. Les femmes mariées ne peuvent être éligibles à un tel honneur ! Ce parcours rappellera au début des années 1900 des rejets semblables en France. Mais elle ne lâche pas – n'est-elle pas une féministe ? – et elle n'entend pas demeurer discrète sur ses propres découvertes scientifiques. Du talent, elle en a et n'a pas peur de partager ses avancées. Elle réussit alors une prouesse. En 1904, soit quelques mois après l'attribution du prix Nobel de physique à Pierre et Marie, elle devient la première femme à présenter un papier de ses découvertes devant les membres de la Royal Society, à Londres, sur « les origines et le développement des marques d'ondulation[22] ». Et deux ans plus tard, en 1906, elle recevra la plus prestigieuse médaille scientifique britannique, la Hughes Medal[23] de la Royal Society[24], pour ses découvertes en sciences physiques[25]. Elle en sera la seule femme récipiendaire jusqu'en 1949, soit pendant quarante-trois ans !

Son engagement féministe est aussi célèbre que son œuvre scientifique est intense. Elle n'attend pas en effet l'âge adulte pour se lancer dans la lutte pour les droits de ses concitoyennes. Dès l'adolescence elle participe à des manifestations. Le 18 novembre 1910, elle se rend avec la suffragette Emmeline Pankhurst chez le Premier ministre au 10, Downing Street. Ce jour-là, trois cents suffragettes, qui ont eu l'espoir que le nouveau Premier ministre respecterait ses engagements d'accorder le droit de vote aux femmes, entreprennent une marche à travers Londres vers le Parlement. Cette fois, ce ne sont pas seulement des hurlements, sifflements et injures qui les accompagnent depuis les trottoirs, mais des passants, des racailles que la police laisse passer, qui se jettent sur elles et tentent de les agresser, souvent sexuellement, les frappant à coups de poing et de canne, tandis que les policiers les assomment de leurs matraques. C'est un spectacle de désolation. Dans cette atmosphère de haine, le Premier ministre refuse de les recevoir. Hertha Ayrton, Emmeline Pankhurst et quelques autres ont un entretien orageux avec son secrétaire particulier. Deux suffragettes décèdent des suites des violences policières lors de la manifestation. Le ministre de l'Intérieur d'alors, Winston Churchill, refuse que les agresseurs, dont certains ont été reconnus par la police, soient jugés. Il les protégera. À compter de ce jour sinistre, qualifié de *Black Friday* dans l'histoire de la Grande-Bretagne, les féministes décident de changer de tactique. Place aux pierres jetées sur les fenêtres, pour avoir le temps de s'enfuir discrètement.

Ces agressions sont racontées dans la presse française et Marie éprouve respect et sympathie pour le courage de son amie britannique, éminente scientifique de surcroît, plus âgée qu'elle, une sœur aînée en sciences en quelque sorte. Elle apprend que Hertha Ayrton héberge

Emmeline Pankhurst. Celle-ci sort épuisée d'une grève de la faim en prison où elle a été nourrie, comme d'autres suffragettes, de force à travers son nombril percé, dans des souffrances insoutenables. Des actes qui seraient aujourd'hui qualifiés de tortures.

Quelques années plus tard, en 1913, Emmeline Pankhurst sera arrêtée en sortant de chez Hertha Ayrton lorsque celle-ci entend se rendre aux funérailles de la féministe Emily Davison. Âgée de quarante ans, celle-ci s'était lancée sous les sabots du cheval portant les couleurs du roi à la fameuse course hippique du Derby d'Epsom de juin 1913. Renversée par l'un des chevaux devant des milliers de spectateurs, elle succombe quatre jours plus tard à ses blessures. La photo de son accident fait le tour du monde. Ses obsèques sont suivies par deux mille suffragettes, dont une majorité sera arrêtée sur ordre de Churchill. Cette tragédie offre alors une visibilité mondiale à la lutte des femmes pour obtenir le droit de vote, et l'opinion publique commence à remarquer leur courage, d'autant qu'Emily Davison a été emprisonnée neuf fois en quatre ans, toujours pour la cause des femmes. Alors que la répression contre le droit de vote des femmes atteint son paroxysme, Hertha Ayrton progresse dans ses recherches scientifiques qui vont, comme celles de Marie Curie, être utiles pendant la Grande Guerre.

Ce parcours, semé d'épreuves et de violences, impressionne Marie qui retrouve en cette femme son obstination. Elle se sent prête à quitter la France, incognito, après le cauchemar de l'affaire Langevin, pour la rejoindre en vacances. À cette perspective, quelle joie, quelle libération ! Sur le bateau vers Douvres, Marie, seule, est impatiente de retrouver sa collègue anglaise dans le

Devonshire, lieu de villégiature de la « Riviera britannique ». Elle y respire l'air pur, l'iode, et profite, rassurée, de conversations sur les chaises longues. Marie se réjouit de revoir la fille d'Hertha, la jeune Barbara, âgée de vingt-cinq ans déjà. La jeune femme a abandonné ses études scientifiques en 1909, pour devenir une organisatrice à plein temps du fameux Women's Social and Political Union[26] et publier un pamphlet en faveur du droit de vote devenu une référence, The Democratic Plea[27]. Elle aussi a été arrêtée, maltraitée par la police de Churchill. Peut-être Barbara pourrait raconter ses actions à la jeune Irène. Celle-ci s'intéresse au combat des suffragettes et sait que Hertha Ayrton a soutenu leur mère pendant le scandale des lettres à Paul Langevin, en décembre de l'année précédente.

Les filles, qui ont passé le mois de juillet en Pologne, chez leur tante Bronia, ont rejoint l'Angleterre et leur mère. Ève, huit ans, entend de l'anglais pendant deux mois, la meilleure école pour s'imprégner de la langue et de l'accent. Elle ne sait pas encore que ce séjour lui permettra plus tard de s'ouvrir à la culture anglo-saxonne. Irène, du haut de ses quinze ans, s'exprime en anglais, discute mathématiques et physique avec Hertha et Barbara dans la langue de Kipling, dont les écrits sont si chers à Marie et à Irène. Les jeunes filles se retrouvent ainsi – une chance rare à l'époque – au cœur de trois cultures, française, polonaise, anglaise. Trois univers sur lesquels elles construiront leurs vies, leurs carrières, leurs engagements. Marie se ressource auprès de son amie Hertha, mais ne reprend pas les forces qu'elle espérait. Encore épuisée, elle annule ses déplacements prévus à l'automne. C'est un chagrin supplémentaire que de ne pas être en état physique pour participer à toutes les discussions scientifiques, notamment sur la radioactivité[28], de cette année-là qui aurait dû être celle de l'émulation intellectuelle, juste après cette reconnaissance mondiale avec un deuxième prix Nobel. À cela s'ajoute l'hostilité de ses confrères masculins, français et étrangers, du fait qu'elle est de sexe féminin. Marie devra, année après année, se défendre, justifier son travail, ses découvertes.

Marie reprend peu à peu des forces. Elle est prête, en cet été 1913, à recommencer les marches, décide d'emmener ses filles, sac à dos de rigueur, entreprendre de longues randonnées dans l'Engadine, région montagneuse suisse aux lacs et forêts de mélèzes. Albert Einstein, qui n'a pas encore été lauréat du prix Nobel, rejoint, avec Mileva et ses deux fils, Marie Curie, Irène et Ève. Lors d'une promenade au bord d'un lac, le physicien ne fait guère attention aux chemins pointus, aux crevasses, il marche d'un air rêveur, au risque d'une chute dangereuse. Et la chute, d'un point de vue physique, c'est en effet ce qui le préoccupe, l'obsède parmi les chemins escarpés : « Vous savez, s'exclame-t-il à Marie en lui prenant le bras et en la regardant dans les yeux, ce que je dois comprendre, c'est ce qui arrive exactement aux passagers d'un ascenseur qui tombe dans le vide[29]. » Les trois jeunes, dont l'adolescente Irène et la petite Ève, neuf ans, éclatent de rire. L'ami de leur mère semble si préoccupé, comme si sa vie était en jeu. Et il s'agit en effet d'un enjeu majeur, celui de la gravitation. Pour autant, Einstein s'interroge aussi sur la capacité des femmes à avoir les mêmes compétences intellectuelles que les hommes, pour des raisons biologiques ! Incroyable, alors que ses découvertes doivent beaucoup à ses échanges scientifiques avec sa première épouse, physicienne également, Mileva Maric Einstein. Des questions ont même été posées plus tard sur la paternité ou maternité de la relativité et sur le rôle de son épouse dans l'élaboration de cette théorie. Omettant Mileva, Marie Curie est selon Einstein une exception sur le plan intellectuel et scientifique. Les photos des réunions de physiciens en témoignent. Marie Curie y figure bien comme la seule femme dans un groupe d'hommes.

*

« Non, pas cette école française épouvantable pour mes filles », se dit Marie. Certes, l'enseignement secondaire est sérieux en France, mais sinistre. Et celui dans les écoles de garçons est plus poussé. La vie des femmes est limitée à la sphère familiale, à l'intime, qui ne donne pas la clef même de l'indépendance, l'indépendance économique par un métier et une carrière. Bientôt, en Angleterre, le pays de son amie suffragette Hertha Ayrton, une femme de lettres, Virginia Woolf, écrira *Une chambre à soi* qui reprend le même leitmotiv. Une femme ne peut être indépendante que si elle dispose d'une indépendance financière, et donc, pour la plupart des femmes du monde entier, d'un métier dignement rémunéré.

Un autre souci anime Marie : ses filles doivent recevoir une éducation équilibrée, intellectuelle et physique. Et avoir accès à un enseignement d'excellence. Que peut-on, en effet, espérer de la part d'une double Prix Nobel ? Le meilleur, même si la barre peut parfois sembler trop haute. Les petites n'iront pas à l'école de la République, c'est la République qui viendra à elles. Et ce ne sont pas des maîtres et maîtresses qui leur enseigneront, mais des professeurs d'université, amis et collègues de Marie qui joueront un rôle de précepteurs, comme pour les garçons dans les familles de la Grèce et de la Rome antique. Après tout, Pierre Curie et son frère Jacques ont été élevés ainsi. Bientôt, une dizaine d'enfants de ces intellectuels hurlent, rient, courent vers le laboratoire de chimie de Jean Perrin. Puis c'est l'heure de se rendre chez Paul Langevin, à Fontenay-aux-Roses, pour une journée consacrée aux mathématiques. Le troisième jour de la semaine, retour à Paris pour un cours de physique donné par Marie dans un local désaffecté de l'École de physique de Paris. Enfin, d'autres collègues se joignent à eux pour leur apporter leurs connaissances en littérature, histoire et l'apprentissage de l'anglais. Ève écrira plus tard que ces cours pouvaient être éblouissants, certes, mais fatigants pour les adultes. Marie et ses collègues sont épuisés face à une horde de jeunes personnes enthousiastes et curieuses qui réclament, sans cesse, des explications. Un, puis deux ans passent. Les éminents scientifiques ne peuvent plus consacrer autant de temps et d'énergie à leurs recherches. Il est temps pour Irène et Ève de rejoindre un enseignement secondaire, classique mais privé et non religieux. Marie a perdu la foi jeune, elle n'entend pas imposer de religion à ses filles. Elles auront, estime-t-elle, tout le temps de se forger elles-mêmes une vie spirituelle si elles le souhaitent. Et elle ne les empêchera pas. Elle respectera leur choix. Pour l'heure, avec toujours le besoin d'excellence, Marie choisit d'inscrire ses filles au collège Sévigné, à Paris, 10, rue de Condé. Situé près du jardin du Luxembourg, premier établissement secondaire pour les jeunes filles, celui-ci a une réputation pédagogique de haute tenue.

Les programmes sont presque semblables à ceux des garçons dans les meilleurs lycées. Elles y apprendront la vertu du travail. Et alors qu'Ève déploie pour le moment moins d'énergie que la battante Irène, les deux sœurs deviendront plus tard des travailleuses infatigables et têtues que plus rien n'arrêtera.

3

LA GRANDE GUERRE, MARIE ET IRÈNE SUR LE FRONT

Marie est soulagée. Irène et Ève profitent de la mer, du plein air, et sont heureuses, entourées des amis de la famille, scientifiques eux aussi. À Paris, le bâtiment de son institut est prêt. Enfin. Et pourtant, elle ne se sent pas rassurée. Cette fin de juin a été marquée par l'assassinat à Sarajevo de l'archiduc François-Ferdinand d'Autriche par un nationaliste serbe. Marie écrit à Irène : « La situation politique est en effet inquiétante, on a l'impression de vivre sur un volcan, les gens finissent même par y être habitués. Personne ne peut prévoir ce qui se passera[1]. » Le 31 juillet au soir, alors que l'Europe est au bord du gouffre, le militant socialiste pacifiste Jean Jaurès, qui lutte depuis des années pour éviter une guerre mondiale, dîne dans un café de la rue Montmartre près du siège de son journal *L'Humanité*. Il s'écroule en plein repas, assassiné par un nationaliste. Désormais ce sera, pour l'ensemble des partis politiques, l'union sacrée face à l'Allemagne. C'est la guerre.

Le 2 août, les Allemands pénètrent sur le territoire français. Marie comprend l'inévitable : impossible pour elle de rejoindre ses filles en Bretagne. Elle doit, à Paris, protéger cet institut, et surtout se rendre utile. Songe-t-elle alors à son pays, la Pologne, partagée entre la Russie et l'Allemagne ? Petite fille, elle a appris combien l'occupation d'un pays peut être insupportable. Pas question de capituler. Elle défendra la France. Et de Bretagne, les nouvelles ne sont pas encourageantes. Jean Perrin est appelé au front. Marie ne sera pas présente pour lui dire au revoir. Ses deux filles, elles, seront devant la voiture de son train, à Paimpol, et l'embrasseront, au son d'une musique militaire. Mais Irène lui écrit que ce ne fut pas triste, et que d'ailleurs on prétend que la guerre sera courte.

Marie, elle, en doute. Les progrès de la science peuvent être utilisés à des fins meurtrières, et même si Alfred Nobel est à présent disparu, d'autres marchands de canons lui ont succédé. Elle songe au discours de Pierre, lorsqu'il reçut leur prix Nobel, s'inquiétant que des découvertes fussent utilisées à des fins criminelles. Cette guerre, elle le sent, utilisera de nouvelles armes, plus meurtrières encore. Mais elle ne veut pas inquiéter les petites, même si Irène, qui a dix-sept ans à présent, se passionne pour les sciences et échange avec sa mère sur ses derniers travaux. Marie, de son côté, écrit à son amie Hertha Ayrton. Elle lui annonce avoir pris la décision de « laisser la science de côté pour penser en premier lieu aux intérêts de la nation ». Dans un courrier à ses filles, elle les prévient d'une longue séparation, et même des probables difficultés pour communiquer. Le 3 août, comme elle s'y attend, l'Allemagne déclare la guerre à la France. Le 4 août, la Grande-Bretagne déclare la guerre à son tour. Le 6 août, elle ne peut s'empêcher de songer à la Pologne : « La brave petite Belgique n'a pas accepté de les laisser passer sans se défendre [...] le pays polonais est occupé par les Allemands. Qu'en restera-t-il après leur passage ? Je ne sais rien de ma famille[2]. » Bientôt, à la fin de l'été, Marie, bloquée à Paris, leur écrit : « J'ai une telle envie de vous embrasser que j'en ai presque pleuré. » Son institut s'est vidé, le personnel masculin, mobilisé, est parti au front.

Une éclaircie, parmi cette désolation. Irène a réussi son baccalauréat. Mais ce succès rend la jeune fille plus irritable et impatiente encore. Elle veut rentrer à Paris, être auprès de sa mère. Elle en a assez de jouer à la sœur aînée, à la mère de substitution auprès d'une gamine qui n'a que dix ans et avec laquelle aucun échange scientifique ou intellectuel n'est possible. Marie refuse : « Ne crois pas qu'il soit facile de faire œuvre utile dans les premières semaines. On cherche, on tâtonne, on s'organise et je ne saurai pas t'occuper. » Furieuse et têtue, habituée à exiger, elle insiste. Mais Marie ne cède pas. Pis, elle lui assigne la tâche dont elle ne veut plus entendre parler : « Je te charge de ta petite sœur qui m'a écrit une carte pleine de désolation. Occupe-toi de son instruction et sois maternelle envers elle en mon absence[3]. » Maternelle ! Mais elle ne fait que cela depuis deux mois ! Le mot à ne pas prononcer. Irène s'énerve : « Ève est arrivée en larmes parce qu'un imbécile de douze ans avec lequel elle jouait lui a dit que la guerre était déclarée[4]… »

Le radium est décrété « bien national de grande valeur » parce que pouvant être utilisé pour la défense nationale. Les troupes allemandes avancent vite. Si vite que le gouvernement se réfugie à Bordeaux. Il n'est plus possible de garder le radium à Paris. La capitale risque d'être prise. Marie, sans un mot pour ses filles, sécurité oblige, prend un train avec un officiel, y trouve une banquette. Le radium est si lourd, et face aux autres voyageurs qui, eux aussi, se dirigent vers Bordeaux, elle demeure silencieuse. Malgré sa reconnaissance internationale et ses deux prix Nobel, son visage n'est pas connu. Tant mieux. Elle se blottit contre la fenêtre, observe des voitures sur les routes qui fuient la capitale. Après des heures et des heures dans le train bondé, Bordeaux, enfin. Mais dans la bousculade, elle ne parvient ni à trouver un taxi ni une chambre d'hôtel. Va-t-elle devoir passer la nuit dehors, avec ce radium si précieux ? Soudain, un employé du PLM, la compagnie de train d'avant 1936, la reconnaît. Ses prix Nobel n'auront pas été inutiles pour sauvegarder le trésor national qu'elle détient. Il l'accompagne chez des habitants, qui lui octroient une chambre. Elle s'écroule, épuisée mais soulagée. Le lendemain, dès l'ouverture, elle dépose le matériau à une banque, dans un coffre. Puis elle reprend un train, aussi vite qu'elle est venue. Plus légère. Rassurée. Vers Paris toujours menacé.

Marie reste discrète sur ce voyage. À peine rentrée de la ville de Montaigne, elle écrit à Irène, semblant vouloir l'inciter à grandir, car on ne sort pas indemne d'une guerre : « Ma douce chérie, Si vous ne pouvez travailler pour le présent de la France, travaillez pour son avenir. Bien des gens manqueront, hélas, après cette guerre. Il s'agira de les remplacer. Faites de la physique et des mathématiques le mieux que vous pourrez[5]. »

Mais elle, comment pourrait-elle se rendre utile ? Vite, elle interroge son entourage, les médecins. Alors que tout le territoire se couvre d'hôpitaux, elle doit se rendre à l'évidence. Il n'y a que très peu de matériel radiologique. Elle rencontre le médecin qui l'informe des conditions sanitaires déplorables dans lesquelles se déroulent les soins. Les blessés sont évacués vers l'arrière, dans des conditions désastreuses, souvent sur de la paille souillée dans les wagons à bestiaux : « Des jours durant, écrit Marie-Noëlle Humbert, les blessés ne reçoivent aucun soin. L'eau, la nourriture, les couvertures manquent. 80 % des médecins de l'avant ne savent pas opérer. Et ils n'ont déjà plus d'antiseptiques, de gants et d'instruments[6]. » Des milliers de soldats meurent, faute d'aide. À nouvelle guerre, nouvelles blessures, dues à des obus, des mitrailleuses, avec des éclats fichés dans les os et les tissus. Déjà nombre d'entre eux ont la mâchoire éclatée, et deviendront, dans des souffrances terribles, des gueules cassées ou des invalides, les jambes brisées, et ne seront pas opérés à temps. Alors, il faut agir et ne pas attendre les autorisations militaires pour aller sur le terrain. Le docteur Antoine Béclère est un médecin curieux, comme Marie, de toute découverte ou pratique pouvant aider des patients. Comme elle, il réagit vite. Dès 1895, soit vingt ans avant le début de la Grande Guerre, il s'intéresse aux rayons X découverts cette année-là par le célèbre physicien allemand Wilhelm Conrad Röntgen, qui sera lauréat du prix Nobel de physique en 1901, et à la première séance de radioscopie d'Oudin et Barthélémy. En 1896, le docteur Béclère pratique sur une patiente le premier dépistage radioscopique d'une tuberculose pulmonaire. Cette découverte le remplit d'espoir. Si l'on effectue des dépistages pour différentes maladies, blessures, fractures, accidents, alors il sera possible de soigner ces malades avec une efficacité redoublée. Sa vocation est trouvée. Il se fera le promoteur, en France et à l'étranger, de la radiologie. Antoine Béclère crée le premier enseignement de cette discipline en France et dirige le service de l'hôpital Tenon puis Saint-Antoine à Paris où fonctionne le premier service de radiologie.

C'est donc avec une personnalité reconnue, pugnace et efficace, que discute Marie. Elle se reconnaît dans ses défis. Le médecin va la former à l'application médicale de ces rayons. Si les travaux de Marie n'ont pas porté sur les rayons X, à la Sorbonne, rappelle Ève Curie, elle leur a consacré plusieurs leçons : « Par une transposition spontanée de ses connaissances scientifiques, elle prévoit ce que l'horrible carnage réclamera : il faut créer d'urgence des postes de radiologie[7]. » Elle veut créer des antennes médicales et cherche des bénévoles, mais ce n'est pas assez. Marie entend que l'on puisse porter secours dans les ambulances. Impossible. Il n'y a pas de système électrique dans ces voitures, on ne peut brancher les appareils[8].

À présent, quelle stratégie trouver, inventer, pour être autorisée à agir ? Elle se fait nommer directrice technique du service de radiologie de l'Union des femmes de France… Ces dames sont heureuses d'avoir la prestigieuse Prix Nobel avec elles. Un tel titre devrait rassurer les militaires, peu habitués à voir des femmes à leurs côtés, en dehors des infirmières. Elle engage quelques hommes pour les former, dont Jean Perrin et le mathématicien Émile Borel, pourtant habitués à des tâches plus honorifiques. Ainsi le directeur adjoint de l'École normale supérieure de la rue d'Ulm se retrouve-t-il sur les bancs de l'école, avec comme enseignante Marie, cette même Marie que lui et son épouse, la femme de lettres Camille Marbo, ont abritée rue d'Ulm lors du scandale de la correspondance avec Paul Langevin, trois ans plus tôt. On reste donc dans la grande famille scientifique des fidèles des Curie. Émile Borel s'était par ailleurs engagé volontaire dès le début des hostilités. Depuis le front, il fut rappelé à Paris pour prendre les fonctions stratégiques de secrétaire général de la présidence du Conseil.

À présent, Marie entend se rendre sur le terrain, près des blessés. Mais comment ? Il lui faut des véhicules.

Elle s'appuie sur Claudius Regaud, directeur du pavillon Pasteur de l'Institut du radium, et Antoine Béclère pour créer des unités chirurgicales mobiles de radiologie. Comment obtenir les crédits pour équiper des camionnettes légères ? Les fonds américains vont servir. Mais trouver des équipements radiologiques sera difficile. Et puis, elle veut se rendre près des combats. Et la situation se détériore. La bataille de la Marne commence le 5 septembre 1914. Les forces allemandes ont remporté une série de victoires en août sur les soldats français et anglais qui ont dû battre en retraite vers Paris. Joffre espère encore pouvoir mener une contre-attaque victorieuse et demande des renforts. Le général Gallieni[9], alors gouverneur militaire de Paris, décide de réquisitionner les taxis parisiens qui, à toute allure, transportent les soldats pour seconder les troupes lors de la bataille de l'Ourcq. L'offensive allemande finit par être stoppée. Marie prend une décision, alors que l'artillerie légère de l'armée française, d'une précision redoutable, brise l'élan allemand : puisque la guerre continue, elle n'ira pas rejoindre ses filles. C'est à la fois un déchirement et une évidence. Elle a le devoir de protéger le laboratoire Curie. Si les Allemands envahissent Paris, ils le détruiront en son absence. Peut-être aussi en sa présence, mais Marie espère qu'ils n'oseront pas… De toute façon, elle ne fera pas de cadeau à l'adversaire, l'humiliation devant l'occupant russe à Varsovie, enfant, lui a suffi.

Si Paris est sauvé, à titre temporaire, la guerre, elle le sent, sera longue. Des troupes nombreuses sont envoyées sur le champ de bataille, les généraux sont prêts à des pertes énormes pour vaincre l'envahisseur allemand. Il est temps d'autoriser Irène et Ève à rentrer à Paris, à retrouver l'appartement familial. Enfin. Ève pleure souvent, pendant que l'aînée aide sa mère. Plus de mari, mais une fille à ses côtés. Comment une adolescente peut-elle se rendre utile en temps de guerre ? Ce ne sont pas ses notes en mathématiques et en physique qui vont servir sur le terrain : « Passe un diplôme d'infirmière. » Irène se lance avec enthousiasme. Se sent traitée en adulte, enfin presque. Et réussit le diplôme. Sa volonté farouche ne la quitte pas. Il y a d'autres tests à effectuer avec sa fille. Supportera-t-elle, si jeune, la vue du sang et d'hommes en souffrance, aux membres arrachés ou devenus handicapés, aveugles, défigurés ? Marie n'hésite pas. Avant de l'engager auprès d'elle dans des voyages en voiture, elle doit vérifier la réaction d'Irène face aux souffrances des soldats.

Ses voitures, pour rouler sur un territoire en guerre, ont besoin d'autorisations et de laissez-passer. Cette fois, elle se tourne vers la Croix-Rouge pour les obtenir. Sans succès. Marie ne renonce pas, elle s'agrippe, demande encore. Écrit au cabinet du ministre de la Guerre, sans succès. À force d'insister, elle obtient le droit de se rendre à Verdun. Là-bas, il faut équiper les voitures. Elle harcèle, tempête, prend de l'assurance. Elle veut sauver des vies, et elle sait de quelle manière. Alors elle interpelle, d'un côté les bureaucrates, de l'autre les dames de la haute société qui souhaitent se rendre utiles. Elle rançonne âprement les particuliers. Des femmes généreuses, comme la marquise de Ganay, la princesse Murat, lui prêtent leurs limousines qu'elle transforme aussitôt en postes radiologiques. « Je vous rendrai votre voiture après la guerre, garantit-elle d'une assurance candide. Vraiment, si elle n'est pas hors d'usage, je vous la rendrai[10] ! » Alors que le parc automobile est limité à la classe privilégiée, ces dames sourient à ses propos. Elles savent qu'elles n'ont plus qu'à commander dès à présent de nouvelles limousines...

Certaines d'entre elles, de milieux très favorisés, vont s'engager pour secourir les blessés et se rendre utiles. Un engagement qui va leur donner une raison de vivre plus forte encore, et dont quelques-unes se souviendront après-guerre. Marie le sait si bien, les crises, les guerres, font jaillir des vocations, des entraides insoupçonnables. Et permettent à de nombreuses personnes, hommes et femmes, de se révéler. Dans d'autres milieux sociaux, les femmes se mobilisent également, remplacent les hommes enrôlés dans l'armée, travaillent dans les usines dont celles de défense nationale. Déjà avant 1914, les femmes françaises commencent à acquérir des places dans la culture et les spectacles. L'actrice Sarah Bernhardt, dite « la Divine », est célèbre par le monde. Les universités de médecine viennent de commencer à s'ouvrir aux femmes. Nicole Girard-Mangin avait entamé des études de médecine en 1896, et son effigie, en protestation à la présence des étudiantes, avait été brûlée. Quatre-vingt-seize professeurs et médecins signeront une pétition pour exiger que les étudiantes en médecine ne puissent prétendre à l'internat. Elle sera la seule femme médecin envoyée au front pendant la Grande Guerre, à la suite d'une erreur de l'administration qui la prend pour un homme et qui ne la rétribuera plus tard qu'avec un salaire d'infirmière. Les femmes, mis à part Marie Curie, font face à de nombreuses difficultés pour effectuer des études en sciences. Seulement 35 000 jeunes filles fréquentent l'enseignement secondaire, tandis que l'École normale supérieure de jeunes filles de Sèvres tente de donner la meilleure formation possible aux jeunes femmes qui ont réussi le concours et sont souvent qualifiées par les hommes, dont ceux au pouvoir et de l'université, de « bas bleus ».

Face à la boucherie de la Grande Guerre, des femmes s'engagent par milliers pour devenir infirmières. Soigner ces blessés graves et nombreux exige une formation accélérée. Paysannes, elles remplacent leur mari aux champs, nourrissent les civils et les soldats. Obligées de diriger les exploitations agricoles avec un petit nombre d'aidants et de s'occuper des enfants, elles sont au bord de l'épuisement. Les chevaux de labour étant souvent réquisitionnés pour le front, certaines agricultrices, avec une ou deux autres femmes, parfois âgées, tirent elles-mêmes les charrues, tracent les sillons…

Marie, qui garde depuis son enfance le sens des réalités de la vie quotidienne pour ceux aux emplois mal payés, est consciente que pour ces femmes paysannes et ouvrières, aux journées de labeur épuisantes s'ajoute l'angoisse de la perte de leurs maris, souvent simples soldats en première ligne dans les tranchées. Très vite, nombre d'entre elles deviennent des veuves. Avec l'accumulation des morts et des blessés, le recours aux femmes dans l'emploi deviendra officiellement prioritaire à compter de 1916.

Pour l'heure, Marie a réussi à récupérer une vingtaine de voitures, offertes par des personnes fortunées. Elle s'en garde une pour parcourir les champs de bataille. Assis à ses côtés par tous les temps, vent comme pluie, dans son costume sombre habituel, le chauffeur doit conduire vite sur les petites routes. Parfois à plus de 50 kilomètres/heure sur des chemins accidentés, une folie ! Tant pis si elle se fait arrêter pour mauvaise conduite, les blessés n'attendent pas. Elle a fait poser sur la carrosserie peinte en gris de ces ambulances radiologiques, surnommées les

« petites Curie » par les militaires, une croix rouge et un drapeau français.

Elle court vers Amiens, Ypres, Verdun. Enfin, l'hôpital. Ève racontera des années plus tard : « Au travail ! Elle déballe ses instruments, assemble les pièces démontables. On déroule le câble qui reliera l'appareil à la dynamo restée sur la voiture [...]. Marie vérifie l'intensité du courant [...]. Elle a fait l'obscurité en bouchant la fenêtre avec des rideaux noirs ou même de simples couvertures d'hôpital[11]. » À présent, les blessés défilent sur les civières. Apparaissent enfin dans le noir les fragments d'obus, les éclats de balle. Le chirurgien opère. Marie vérifie que le bistouri agit et coupe à l'endroit précis. Dans ces interventions, rappelle Ève, elle travaille tête nue, avec juste une blouse. Après une centaine de cas, parfois plus, alors qu'elle n'a pas quitté la pièce noire, elle reprend son matériel et, avec la Ford, rejoint un autre hôpital avant de regagner Paris. Si le chauffeur n'est pas disponible, elle conduit. Qu'importent la fatigue, les heures interminables, l'absence d'un repas, elle prend le volant et fonce sans freiner. Partout où elle passe elle achète des cartes postales qu'elle adresse aux filles, après avoir jeté quelques lignes au dos de la photo en noir et blanc. Rien de très gai, parfois des allusions aux bombardements à Dunkerque, au bruit du canon à Fruges, Poperinge ; tous ces noms prennent une tonalité sinistre.

À la maison, enfin, après un été éprouvant, Irène piétine, s'impatiente. Les études attendront, elle veut secourir les blessés, elle aussi. Marie rentre fourbue de ses déplacements, les vêtements salis, les bottes pleines de boue, mais il est doux de retrouver ses deux filles. Elles ont grandi, mûri. Irène ressemble à une vraie jeune fille, le regard vif, le caractère bien trempé, exigeant, de son visage ovale les yeux vous fixent et appellent une réaction sans détour : « Je veux venir avec toi, être utile. » Marie dîne à peine, songeant aux prochaines missions, au matériel à emporter, mais elle ne peut se détacher de son aînée. Elle ne s'accorde une courte permission que lorsque les crises rénales déclenchent des douleurs insupportables. Comme Pierre aurait été amusé de découvrir le caractère farouche de son aînée, qui lui aurait rappelé celui de la jeune Marie, étudiante sans le sou à la volonté implacable. Marie lui caresse le visage, effleure sa robe classique, si sérieuse pour une adolescente, et se prend à rêver. Pierre n'est plus là, mais ses enfants le sont. Irène est prête à prendre la relève. En sera-t-elle capable ? Marie va lui donner une chance, la former. Transmettre, aider, être utile. Ces mots résonnent comme des évidences.

Bientôt Irène s'initie à la radiologie, il n'y a pas de temps à perdre. Elle accompagne sa mère, observe ses gestes, ses réactions, l'utilisation du matériel, les instructions données aux chirurgiens. Marie ose, dans cette France où les femmes sont souvent tenues à l'écart des activités professionnelles, faire confiance à son enfant. Irène va partir sans elle près des champs de bataille et, à dix-sept ans, expliquer aux médecins l'endroit précis du corps où ils doivent opérer ! Elle n'est pas intimidée devant cette corporation si masculine, leurs hésitations, leurs refus au premier abord d'écouter ses instructions. La jeune fille a pour elle la science et la précision. Alors, les médecins, chirurgiens, qui ont parfois des filles plus âgées et moins dégourdies, finissent par s'y faire. Après tout, n'a-t-elle pas chaque fois raison ? Grâce à ces rayons X, ils opèrent au bon endroit. Eux aussi sont satisfaits des réussites de leurs opérations. Jour après jour, Irène s'affirme. Elle a enfin dix-huit ans, qu'elle fête loin des siens. À sa mère, elle raconte sa journée d'anniversaire : « Mé chérie, j'ai admirablement passé mon jour de naissance, sauf que tu n'étais pas là, ma douce chérie. J'ai d'abord retrouvé le tablier que je t'accusais d'avoir malicieusement subtilisé. Ensuite, j'ai fait la radiographie d'une main douée (*sic*) de 4 éclats d'obus assez gros que j'ai localisés et qu'on extraira aujourd'hui [...]. Par là-dessus, j'ai dormi dans la tente sous un beau ciel étoilé[12]. » Oui, en ce 13 septembre 1915, Irène a passé un bel anniversaire de ses dix-huit ans. Marie peut être soulagée. La relève Curie est assurée.

En un an, Irène apprend beaucoup, et à dix-neuf ans, elle est désormais à même de former des hommes plus âgés qu'elle aux techniques de radiographie. Elle se rendra à plusieurs reprises en Belgique, avec ou sans sa mère, où son sérieux fait parfois place à un don pour les chansons apprises dans le clan de l'Arcouest apportant une touche de gaieté. Irène la sérieuse peut être aussi drôle, cinglante. Elle a pris confiance en elle, et réussit, en plus de ces excursions, à passer le certificat de mathématiques générales. De son côté, Marie est de plus en plus sollicitée. Ses résultats sont connus à travers les troupes, ainsi que la précision de son observation, toute scientifique. De partout sur le terrain, elle reçoit des demandes rédigées en des termes de plus en plus chaleureux. Mais les produits manquent. En dépit de sa notoriété, reconnue par chirurgiens, personnels soignants et blessés reconnaissants, ses relances auprès de l'armée n'avancent pas. On manque de tout, et bientôt ces voitures radiologiques devront retourner au garage. Mais elle n'est plus seule. Les médecins insistent auprès de la hiérarchie militaire pour la recevoir avec ce fameux matériel. Le ministère des Armées va finir par accepter mais à une condition, qu'elle ne se rende plus sur le terrain. C'est mal la connaître, elle utilisera un faux laissez-passer et elle se retrouvera à proximité des champs de bataille, dans les hôpitaux de campagne. Il faut rouler vite. Si vite qu'un nouveau chauffeur, qui ne connaît pas sa ténacité, rate un virage, tombe dans le fossé. Dans un bruit indescriptible, les appareils, caisses tombent sur elle. Ensevelie. Vivante, rien n'est moins sûr. Mais non, elle n'a rien, pas une égratignure, même si, avouera sa fille Ève, la scientifique est un peu vexée de se montrer ainsi, fourbue et inquiète que les radios aient été abîmées. Mais l'important est qu'elle soit vivante, et donc encore utile !

Et ce n'est pas un petit accident de la route qui va l'arrêter. Au contraire. Ce ne sont pas les vingt « petites Curie », les voitures que Marie a fait équiper d'unités radiologiques, qui vont suffire. Parce qu'elle est obstinée, elle finit par faire installer deux cents salles de radiologie. Bientôt un million de soldats seront secourus[13]. Et puisqu'il faut former des manipulateurs, une formation en radiologie est organisée à l'Institut Curie.

Le 11 novembre 1918, dans le froid, Marie travaille à l'institut, entourée de jeunes stagiaires. Soudain, à travers Paris, les cloches sonnent à toute volée. C'est l'armistice ! Son cœur bat à se rompre. Pour elle, il s'agit d'une double victoire. Celle de son pays d'adoption et celle de la Pologne ressuscitée. Vite, elle se lève, ne tient plus en place. Elle cherche un drapeau français dans ses tiroirs, n'en trouve pas, en fabrique un de bric et de broc. Quelques tissus feront l'affaire. Elle sort dans la rue, racontera Ève avec émotion, monte dans la vieille voiture tout abîmée par quatre ans de courses à travers les sentiers. Un jeune homme les conduit, et soudain apparaît la rive droite, la Seine et, immense, pleine de monde, la place de la Concorde. Une foule en liesse ; Marie, si souriante dans sa tenue sombre, mais observée par cette foule venue à pied. Les hommes présents ne résistent pas, dans la joie de la victoire, escaladent la Renault, montent sur le toit. Elle poursuit sa route, avec des passagers supplémentaires, dans une voiture un peu lourde, ralentie, mais enfin, depuis la mort de Pierre, douze ans auparavant, c'est du bonheur qui jaillit et la transporte. La paix en France et en Pologne sera-t-elle durable ? La réalité pourrait-elle rejoindre ses rêves ? La radiologie de guerre va connaître une croissance exponentielle, en temps de paix, auprès de toutes les populations, comme outil au service de la santé pour tous. La science au service des malades, c'est l'un des rêves de Pierre et de Marie.

À Marie qui a proposé de faire fondre ses médailles en or des prix Nobel, quelle récompense accorder ? Plus tard, Ève notera qu'elle aurait accepté d'être faite chevalier de la Légion d'honneur à titre militaire, pour son action au jour le jour pendant quatre ans de guerre. Il n'en sera rien : « Beaucoup de “dames” reçurent des décorations, des rosettes… Ma mère n'eut rien. Après quelques semaines, le rôle joué par elle dans le grand drame s'effaça de toutes les mémoires. Et malgré des services assez exceptionnels, personne ne songea à épingler une petite croix de soldat sur la robe de Mme Curie[14]. » Serait-ce encore les conséquences de l'affaire Langevin, sept ans plus tôt ? Nul ne le sait. La question mérite d'être posée. Marie, pour sa part, se situe déjà au-delà avec une autre question en tête : comment elle, scientifique, pourrait-elle participer à la construction de la paix ?

*

Qu'il est doux de voir le bâtiment de l'Institut du radium, son jardin rempli de jeunes, de poursuivre les recherches arrêtées en 1914. La vie reprend vite, et le monde lui apporte du réconfort. D'abord Irène a déjà fêté ses vingt ans, en pleine guerre, en 1917, elle est à présent majeure, vingt et un ans, et la voilà affirmée, le regard vif, ne perdant pas une minute dans son travail. La guerre lui a donné une confiance en elle manquant à tant de jeunes filles qui n'ont pas eu l'opportunité de montrer leur intelligence, leur efficacité, leur talent. Elle sait depuis l'adolescence qu'elle sera physicienne. Telle mère, telle fille. C'est un réconfort pour Marie. Pierre, mort depuis treize ans, serait heureux de découvrir que son aînée poursuit le même chemin. Pourquoi ne pas aider Ève à trouver sa voie et, qui sait, entreprendre le même parcours que sa sœur et ses parents ? Marie songe aux nouvelles perspectives qui s'ouvrent grâce aux avancées en radiologie. À la jeune fille de quatorze ans, bientôt quinze, elle suggère un avenir, devenir médecin, sauver des vies et participer à des découvertes prometteuses. La cadette pourrait aussi étudier les applications thérapeutiques du radium.

Ève baisse les yeux, soupire. Devenir scientifique comme cette sœur qui aura toujours sept ans d'avance sur elle et la traitera comme la mineure de la famille ? Quelle idée ! Elle n'entend pas faire de la peine à sa mère, mais s'imagine un avenir en dehors des chemins familiaux. Elle ose exprimer son rêve, devenir pianiste. Marie et Irène sont stupéfaites. Pianiste ! Cela signifie, dans l'appartement, le bruit des gammes huit heures par jour, et cela ne vaut la peine que si Ève excelle, sinon elle n'aura pas de carrière intéressante… Certes, un pianiste polonais réputé l'avait trouvée exceptionnelle, jadis, quand elle était petite fille. Mais Marie, abattue, lui intime l'ordre de passer son baccalauréat d'abord...

Exaspérées mère et fille aînée finissent par prendre l'habitude d'entendre des gammes d'Ève emplir l'appartement de l'île Saint-Louis. Ève réussira ses examens, puisque sa mère l'exige. Mais elle s'interroge, se sent seule, perdue face à ces femmes dont la maturité et la complicité lui opposent un mur, un clan dont elle ne connaît pas les codes, le jargon et les complicités scientifiques. La Prix Nobel attend de sa cadette rigueur et discipline. Ève cherche ses marques face aux deux femmes et souffre de l'absence paternelle. Elle suit les cours au collège Sévigné avec attention, il le faut bien, et obtient des notes correctes. Elle s'attarde sur ses gammes, tandis que mère et sœur rêvent de tranquillité de retour le soir à l'appartement.

En secret, Ève s'interroge, si peu sûre d'elle. Parviendra-t-elle à exceller ? Sera-t-elle à la hauteur des rêves de Mé ? A-t-elle vraiment trouvé sa voie ? Dans le silence de la nuit, tandis que le chat qu'elle vénère et câline se repose à ses côtés, elle se perd dans la confusion des sentiments. S'angoisse. Difficile d'être une fille Curie parmi ces scientifiques hors pair. Elle rêve d'une raison de vivre, en dehors de ce laboratoire dont on lui rebat les oreilles. Elle ne se doute pas que d'autres mondes insoupçonnés vont bientôt élargir son horizon.

*

« Allons, dépêchons-nous ! »

Après la guerre, toutes les trois retrouvent, pour les vacances, le nord de la Bretagne avec bonheur. Un havre de paix, cette maison dans un village de pêcheurs à la pointe de l'Arcouest, avec une vue imprenable sur l'île de Bréhat, sa constellation de rochers ocre. Et tant d'amis. Nager, marcher, danser, tout est permis pour ces familles de scientifiques dotées chacune d'une petite maison. La leur est perchée sur la côte rocheuse, d'où l'on découvre les voiliers au-delà des pins, avec une vue impressionnante sur l'horizon. Marie se ressource. Comme Charles Seignobos, l'historien président de la Ligue des droits de l'Homme, a eu une belle idée de s'acheter là, à la fin du XIXe siècle, une maison, puis un voilier ! Un petit paradis. Le neurophysiologue Louis Lapicque, puis Jean Perrin, futur Prix Nobel de physique en 1926, ont fait construire des maisons, tout comme Marie. Ces scientifiques aux convictions laïques et républicaines ont leur propriété proche de celle d'Émile Borel et de son épouse Camille Marbo. Tous se retrouvent pour des soirées dansantes, des dîners simples, si heureux d'être en un même lieu. Tous ont soutenu Alfred Dreyfus. Chacun respecte l'autre. Aucune vanité n'est tolérée, on s'habille de vêtements usés, et tous s'adonnent aux sports, puis, le soir, aux dîners et aux danses simples. C'est un monde fermé, où le quotient intellectuel est la référence suprême. C'est la « Sorbonne Plage » ! Là, Marie peut écrire et réfléchir. Oublier ses recherches est impossible, mais elle réussit à se consacrer quelques heures à des activités sportives souvent intenses. Un corps sain dans un esprit sain, leitmotiv de sa vie entière. Ses filles ont intérêt à suivre les balades à bicyclette et à pied de plusieurs dizaines de kilomètres. Parfois, discrètement, Marie laisse ressurgir son sens de la compétition. Munie d'une paire de jumelles, elle surveille les longueurs et prouesses à la nage de ses collègues, de leurs épouses, et tient ensuite à les dépasser dans l'eau froide et salée. Irène et Ève, grâce à leur mère, deviendront des nageuses accomplies, et, bien plus tard, la cadette poursuivra ses kilomètres de nage par le monde, qu'importent le temps et la température réfrigérante de l'eau.

Mais bientôt, une amie invite Marie dans le Var. Le Sud, la Côte d'Azur, des endroits mythiques qui résonnent dans les livres et dans les rêves de tant de Polonais et autres populations du Nord de l'Europe. Sans parler de la Russie d'où des aristocrates chassés de leurs terres par les bolcheviques et ayant souvent tout perdu émigrent depuis la révolution d'Octobre. Marie s'y rend donc, en septembre, découvre une eau plus chaude que celle de Bretagne, un soleil plus doux, une lumière intense et une végétation luxuriante. Un paradis. Elle y reviendra, y achètera un terrain, fera bâtir une maison simple mais dotée d'une vue exceptionnelle. Ève et Irène comprennent ce désir de Mé de posséder des maisons-refuges, des « maisons-phares », écrira sa cadette. Ève s'y rendra à maintes reprises et en héritera au décès de Marie.

Dans cette parenthèse heureuse, la santé de Marie se détériore une nouvelle fois. Cette fois, ce ne sont pas les reins qui la font souffrir, mais les yeux. Ces yeux sans lesquels elle ne peut lire les rapports de ses équipes, de sa fille, et de ceux et celles qui publient de nouvelles recherches. Au sein de l'Institut du radium, qui lui procure une telle joie et lui permet enfin d'être maîtresse de sa vie, elle s'inquiète. Et si le personnel comprenait ce qui lui arrive ? Et si la presse, prête à médire sur elle une nouvelle fois, la décrivait comme faible, voire aveugle ? Sa crédibilité et le statut de l'institut en seraient amoindris, peut-être pour toujours. Et parce qu'un malheur n'arrive jamais seul, son ouïe se détériore également. Elle écrit à Bronia à qui elle ne cache rien :

> Mes plus grands ennuis viennent de mes yeux et de mes oreilles. Mes yeux sont très affaiblis et l'on n'y peut probablement pas grand-chose. Quant aux oreilles, un bourdonnement presque continuel souvent très intense me persécute. Je m'en inquiète beaucoup : mon travail peut en être entravé ou même devenir impossible. Peut-être le radium est-il pour quelque chose mais on ne saurait l'affirmer avec certitude. Voilà mes peines. N'en parle à personne. Surtout, pour que le bruit ne se répande pas[15].

Il va falloir l'opérer de la cataracte. Et là, c'est d'Ève, qui la nourrit à la petite cuillère, en douceur, que Marie a le plus besoin pour sa convalescence. Il aura fallu attendre 1923. L'intervention ne produit pas le succès escompté. La savante devra affronter deux autres opérations des yeux en 1924, et alors qu'elle est de plus en plus fragilisée par les rayons, une dernière en 1930. Au-delà de la souffrance physique, demeure l'obsession que ses collaborateurs ne le découvrent. Marie a recours à des lunettes de plus en plus épaisses et, en surplus, des loupes aussi larges qu'elle colle sur son visage. Mais il faut continuer les recherches sur ce fameux radium. Le plaisir de travailler est toujours intact. Et sa volonté de fer ne s'émousse pas.

*

La Grande Guerre et ses millions de morts, de mutilés, de veuves et d'orphelins agitent ses nuits, assombrissent ses souvenirs. Et déjà les rêves de paix s'estompent. Marie s'inquiète. De nouveau, la Pologne est au centre de la scène. Si la Première Guerre mondiale est finie, la guerre russo-polonaise commence. De février 1919 à mars 1921, Russes et Polonais s'affrontent, victimes, comme d'autres nations, du traité de Versailles. Comment, en effet, compte tenu de l'appétit russe à l'égard de la Pologne, les vainqueurs, dont la France, ont-ils osé ne pas définir clairement les frontières entre les deux États, dont l'un, devenu bolchevique, veut récupérer les terres de l'Empire russe de 1914 ? Dans ce conflit, une fois encore, la Pologne est perdante, alors que la défaite de l'Empire allemand avait redonné une chance aux pays d'Europe centrale de reconquérir leur autonomie.

La reconstitution de la Pologne après cent vingt-trois ans de soumission n'aura duré que trois ans. L'Armée rouge vient d'écraser les Russes blancs fidèles au tsar. Lénine est persuadé que les peuples vont se lever pour créer un communisme mondial. La Pologne sera la prochaine conquête de l'Internationale communiste. Toujours maltraitée et même martyrisée. Cette fois, Lénine entend y imposer un régime bolchevique qui servira d'avant-garde à une conquête de l'Europe de l'Ouest.

Quel dilemme imprévu chez les femmes Curie ! À l'image de son pays, Marie souffre, revit les humiliations, brimades, négations de l'identité polonaise. Dilemme doublé d'un déchirement : au même moment, des chercheurs, dont les meilleurs amis de Marie et d'Irène, sont attirés par les déclarations communistes « au service des peuples ». Irène, sous l'influence de Paul Langevin, l'ancien amant de sa mère auquel Marie a pardonné, observe, année après année, les politiques budgétaires qui, comme le rappelle Louis-Pascal Jacquemond, sont inflationnistes et baissent les revenus des scientifiques ainsi que les crédits des laboratoires[16].

Pour l'aînée des filles Curie, le rôle du savant est fondamental, alors qu'il semble être incompris par les dirigeants politiques. C'est un sentiment à la fois d'injustice et d'urgence qui traverse cette jeune scientifique, élevée dans le culte du progrès au service du peuple, qu'il soit social ou médical. Irène se sent alors prête à s'engager, dans un mouvement de gauche vers lequel les intellectuels d'alors sont attirés. Et cela passe d'abord par le rêve de paix. Plus jamais de guerre, grande ou petite. Plus jamais d'hécatombe de peuples. Du moins l'espère-t-elle.

4

L'AMÉRIQUE, UNE RÉVÉLATION PLUS FORTE QU'UN RÊVE

Près du Panthéon, le retour de la paix a redonné vie et espoir aux membres de l'Institut du radium. Mais les obstacles s'accumulent. Comment, dans un pays exsangue, retrouver des matériaux pour faire fonctionner le bâtiment ? Plus de microscopes, apprend-elle, pris par les médecins de Bordeaux. Elle doit compter chaque centime, tente d'obtenir pour un prix modique des meubles, marchande pour récupérer du papier, des machines, des housses de couvertures pour certains de ses équipements chimiques. Le ministère des Finances refuse de lui accorder la moindre cession gratuite de matériels pour ses expériences[1]. À elle, double Prix Nobel ! Décidément, se dit-elle, la recherche scientifique est bien peu considérée dans ce pays, à l'inverse de ses confrères et consœurs en Allemagne ou aux États-Unis dont elle entend dire qu'ils obtiennent de larges crédits privés. Elle active tous ses réseaux, et ils sont nombreux, compte tenu de son engagement sur le front et près des tranchées, à vouloir lui prêter assistance. Elle écrit : « Je ne suis plus jeune, et je me demande si j'arriverai un jour à bâtir, pour ceux qui viendront après moi, un Institut du radium à la hauteur de ce que je désire, pour la mémoire de Pierre Curie et dans l'intérêt de la science[2]. »

Elle réussit à récupérer, démontre Marie-Noëlle Humbert dans son récit sur Marie Curie pendant la Grande Guerre[3], des équipements radiologiques qu'elle avait elle-même installés dans les hôpitaux de guerre. Elle voulait les réattribuer ensuite dans des dispensaires liés à la tuberculose, afin que cette nouvelle technologie puisse soulager le plus grand nombre. En dépit des transports chancelants, du pays désorienté où règne encore le chaos, elle parvient à reprendre possession de certains instruments, dont plusieurs sont cassés. Mais peu à peu, à force d'une volonté héritée de sa jeunesse difficile en Pologne et de ses soutiens à sa sœur Bronia, elle crée des antennes de radiologie, alors que son institut manque de presque tout.

Grâce à sa notoriété et son action sur le champ de bataille, des officiers et soldats américains demeurés en France suivent une formation à l'institut pour s'inspirer de son expérience. Voir ces jeunes hommes en pleine forme, venus d'une Amérique qu'elle ne connaît pas encore, représente la plus belle des reconnaissances et une raison de continuer son travail. Transmettre son savoir, son expérience à une jeunesse internationale, quel cadeau ! Pierre aurait été heureux de son action, eux qui avaient décidé de ne pas déposer de brevets. Et à cela s'ajoute une autre douceur. Irène est à présent une jeune femme épanouie et tournée vers la science. Il est temps pour elle d'écouter sa mère, comme d'autres chercheurs. Depuis longtemps, elle sait qu'elle travaillera dans les pas de ses parents. L'heure est venue. En ce début des années 1920, Marie ressent ce que l'on appelle le bonheur et, malgré l'absence de Pierre, une certaine sérénité.

Elle se joint alors à la jeune génération des chercheurs pour prendre le thé, rituel de l'après-midi où les rires fusent parmi les commentaires des dernières découvertes en chimie. Dans ce groupe, Irène s'épanouit. Et sa mère s'en enchante. Sous une apparence sèche, elle adopte une attitude bienveillante envers les chercheurs et les chercheuses, les écoute, les encourage. Mais, rappelle l'historienne Natalie Pigeard-Micault : « Si Marie Curie accepte les femmes dans son laboratoire, ce n'est pas par volonté de servir une quelconque cause féministe. Non, Marie Curie accepte les femmes sous les mêmes conditions que les hommes. Jamais elle n'exercera de sélection sexiste dans le choix de ses collaborateurs[4]. » Vont ainsi, à travers les années, être formées des chercheuses en provenance de France, d'Europe et d'Amérique. Lorsqu'elles quitteront l'institut, elles deviendront souvent parmi les premières femmes à occuper un poste scientifique de responsabilité dans leur pays. Mais les ouvrages d'histoire étant en majeure partie écrits par des hommes, il est difficile de trouver des biographies complètes sur nombre d'entre elles. Dans ce contexte ardu, Natalie Pigeard-Micault a réussi à reconstituer la biographie de quarante-cinq de ces femmes. Leur parcours montre, s'il en était besoin, que le portrait souvent fait de ces chercheuses en « bas bleus » était une caricature. La plupart d'entre elles ont une vie de couple et de famille, des enfants, à l'image de la vie d'Irène Joliot-Curie.

Une réalité s'impose cependant, celle de l'absence apparente de femmes issues de contrées d'Asie, d'Afrique, du Maghreb, du Proche et du Moyen-Orient. Sans doute peut-on y lire la discrimination que subissaient au début du XXe siècle les femmes de ces contrées, auquel s'ajoutait le poids de la colonisation. Les empires coloniaux d'alors, très puissants, adoptaient à l'égard des femmes des attitudes archaïques et patriarcales. Aussi les femmes reçues à l'Institut du radium semblent-elles avoir été de race blanche et d'éducation occidentale. Pour autant, Marie Curie, ne l'oublions pas, a toujours été très ouverte à toutes les civilisations et ne supportait aucune discrimination, comme en témoigne sa vie entière. Elle eut des chercheurs hommes asiatiques, dont elle louait à sa fille Ève la « supériorité » dans la finesse d'analyse et l'intelligence, la courtoisie et la curiosité intellectuelle.

*

Mais faute de brevets déposés sur les découvertes concernant le radium, le laboratoire manque d'argent. Certes, grâce à l'intervention de la comtesse Greffulhe, qui a inspiré Marcel Proust pour le personnage de la duchesse de Guermantes et qui était passionnée par les sciences, l'industriel et philanthrope Andrew Carnegie avait apporté en 1907 une aide conséquente, mais pas suffisante pour permettre au laboratoire de fonctionner. La savante n'oublie pas non plus que dès 1909, l'université de Paris et l'Institut Pasteur avaient décidé de construire un laboratoire pour Marie Curie, connu sous le nom d'Institut du radium. Un immense progrès. Mais Marie se rend à l'évidence. Elle ne dispose pas de moyens suffisants pour ses recherches, en particulier dans les domaines de la santé, et elle ne peut pas s'acheter le moindre gramme de radium. Un comble pour la double Prix Nobel qui a découvert l'énergie de demain. Que faire ? Elle s'inquiète, se sent d'humeur triste et songeuse. À cela s'ajoute l'insistance d'un ami, l'écrivain Henri-Pierre Roché, qui n'a pas encore publié le roman qui le rendra célèbre, *Jules et Jim*. Celui-ci souhaite lui présenter une journaliste américaine. Pas question, elle n'a pas de temps à perdre. Depuis l'épreuve de décembre 1911 et l'affaire Langevin, elle se méfie des journalistes. Le romancier insiste. Celle-ci est une des femmes de presse les plus connues des États-Unis et dispose d'une influence considérable sur les Américaines. Ce que ne mesure pas encore Marie, c'est que Missy Meloney a eu, comme elle, un parcours semé d'embûches, a subi l'hostilité de ses collègues masculins et a réussi à dépasser des obstacles dus à sa condition de femme.

D'ailleurs, dans le magazine qu'elle dirige, Missy Meloney tient à promouvoir la femme sportive, libérée, capable de conduire une voiture, gage de liberté aux États-Unis où les transports en commun, bus et métros, ne sont pas aussi répandus qu'en Europe. Bref, elle enseigne aux femmes l'indépendance. Née dans le Kentucky d'un père médecin, elle est surtout influencée par sa mère Sarah Irwin, fondatrice et rédactrice en chef du *Kentucky Magazine*, une des premières publications littéraires et scientifiques américaines éditées par une femme. Quel modèle pour la jeune fille, qui entendait devenir pianiste, mais qui dut abandonner cette carrière à la suite d'un accident de cheval ! Missy Meloney prit un autre chemin. Ce sera le journalisme, avec son rayonnement, et l'envie de communiquer avec le monde. Une vie à l'image de celle de sa mère. Chez les Meloney, on se passionne pour la modernité, l'aide aux autres femmes, les découvertes scientifiques et médicales. Aussi, avec énergie, et en dépit de ses blessures, Missy trouve le ton qui convient pour séduire Marie : « J'ai été boiteuse à quinze ans, j'ai le poumon malade depuis l'âge de dix-sept ans et j'ai mené trois vies depuis lors[5]. » Missy est petite, d'allure frêle, une chevelure à l'inverse de Marie. Mais avec une volonté qui ne demande qu'à dévorer la vie et parcourir le monde. Elle se marie avec William Brown Meloney, rédacteur en chef du *New York Sun*. Elle-même a travaillé dans plusieurs journaux et fut l'une des plus jeunes reporters de toute l'Amérique, à quinze ans au *New York World* pour couvrir la Convention républicaine, à dix-huit ans comme correspondante à Washington D.C. du *Denver Post*, du *New York Sun*, du *New York World*, et du *Delineator*. C'est au nom de ce magazine féminin qu'elle sollicite un entretien avec Marie Curie. Sans succès. Tant pis. Elle ne lâchera pas. Ce rendez-vous, elle en rêve depuis des années. Alors elle lui adresse une lettre, quelques mots écrits avec son cœur : « [...] il y a vingt ans que vous êtes importante à mes yeux, madame, et je veux simplement vous voir quelques minutes[6]. »

« Impossible » n'est pas dans le vocabulaire de la journaliste américaine. Et elle entend le prouver. Devant les insistances de plusieurs de ses amis, et intriguée par ce message si simple, Marie finit par céder. Mais, attention, l'entretien sera bref. Très bref. Il ne s'agit pas de prendre trop de temps sur celui qu'elle consacre à la recherche. En soupirant, Marie ouvre la porte et découvre cette petite femme, de la même taille qu'elle, américaine, de cet immense continent dont elle sait qu'il dispose, plus que partout dans le monde, de ce précieux radium qui représente la clef de voûte de la poursuite de ses recherches.

Missy, de son côté, se lève et, debout, un sourire illuminant son visage, reste stupéfaite. Qu'on lise ses mots :

> La porte s'ouvrit et je vis une petite femme pâle et timide, Mme Curie, vêtue d'une robe de coton noir, au visage le plus triste que j'ai jamais connu. Son beau visage d'érudite exprimait la patience, la gentillesse et le détachement. Soudain je me sentis comme intruse. Ma timidité était plus prononcée que la sienne. Pendant vingt ans j'avais été entraînée à interroger, mais je ne pus poser une seule question à cette douce dame [...]. Je tentai de lui expliquer combien les femmes américaines étaient enthousiasmées par son propre travail, et je m'excusai d'avoir rogné son temps précieux[7].

Ces politesses sont douces à entendre, Marie esquisse un sourire, entame la discussion. Elle se déclare préoccupée. C'est en Amérique que se trouvent ces grammes de radium dont elle aurait tant besoin pour poursuivre ses travaux. Et la voilà qui décrit, ville après ville, les lieux où se trouve le précieux produit. Et, n'hésite-t-elle pas à ajouter, son prix est si cher, au-dessus des moyens de son institut. On est loin des fameux laboratoires de l'Américain Edison, devenu richissime grâce aux brevets qu'il a déposés. Un scientifique qui fascine le public américain. Ici, tout semble petit, austère. Et étriqué.

Missy pose alors deux questions qui vont changer leurs vies à toutes deux. De quelle quantité de radium la savante dispose-t-elle ? Un seul gramme, répond Marie, et encore, elle ne le possède pas, ce petit gramme appartient au laboratoire, et non pas à elle. Pas question de déposer des brevets qui auraient certes permis, Ève le soulignera plus tard, à Marie de construire un magnifique laboratoire. Avec prudence, Missy insiste alors. De quoi la savante aurait-elle vraiment besoin ? Un gramme de radium, bien sûr. Mais celui-ci est d'une valeur folle, cent mille dollars ! Très bien, lui répond la journaliste, je vais vous trouver cet argent. À une condition. Il faudra venir le chercher aux États-Unis.

Sur le paquebot du retour, installée dans sa cabine de première classe, Missy Meloney établit une liste des femmes les plus fortunées de son pays qu'elle va solliciter à hauteur de dix mille dollars chacune. Elle ne perd pas de temps. À peine débarquée à New York, elle les rencontre, insiste, leur décrit le projet formidable de celle qui sauve des vies en France. Mais ces dames hésitent. Il s'agit, pour chacune d'entre elles, d'une somme considérable. Échec donc. Missy pense alors à son magazine, que lisent de nombreuses femmes à travers les États-Unis. Pourquoi ne pas lancer une souscription nationale, avec une participation chacune à 1 ou 2 dollars ? Il suffit de rédiger un article qui insistera sur le dévouement, le désintéressement de Marie. Les Américaines pourraient être sensibles au refus de la savante de déposer des brevets pour ses découvertes, en particulier celles liées au cancer. Un modèle éloigné des réflexes financiers chers au peuple américain. Une sainte laïque, en quelque sorte. Missy crée donc un comité composé de personnalités, femmes journalistes et médecins. Lance une campagne nationale dite du *Marie Curie Radium Fund*. Et là, peu à peu, depuis les petites villes des États-Unis, les fonds arrivent. Un an plus tard, l'argent est là.

À Paris, à l'Institut du radium, apprenant la nouvelle, Marie est bouleversée. La générosité de ces femmes si loin de la France, à des milliers de kilomètres, dans l'Ouest, sur la côte Pacifique, dans le Middle West, et qui ne la connaissent pas, la touche. Songe-t-elle alors à ces modestes salaires qu'elle gagnait si difficilement, jeune fille, en travaillant dur auprès de riches Polonais vaniteux et égoïstes pour envoyer ce maigre butin à Bronia et poursuivre ses études à Paris ? À présent, c'est pour elle que des femmes d'un autre pays se cotisent. Ou plutôt pour des recherches qui sont et seront la propriété de tous.

Mais à la générosité, succède la requête. Il faudra venir chercher le gramme de radium aux USA et le recevoir des mains du président des États-Unis. Dans l'appartement du quai de Béthune, tandis que les péniches passent le long des fenêtres de son immeuble, Marie hésite. Elle déteste la foule, et elle ne s'est pas encore remise, neuf ans plus tard, des articles de presse injurieux. La presse américaine n'est-elle pas une presse à scandale ? Elle ne se sent pas la force de supporter de nouveau des calomnies. Mais elle a tant besoin de ce radium... À dîner, elle se rend compte combien, dans ce lieu dépourvu de meubles mais rempli de livres et du piano d'Ève, d'articles et d'ouvrages scientifiques posés à même le sol, la présence de ses filles lui est douce. La rassure. Elle met donc une condition, qu'Ève et Irène soient du voyage. Missy lui promet d'effectuer des démarches auprès de ses collègues patrons de journaux pour qu'ils s'engagent à ne pas faire allusion à ce douloureux scandale qui a failli la briser.

L'éminente personnalité des médias américains réussit à calmer les journalistes et même à ce que certains d'entre eux contribuent au fonds pour le radium ! Un exploit. Elle entreprend une campagne de promotion auprès des éditeurs américains pour que ceux-ci publient les Mémoires de Marie Curie. Du côté français, la nouvelle de ce voyage outre-Atlantique suscite la stupéfaction. Et surtout, survient la crainte que la France, qui avait refusé de l'accepter comme membre de l'Académie des sciences, apparaisse moins reconnaissante que l'Amérique. Alors, on s'agite au plus haut sommet de l'État et dans le Tout-Paris. On découvre qu'en dépit de deux prix Nobel et d'un engagement courageux sur les champs de bataille, la savante n'est pas chevalier de la Légion d'honneur. Une ingratitude qu'il faut aussitôt réparer. La médaille la plus prestigieuse de France lui est proposée mais, pour la seconde fois, Marie la refuse. Elle et son mari l'avaient en effet, à la suite du premier prix Nobel, refusée : « Je n'en vois pas la nécessité », avait déclaré Pierre Curie. En revanche, elle aurait été prête à l'accepter en 1918, si elle avait reçu la distinction à titre militaire pour son action pendant la Grande Guerre, expliquera plus tard sa fille Ève. Mais, en 1918 et encore aujourd'hui, ce n'était pas possible, car il faut, pour ce motif, avoir été blessé ou tué au combat, ce qui n'avait pas été son cas. Les autorités françaises en sont déçues.

Pourquoi, dans ces conditions, ne pas organiser une fête en son honneur dans un lieu prestigieux, à l'Opéra ? L'idée est retenue d'autant que Sacha Guitry, dont le public se délecte des pièces à l'humour cinglant et au français ciselé, organise la réception, à l'initiative du journal *Je sais tout*. Les dons de la soirée seront, bien sûr, versés au profit de l'Institut du radium. Une grande actrice est présente : Sarah Bernhardt. À plus de soixante-dix ans, en dépit d'une jambe coupée en 1915 pour la sauver d'une gangrène due à une tuberculose osseuse, elle ne se plaint jamais et sa voix résonne encore sous les applaudissements. Comment pourrait-elle ne pas avoir été sensible à l'action de la savante pendant la Grande Guerre, elle qui reçut la Légion d'honneur pour avoir d'une part « répandu la langue française dans le monde entier », mais aussi rendu des services comme infirmière pendant la guerre franco-prussienne de 1870-1871 ? Marie en est enchantée et le public laisse éclater son enthousiasme. Ce sera l'une des dernières apparitions de Sarah Bernhardt. Deux ans plus tard, elle s'éteint brutalement, victime d'une insuffisance rénale aiguë. Elle aura droit à des obsèques grandioses, hommage exceptionnel à une femme en France.

Avec Sarah Bernhardt donc, et aussi Lucien Guitry, père de Sacha, c'est une soirée mondaine, où hommes et femmes exhibent leurs plus belles tenues de soirée et leurs bijoux les plus brillants... face à Marie, en simple robe noire. En dépit d'efforts répétés, Ève n'a pas réussi à lui faire acheter une tenue plus adéquate. C'est un tourbillon d'acteurs, d'actrices, de musiciens et musiciennes, de politiciens, d'amis savants. Tous la célèbrent, la couvrent de compliments, tandis que Marie s'inquiète du long et harassant voyage qui l'attend à travers un continent et des mondanités semblables qu'il lui faudra affronter pour obtenir ce fameux gramme de radium. Elle a raison de s'alarmer. Si elle avait su ce qui l'attendait, aurait-elle osé entreprendre le voyage ?

L'heure de l'embarquement pour le Nouveau Monde arrive enfin. Lentement, Missy Meloney, aidée d'un chef de cabine, entrouvre la suite réservée à Marie dans le paquebot l'*Olympic*. Depuis dix ans, ce navire est l'un des fleurons de la marine britannique et de la White Star

Line. Il n'est guère plus concurrencé, le *Titanic* ayant coulé un an après le lancement de l'*Olympic*, en 1912. Les célébrités aiment s'y retrouver pour leurs voyages vers l'Amérique, comme le prince de Galles et les acteurs de ce nouvel art, le cinéma. Marie est installée dans la suite de première classe la plus prestigieuse, un luxe qui la met mal à l'aise. À quoi sert donc ce repose-cigare dans la salle de bains ? Et cette salle de gymnastique qui certes lui plaît, mais dans laquelle elle ne s'imagine pas en tenue de sport ! Ses filles, qui disposent de deux superbes chambres sur le pont supérieur, sont ravies. Sortent vite leurs vêtements, dont certains élégants, empilés dans l'unique malle des femmes Curie. Marie les observe. Que de tenues inutiles et luxueuses ! Ève, elle, s'empare avec envie de ses nouvelles robes de cocktail et du soir, émue. Elle a inauguré l'une d'entre elles lors de la soirée à l'Opéra de Paris. Des hommes tournoyaient autour d'elle comme un essaim de frelons, très courtois envers la jeune demoiselle. Elle en garde un souvenir inoubliable. Aura-t-elle l'occasion de porter ces quelques robes et tailleurs de rêve ? Elle commence à comprendre que sa démarche légère, ses yeux magnifiques, son sourire, son intelligence, sa culture et son humour suscitent l'intérêt des hommes.

Au loin, sur le pont de promenade des premières classes, Marie effectue quelques pas. Il faut bien prendre l'air, s'habituer au roulis. Irène ne la quitte pas. Elles peuvent converser sur leurs sujets favoris, ces sciences dont Ève est exclue. Marie peu à peu se renfrogne. Trop de luxe tapageur, le contraire de son esprit et de sa vie, elle se sent un peu perdue avant même d'avoir accosté dans le Nouveau Monde. Elle écrit à son amie, l'épouse de Jean Perrin, depuis le paquebot : « Chère

Henriette, j'ai trouvé à bord votre gentille lettre. Elle m'a fait du bien, car ce n'est pas sans appréhension que je quittais la France pour cette lointaine équipée, si peu conforme à mes goûts et à mes habitudes. Je n'ai pas aimé la traversée ; la mer a été morose, sombre et bruyante. Sans être malade, j'étais étourdie, et je suis restée dans mon appartement la plus grande partie du temps. Mes filles semblent bien contentes[8]. » Comment en aurait-il été autrement ? Elles déambulent sur le pont, passent à la salle de sport, découvrent les danses, la cabine de cinéma, escortées par Missy Meloney. Comme elles sont heureuses de l'interroger sur ses aventures de journaliste, ses combats pour aider les femmes américaines à obtenir de nouveaux droits !

Irène et Ève découvrent que ce métier de journaliste, cause de tant de douleur et d'humiliation, peut devenir un recours et apporter du réconfort. Par la plume, une femme peut correspondre avec le monde, encourager des initiatives. Et si ce métier pouvait permettre aux femmes d'affirmer leurs droits ? Ève demeure songeuse, Irène aussi est touchée. Voici donc une femme, à l'instar de la suffragette britannique Hertha Ayrton, qui leur montre comment surmonter des obstacles et se construire une vie passionnante. Quelques jours plus tard, après la brume, le froid et le vent, le ciel se lève sur les gratte-ciel. Impériale et grave, la statue de la Liberté lève son bras en guise de bienvenue. Ève et Irène ont déjà tant appris. Elles ne savent pas encore qu'elles ressortiront de ce périple transformées.

Pour l'heure, c'est l'effervescence. À l'aide de ses jumelles, le commandant découvre la foule en train de se masser sur les quais, beaucoup d'Américains, dont des jeunes d'origine polonaise, des hommes et des femmes, des enfants, des officiels, tous viennent saluer la femme qui sauve les vies. Vite, il faut éviter trop de tumulte, installer Marie sur un fauteuil, lui enlever son affreux petit chapeau. Les journalistes grimpent sur le pont en courant, lui demandent de tourner la tête, à droite, à gauche, elle n'est pas encore descendue à quai qu'elle n'en peut plus. À ses côtés, Ève, l'élégante de la famille, en bas de soie et chaussures à talons, attire les regards. La cadette observe sa mère, un peu inquiète, mais ne peut s'empêcher d'esquisser un sourire. Si Irène a vécu la remise du prix Nobel en 1911 à Stockholm, Ève découvre que Marie, la savante si discrète, est en réalité célèbre en dehors de France et même adulée. Quel choc !

Mais bientôt il faut descendre, se plonger parmi la foule en délire, saluer les jeunes filles d'origine polonaise venues avec des roses rouges et blanches dans les bras, couleur du drapeau polonais qui flotte parmi la foule. Marie prononce un court discours, rappelant que le radium a déjà soigné des personnes atteintes de différentes sortes de cancer. Puis, dégagées par la police, les trois Curie s'engouffrent dans des voitures qui les conduisent à toute allure dans le Village, à Manhattan, dans l'hôtel particulier de Missy Meloney, sur la 14e rue. Elles peuvent se reposer, entourées de multiples bouquets de fleurs. Mais pas le temps de visiter les musées ni de découvrir Central Park et l'Empire State Building, il faut courir, courir encore. Et leur hôtesse, si attentive, s'inquiète. Marie n'a pas apporté de robe et de cape dignes de ce nom pour recevoir les doctorats *honoris causa* dans les universités américaines. En quelques minutes, elle fait accourir un tailleur qui confectionne les vêtements nécessaires en urgence, mais Marie se plaint. C'est inconfortable, ce n'est pas mettable, elle n'y arrivera pas. Les trois femmes tentent de l'amadouer. Ève l'élégante le sait, sa mère peut être têtue.

Elle aura enfin une tenue, certes qui l'indispose et l'agace, mais il est l'heure de décider des priorités dans les invitations. Elles sont si nombreuses que les trois femmes en ont le tournis. En stratège, Missy Meloney a préparé, négocié les étapes du voyage dans ses moindres détails. Elle emmène Marie, Irène et Ève à travers la côte Est des États-Unis, dans les universités américaines les plus prestigieuses réservées aux jeunes filles. Des étudiantes ! Comme celles de l'École normale supérieure de jeunes filles de Sèvres, où elle a longtemps enseigné et à qui l'on doit en France les premières formations de jeunes femmes scientifiques. Quelle joie de découvrir ces universités féminines qui, quelques années plus tard, se regrouperont en « *Seven Sisters* » pour promouvoir sur toute la côte Est la meilleure éducation aux femmes. Comment oublier qu'en 1921, les universités de Princeton, Harvard, Yale et tant d'autres sont exclusivement masculines, et qu'il faudra attendre 1970, soit près de cinquante plus tard, pour qu'elles consentent, après des protestations et une ferme résistance, à s'ouvrir aux filles.

Marie est émue de découvrir ces jeunes femmes passionnées par la culture, l'art, la philosophie et les sciences. Ève s'en réjouit : « Bonne, très bonne idée d'avoir apprivoisé Marie Curie en la mêlant tout d'abord à une jeunesse enthousiaste, aux étudiantes, ses pareilles[9] ! » New York ne veut pas être en reste. Des hommages abondent de femmes universitaires, au Carnegie Hall, au Waldorf Astoria, de sociétés scientifiques et industrielles, des foules enthousiastes, en présence d'officiels impassibles, dont les ambassadeurs de France et de Pologne. Certains hurlent, une femme excitée la blesse en lui écrasant la main, sous les regards horrifiés de son aînée et de sa cadette. Leur mère souffre et devra finir ce long périple avec un poignet foulé et douloureux. Déjà, Marie est épuisée. Sera-t-elle capable de continuer le voyage ? Il le faut pourtant, l'Amérique entière la réclame. Et les journalistes qui postent des titres extraordinaires en première page des quotidiens sont inquiets. La savante de cinquante-trois ans apparaît les yeux tirés, le regard presque fané. Quel contraste avec l'image qu'en avait fait le magazine de Missy Meloney avant sa venue !

Mais, d'abord, le but est de récupérer le radium. La fatigue et la douleur au poignet sont mises de côté. Et Washington n'est qu'à quelques heures de New York. À ses côtés, outre Missy Meloney, on distingue dans l'assistance l'ambassadeur de France, Jules Jusserand, l'un des plus brillants diplomates de sa génération, historien également dont l'un des ouvrages d'histoire obtiendra le prix Pulitzer[10]. Le 20 mai, introduite par le vice-président des États-Unis, en présence de plusieurs centaines de personnalités, Marie s'avance doucement vers le président Harding. Celui-ci salue en elle « la fille adoptive de la France, son plus éminent soutien parmi les grandes nations » et « une fille native de Pologne ». Il pose un ruban sur ses frêles épaules. Lui offre une clef censée ouvrir la boîte de cinquante kilos, dans laquelle se trouve le précieux radium. Illusion et mise en scène pour les médias. En réalité, ce gramme est bien caché, en sécurité, tant le produit est dangereux. Ils marchent ensemble devant les invités, Marie accrochée à son bras, qui sourit enfin. La gentillesse des Américains, leur spontanéité, leur accueil chaleureux, la récompensent de ses efforts. Ses recherches pourront continuer pour elle et pour le bien de l'humanité. Depuis la pièce Bleue de la Maison-Blanche, Marie déclare : « Si nous laissions les choses en l'état, le radium deviendrait, après ma mort, patrimoine de personnes privées – de mes filles –, le radium que m'offre l'Amérique doit appartenir à la Science pour toujours[11]. » Le radium lui sera secrètement livré lors de son retour sur le paquebot qui les ramènera en France. Pour l'heure, elle continue son périple. Sur la route entre Washington et New York, elle se rend à Philadelphie, où elle se voit offrir cinquante milligrammes de mésothorium, utile pour ses recherches, et reçoit la médaille John-Scott.

Mais c'est Pittsburgh, la ville industrielle, qui l'intéresse. Toute de noir vêtue, elle s'accroche au bras d'un responsable de l'usine de raffinement du radium (Radium Refining Plant) où la Prix Nobel tient à voir par elle-même les outils utilisés pour préparer le fameux métal pour le marché américain. Elle a le visage crispé, le regard intense. N'est-ce pas une autre facette de son travail avec Pierre, qui n'aura jamais eu l'occasion de vivre cette aventure, qu'elle découvre ? Et surtout, comme les opportunités semblent immenses par rapport à celles concédées en France ! Quelle aisance matérielle à côté des maigres budgets de son institut ! La taille de l'usine, impressionnante, la fait frémir. Dans cette usine de la Standard Chemical Company de Canonsburg et de Pittsburgh qu'elle visite, sont produits 76 des 120 grammes de radium du monde, dont, bien sûr, le gramme offert à Marie par les Women of America. C'est en effet cette compagnie qui a obtenu le contrat pour produire « son » gramme. L'université a fait poser, en

1969, une plaque en mémoire de cette visite, inaugurée par l'archevêque de Cracovie qui devait devenir, quelque temps plus tard, le pape Jean-Paul II.

Marie peut se sentir soulagée. Son voyage est une réussite et Missy Meloney a réussi à collecter de la part des Américaines plus de 100 000 dollars. Il lui en restera donc quelques-uns pour moderniser son institut. Et après avoir pu observer les labos des États-Unis, elle rentrera avec des idées nouvelles pour le sien à Paris.

À présent, il importe de se détendre quelques jours à New York, avant d'entamer la grande aventure vers l'Ouest. San Francisco et Los Angeles l'attendent avec impatience. Les femmes qui ont participé à la donation veulent, elles aussi, avoir la chance de la célébrer. Et San Francisco se reconstruit alors pour retrouver sa place de centre économique vers le Pacifique, après le tremblement de terre dévastateur de 1906, le même jour où, à Paris, Pierre Curie était renversé par une voiture et tué.

Mais soudain, sous l'effet de la fatigue, Marie s'effondre. Elle doit être alitée à New York où les journalistes sont consternés. Ses reins, atteints par les rayons, la font de nouveau souffrir. À cela s'ajoute une crise d'hypertension. Il lui faut du repos. Elle n'a pas le choix. Et Missy Meloney, elle aussi, se sent épuisée. Les deux femmes ont surestimé leur énergie. Avec tristesse, mais comme une évidence, le périple vers la côte Pacifique est annulé. Quelle déception pour la Californie ! Et qui sait si Marie n'aurait pu rencontrer à Hollywood un créateur qui, dans ses œuvres, mettait en scène enfants et pauvreté, le célèbre Charlie Chaplin dont le film, *The Kid*, était sorti trois mois auparavant et remportait un grand succès.

Non, il importe d'éviter tout déplacement, et puisque les filles l'accompagnent, à elles de travailler et de représenter leur mère. Irène n'est pas intimidée. Dès l'âge de dix-sept ans, elle affrontait les épreuves les plus rudes de la Grande Guerre. Elle prononcera donc les discours scientifiques à la place de sa mère. À vingt-trois ans, cet exercice lui semble naturel.

Ève n'a pas encore eu l'occasion de jouer un tel rôle, mais depuis leur arrivée sur le Nouveau Continent, elle s'amuse, rit, découvre l'énergie de ce pays et de ses habitants qui la subjuguent. Comme l'appartement du quai de Béthune et les quais de la Seine lui semblent loin ! Partout autour d'elle éclatent les couleurs des villes, des campagnes, des robes des jeunes filles et des femmes, dans une gaieté inconnue de la France. Tout respire l'enthousiasme, une chaleur humaine qui n'a pas peur de s'exprimer, comme une fête permanente ponctuée de quelques discours mais de tant de récompenses et de reconnaissance qu'on les oublie vite. Ève ne le cachera pas à son entourage, des hommes, jeunes, commencent à la saluer, l'accompagnent pour des promenades en canot ou à pied avec sa sœur… La vie est belle, et chaque visite devient une découverte dont elle s'enivre.

Ève est tombée amoureuse de l'Amérique et n'imagine pas vers où cet amour l'entraînera. À seize ans, elle a tout le temps de vivre, de profiter de sa jeunesse et d'apprendre. De prendre la parole, en anglais bien sûr, langue qu'elle aime et qu'elle a pratiquée lors d'un été passé chez la physicienne et suffragette britannique. Elle observe sa sœur, souriante mais un peu figée. Elle agira autrement sur scène, elle le sent. Elle n'aura jamais de prétention scientifique mais elle utilisera son charme, son élégance, qui enchante l'assistance. Avec Irène, elle enchaîne discours, mots de remerciements, se prend au jeu, sourit et discute dans un anglais impeccable, prononcé avec une légère nuance d'accent français. Conquiert son public. Tandis que les jours passent et que Marie se remet peu à peu de cet épuisement, Irène et Ève ont, chacune à leur manière, avancé vers l'affirmation de leur vocation.

Il faut bien reprendre le voyage. Ce ne sera pas l'océan Pacifique, trop loin, mais les filles Curie rêvent de découvrir le fameux Grand Canyon du Colorado avec Missy Meloney. Pour ce périple, elles voyagent trois jours en train sur le *Santa Fe Trail,* qui servira plus tard de décor dans des westerns. Les journalistes annoncent à l'avance leur arrivée dans les villes, suscitant des débordements. À Santa Fe, si fière de recevoir « Madame Curie », les curieux se bousculent sur le quai de la gare pour les acclamer. Plus question pour Marie de supporter une telle tension, un tel risque pour sa santé. Désormais les trains s'arrêteront avant les gares, pour qu'elle, Irène et Ève arrivent, tranquilles, en voiture à chaque étape. Marie se sent de nouveau fatiguée. Les filles, elles, sont subjuguées. Cette longue promenade en train se déroule comme dans un rêve pour Irène et Ève. Elles descendent le Grand Canyon par la traditionnelle promenade à dos de mulet, certes inoffensive, mais où, depuis des vues imprenables, le mulet à chaque virage penche un peu la tête vers le gouffre… Les filles rient et ne semblent pas sujettes au vertige. Du moins ne le racontent-elles pas. Éblouies et heureuses face à cette puissance de la nature, à laquelle les femmes Curie étaient déjà si sensibles lors de leurs séjours à l'Arcouest en Bretagne ou dans le petit jardin devant l'Institut du radium. Marie y a d'ailleurs planté des roses. Mais là, tout est immense.

C'est un moment de bonheur dont elles se souviendront leur vie durant.

Il est temps d'entamer le voyage du retour. Elles le font à bord d'un train confortable et traversent d'autres paysages dans le nord du pays, à proximité de la frontière canadienne. Chicago les attend. Et quel accueil ! Des membres de la communauté polonaise de la ville sont là, une foule où des milliers de jeunes filles et garçons, habillés aux couleurs de leur pays lointain, des hommes et des femmes de tout âge lui font un triomphe. Comment ne pas vibrer face à l'âme de son pays de naissance et de cœur ! Plus d'un million de Polonais ont émigré en un siècle vers les États-Unis, la majorité d'entre eux s'étant installés dans cette ville qui est alors, en 1921, la deuxième cité la plus peuplée des États-Unis.

Certains Polonais et Polonaises tentent de l'approcher, de la toucher, de lui baiser les mains. C'en est trop pour elle, mais elle demeure assise, souriante, tandis qu'un défilé de ses compatriotes passe devant elle et que les hymnes nationaux, américains, polonais, français sont chantés. Marie s'épuise de nouveau, mais Chicago a touché son cœur. Elle rend aussi visite à sa nièce Helena, la fille de Bronia, unique enfant de sa sœur, hélas en conflit permanent avec sa mère et souffrant de problèmes psychiatriques. Loin de ses parents, toute la famille a espoir que la jeune femme va s'émanciper, se calmer et trouver un équilibre personnel. Elle est, rappelle Natacha Henry dans sa biographie sur Marie Curie et Bronia Dluska, engagée dans l'un des nombreux journaux polonais de Chicago, celui au titre prémonitoire, *Le Quotidien du Peuple*, qui soutient la classe ouvrière[12]. La jeune fille reprend peu à peu confiance, participe aux actions du parti socialiste polonais de Chicago, mais son état est-il vraiment stable ? Marie en doute, l'embrasse, tout comme Irène et Ève, mais dans le tourbillon de la folie de ses compatriotes, cette rencontre sera trop courte.

Il est temps de se reposer. Ce n'est pas encore l'heure de retrouver New York. Si elle a pu intervenir devant plusieurs universités américaines féminines, à présent il reste à rendre visite à celles qui pratiquent, depuis un ou deux siècles, la discrimination et n'acceptent en leur sein que les hommes. En tête, la plus prestigieuse de toutes, Harvard bien sûr. Ses collègues scientifiques sont partagés sur la qualité des découvertes de Marie depuis le décès en 1906 de son mari. Ils mettent en doute le talent et l'originalité de ses découvertes. Ils gomment le fait qu'en 1911, cinq ans après la disparition de Pierre, elle a reçu seule un second prix Nobel, cette fois de chimie, pour ses récents travaux. L'histoire a montré, à travers les siècles, et en particulier dans le monde scientifique et intellectuel, la difficulté pour les hommes de concevoir que des femmes puissent les égaler. Une majorité de scientifiques ont même voté contre l'idée de lui décerner un diplôme honorifique ! Le président de Harvard, Lawrence Lowell, a toutefois la courtoisie de la comparer à Newton, un homme dont les découvertes, elles, n'avaient pas été sujettes à discussion. Après Chicago et les foules enthousiastes, quel choc ! Cette froideur à Harvard, Marie la connaît trop bien. Songe-t-elle à son entrée refusée en 1911 à l'Académie des sciences ? Cette Amérique-là ne ressemble en rien au chaleureux Middle West. Et dans la biographie qu'Ève écrira plus tard sur sa mère, il n'y aura pas un seul mot sur ce moment de leur périple, comme s'il valait mieux l'effacer de la mémoire collective. Mais Ève et Irène ne l'oublieront pas. Surtout lorsqu'elles deux, en particulier Irène, devront, encore et encore, faire face, des années durant, aux scientifiques français. Quelle différence avec les collèges féminins qui l'ont accueillie avec enthousiasme. Aux États-Unis aussi, il y a encore tant de travail à effectuer pour que les femmes scientifiques soient reconnues à leur juste valeur. Irène et Ève ont pu le constater et s'en souviendront. Ce voyage en Amérique est de cette façon tracé en alternance d'ombres et de lumières, de chaleur et de glace. Ainsi en ira-t-il de leurs vies.

Le moment est venu de rejoindre la cabine de l'*Olympic*, où le commandant de bord l'accueille comme la passagère célèbre qu'elle est, l'escorte jusqu'à la cabine, où Marie a hâte de se reposer. Lorsque la porte s'ouvre, elle ne peut s'empêcher de soupirer. Sa chambre est encombrée de fleurs, de télégrammes. Où est l'espace vital dont elle a tant besoin ? Irène et Ève dégagent vite cet encombrement. Leur mère est désormais tranquille. On vérifie quand même. Le gramme de radium est bien dans les bagages !

Marie peut enfin se retourner sur l'aventure qu'elle vient de vivre. Un continent de personnes, hommes, femmes, de toutes classes sociales confondues, vient de lui rendre hommage. Elle a mesuré l'intensité de cette chaleur humaine, à l'exception de quelques scientifiques jaloux. L'Amérique, sa vivacité, son énergie, représente un bonheur dont elle se souviendra. Elle repense à ces associations de femmes qui l'ont aidée. Mais aussi à ces sévriennes, en France, qui entendent réaliser la carrière de leur choix, à ces suffragettes qui organisent des manifestations et inquiètent les gouvernements, ces femmes souhaitant être traitées comme des égales, et ce sans succès malgré les éclatantes réussites de nombreuses femmes. Irène et Ève ont remarqué la force de ces groupes et leur rôle politique. Elles n'en sont pas encore conscientes mais ces actions inspireront plus tard leur chemin.

Tandis que le paquebot dépasse la statue de la Liberté, Marie pense à sa famille en Pologne, à qui elle brûle de raconter son voyage, en particulier à sa chère sœur aînée Bronia. Elle n'oublie pas l'amie restée sur le quai de New York. Missy Meloney, avec son sourire, son intelligence, son talent, son dévouement et sa délicatesse, jour et nuit, n'est plus à ses côtés. Mais elle lui doit le succès de ce périple. Marie ressent pour elle une tendresse immense, outre le respect et la reconnaissance. Grâce à elle, ses recherches pour soigner, sauver des vies humaines, seront possibles. Missy Meloney est devenue plus qu'une amie, un membre de la famille de cœur. De retour en France, la Prix Nobel n'oubliera pas de solliciter pour elle la Légion d'honneur. Et l'obtiendra.

Quel changement à l'arrivée au Havre et à la gare Saint-Lazare ! Personne pour les accueillir. Pendant qu'elles regagnent le Vieux Continent, un autre Français est arrivé aux États-Unis pour un match de boxe historique. Georges Carpentier qui, un an auparavant, a réussi à conquérir le titre de champion du monde à Jersey City, est admiré pour son style « éblouissant ». Il va se battre de nouveau aux États-Unis et la France ne pense plus qu'à cet homme jeune et brillant, dont l'élégance fascine les Américains. Les journalistes délaissent le périple américain des Curie, son succès, pour suivre, à perdre haleine, ce fabuleux champion. À la gare, pas un taxi. La ville semble calme. Comment retourner à l'île Saint-Louis, avec le radium enfermé dans une caisse si lourde ? Comment le protéger ? Les chauffeurs sont tous sortis de leurs voitures, à l'arrêt près des haut-parleurs installés dans les rues pour entendre en direct le fameux match, où après quelques coups le boxeur américain Jack Dempsey écrase Georges Carpentier. Heureusement, un jeune chercheur est venu les accueillir à la gare et portera le coffre à l'institut. Hélas, pas de chance ! Les grilles sont fermées et impossible de trouver le concierge. Voici le précieux radium, pour lequel Marie a traversé l'océan Atlantique, sillonné l'Amérique, et qu'elle a dû rapporter avec prudence, en grand danger ! Un cauchemar. Des heures durant, le jeune scientifique attend, assis par terre, à même la rue, face aux grilles[13]. La nuit tombe. Tard, après une soirée dehors, le concierge rentre tranquillement à sa loge, et peut enfin ouvrir les lieux. Le radium est sauvé !

L'été est arrivé. Il est temps de se rendre à l'Arcouest, de se reposer, se ressourcer dans la maison, cette véritable Sorbonne-sur-Mer, respirer l'air de Bretagne, retrouver les amis en lesquels elle a confiance. De nouveau, mère et filles sont ensemble. Marie retrouve le bonheur de nager, jardiner, se reposer, marcher. Mais elle éprouve toujours une fatigue lancinante, s'inquiète de ses yeux fragiles et de perdre la vue. Son rendez-vous avec un ophtalmologue à New York ne l'a pas rassurée, mais bien plutôt découragée. Elle n'a que cinquante-cinq ans, et tant besoin de ses yeux pour poursuivre ses recherches.

Pourtant, comme si ses problèmes de santé ne suffisaient pas à rendre plus délicate sa tâche, elle accepte, un an plus tard, une nouvelle mission, non scientifique, mais intellectuelle. Le traumatisme de la Grande Guerre et l'espoir d'éviter un nouveau conflit motivent les peuples et les nations. C'est l'objectif de la fameuse Société des Nations. Introduite en 1919 à l'initiative du président des États-Unis Woodrow Wilson afin de préserver la paix en Europe après la Première Guerre mondiale et confirmée par le traité de Versailles, cette organisation internationale est installée à Genève. Marie en est nommée membre du Comité international pour la coopération intellectuelle, officiellement créé en 1922. De nombreuses réunions vont se succéder à compter d'août 1922, d'abord sous la présidence du philosophe français Henri Bergson. Dix-neuf personnalités composent le comité de direction, dix-huit hommes, une femme. Elle y retrouve ses amis chers, dont Paul Langevin et Albert Einstein. Les discussions se tiennent aussi bien en Belgique qu'en Suisse, durent des heures, des journées interminables qui prennent du temps sur les travaux de laboratoire et la poursuite des recherches. Mais Marie prend ce travail à cœur. Chercher une solution de coopération scientifique qui n'humilierait plus l'Allemagne vaincue en 1918 n'est pas une mince affaire. Action inutile, trop fastidieuse ? Elle se pose parfois la question. Einstein, lui, abandonnera bientôt ce comité. Marie ne vivra pas assez longtemps pour apprendre qu'après la Seconde Guerre mondiale, la délégation française aux premiers travaux des Nations unies en 1945, à l'initiative du général de Gaulle et grâce au talent de négociateur de Léon Blum, obtiendra que l'Organisation des Nations unies pour l'éducation, la science et la culture, soit installée sur le sol français, à Paris, face à la tour Eiffel, sous le sigle de l'Unesco.

L'Unesco sera l'héritière de ce comité auquel Marie consacre tant de forces. Elle ne perdra pas son temps. Aurait-elle pu imaginer que, vingt-cinq ans plus tard, en 1947, lors de l'inauguration de la Commission nationale française pour l'Unesco, son gendre Frédéric Joliot-Curie, Prix Nobel de chimie, et François Mauriac, futur Prix Nobel de littérature, prononceraient les discours sur une organisation des Nations unies qui lui doit tant ? Bien sûr, ce sont deux hommes reconnus pour leurs talents qui sont invités à prononcer les discours d'ouverture. N'aurait-on pas pu tout de même inviter en premier lieu la fille de Marie Curie, Prix Nobel également, à dire quelques mots en souvenir des travaux de sa mère à la Société des Nations entre les deux guerres ? Mais en 1947, le monde de l'Unesco se conjugue au masculin, il suffit de contempler les photos en noir et blanc de l'époque. Depuis les années 2000, pour la première fois dans son histoire, ce sont deux femmes qui successivement dirigent cette organisation, d'abord la Bulgare Irina Bokova puis aujourd'hui la Française Audrey Azoulay. L'une et l'autre ont défendu et défendent avec force la promotion des femmes dans les sciences, la culture, l'éducation, et la liberté de la presse. Des initiatives qui auraient tant résonné avec la soif de justice de Marie, Irène et Ève.

*

L'Amérique ne lui fait pas oublier la Pologne, sa Pologne, celle de Bronia et des autres membres de sa famille. Et surtout, sa volonté de revoir son pays libéré. Le voyage sera somme toute moins long que la traversée en paquebot de l'Atlantique et de l'Amérique en train. Et moins épuisant. Pour ce retour sur la terre de son enfance enfin libérée du joug russe, elle est pleine d'espoir, d'émotion tandis qu'elle redécouvre des lieux, paysages, visages familiers. Quel bonheur d'embrasser Bronia et son mari Casimir Dluski. Mais eux sont inquiets, leur fille unique, installée à Chicago, les préoccupe toujours. Et Marie n'a pas pu, en s'entretenant avec elle rapidement lors de son périple américain, discerner si la jeune fille avait enfin trouvé une paix intérieure. Marie songe alors avec tristesse que le couple a dû se résigner à se séparer du sanatorium de Koscielisko qu'ils ont mis vingt ans à construire et faire rayonner, sauvant des tuberculeux : leur œuvre. Ils ont fait ce sacrifice douloureux pour se rapprocher de Varsovie et ainsi soigner Helena, toujours elle[14]. Bronia et Casimir ont acheté une propriété verdoyante tout près de la capitale et reconstruisent un sanatorium à une échelle plus modeste. Ils continueront à soigner, sauver des vies, mais la tristesse demeure, Marie le sent.

Pour l'heure, cette dernière retrouve un peu de sérénité durant ce voyage à travers la Pologne, à se reposer quelques jours auprès de Bronia et Casimir. Ce mois d'octobre, les arbres de la forêt qu'elle voit depuis sa chambre prennent des couleurs éclatantes, fauves. C'est là qu'une évidence s'impose à elle. Elle aimerait créer, comme à Paris, un Institut du radium à Varsovie, que Bronia pourrait diriger. Oui, travailler en famille est un bonheur découvert et partagé avec Pierre qui lui manque. Une famille unie qui mettrait son amour dans une action commune, un projet qui la dépasse. N'a-t-elle pas connu déjà ce réconfort depuis la disparition de Pierre lorsqu'Irène l'accompagnait dans les « petites Curie » pendant la Grande Guerre, sur les champs de bataille ? Elle sait qu'Irène poursuit la même voie, mais si Bronia pouvait à son tour la rejoindre dans l'aventure du radium, ce serait un réconfort supplémentaire dans sa vie de chercheuse, de scientifique et aussi de veuve.

Pourtant Marie doit reprendre son périple à travers la Pologne, quitter Bronia et Casimir. Ne plus les revoir pour un moment. Du moins le croit-elle. On accourt pour lui parler. Elle doit, d'urgence, appeler sa sœur aînée. Helena, la fille unique de Bronia et de Casimir, a mis fin à ses jours à Chicago. Problèmes psychiatriques une fois encore. Marie est bouleversée. Après la mort du petit garçon de sa sœur, celle-ci n'avait plus qu'un seul enfant, cette fille qui luttait contre les ombres de la maladie. À présent, Bronia et Casimir n'ont plus d'enfant. Et la Pologne n'est pas toujours clémente. Le poids du religieux prédomine. Parce que Helena s'est suicidée, elle ne pourra être enterrée auprès des siens ni auprès de son frère à Varsovie. Quelle cruauté. Sa nièce, privée de sépulture... Marie est bouleversée. Ce séjour en Pologne, qui représentait une telle joie, a désormais un goût de cendres.

Marie est inquiète. Comment Bronia et Casimir vont-ils se remettre de la perte de leurs deux enfants ? Le travail ne peut être que le seul remède pour apaiser les plaies. D'abord, explique Natacha Henry, « ils offrent leur domaine de la Mare aux canards au parti socialiste, afin qu'il devienne un foyer d'enfants. Avec deux conditions, que cette œuvre bienfaisante porte le nom d'Helena et qu'elle soit laïque[15] ». Marie, de son côté, sait qu'elle doit avancer dans son projet d'un Institut du radium à Varsovie. Bronia pourrait alors effectuer les démarches, nombreuses, nécessaires pour trouver des financements, un lieu. Une initiative qui prendra du temps, de l'énergie, et qui pourra occuper les pensées de sa sœur aînée. Et tant mieux si celle-ci rentre chez elle le soir épuisée, cela lui permettra peut-être de retrouver un peu le sommeil. Après tout, Bronia est elle-même médecin, à l'affût de toutes les nouveautés médicales, en particulier celles sur le traitement des cancers. Avec quelle passion elle a observé la construction de l'Institut du radium à Paris, après la mort de Pierre, son ouverture en 1914, lors de la déclaration de guerre. Elle sait, elle aussi, que les éléments de radium disponibles se trouvent aux États-Unis. Marie lui a tant raconté ses difficultés pour s'en procurer qu'elle se sent capable de se battre à son tour pour en trouver en Pologne. Oui, cet institut sera le sien, et peut-être permettra-t-il de sauver des vies, s'il ouvre un jour.

De retour à Paris, Marie songe à cette année passée, entrecoupée de joies et de chagrin avec la perte d'Helena, sa nièce, et en même temps cette reconnaissance internationale magnifique aux États-Unis, en présence de ses filles, enfin l'octroi d'un gramme de radium indispensable à la poursuite de ses recherches. Il est temps en ce début d'année de ne plus songer qu'à ses recherches. Pourtant, une surprise l'attend. Si l'Académie des sciences française a refusé de l'admettre en son sein, l'Académie de médecine, elle, est moins misogyne et étriquée. Elle lui offre une place. Marie n'a-t-elle pas contribué à inventer de nouvelles thérapies pour soigner les personnes atteintes de cancers ? Elle a sauvé des vies, et en sauvera encore. Il est temps de rendre hommage à une femme de talent dévouée à la santé des autres, au détriment de la sienne comme le prouvent ses mains et ses yeux. Une place d'honneur. Elle mérite donc amplement de devenir la première femme élue en tant qu'associée libre. Prouesse à double titre. Comme le rappelle Natalie Pigeard-Micault, conservatrice du musée Curie, Marie n'a pas posé sa candidature. Le souvenir du rejet en 1911 de l'Académie des sciences lui a laissé un goût plus qu'amer. Certains, craint-elle, pourraient-ils ressortir des archives le scandale de sa liaison avec Paul Langevin, quelques articles de journaux médisants ? Elle ne supporterait plus une offense supplémentaire, tant son esprit et sa chair en sont encore marqués à vif.

Avec le décès le 31 juillet 1921 du zoologiste Edmond Perrier, un fauteuil à l'Académie de médecine devient vacant. Le professeur Antoine Béclère, médecin et pionnier de la radiologie et radiothérapie médicale en France, lance en novembre de la même année une pétition signée par trente-cinq académiciens. Mais accepter une femme, quelle idée incongrue pour les cinq académies de l'Institut de France en 1922 ! Par chance, l'Académie de médecine n'est pas rattachée à l'Institut. Ses membres peuvent donc décider, de leur plein gré, d'accepter une personnalité de sexe féminin. Mais la pétition n'aura pas le succès escompté. Dans cette assemblée de médecins, la plupart des hommes sont conservateurs, et le président d'alors s'y oppose avec virulence. Pour autant, têtu et courageux, Antoine Béclère ne lâche pas prise. Lors d'une réunion en comité secret, un vote des membres de l'Académie a lieu. Il s'agit de s'assurer que si la candidature de Marie était annoncée officiellement, elle ne vivrait pas une nouvelle humiliation. Les résultats du vote sont plus qu'encourageants. Apprenant ce résultat, car le secret ne tient pas, Paris bruisse de rumeurs. Les autres candidats à la succession au fauteuil d'Edmond Perrier se retirent. Le 17 février, Marie Curie est élue, par soixante-quatre voix, une vingtaine n'ayant pas cru bon de se déplacer. C'est une victoire, une reconnaissance à laquelle elle accordera du poids. Elle décide aussitôt de siéger aux comités de l'Académie, en particulier à ceux qui décernent des prix[16]. Du travail, encore et toujours. Sans relâche.

C'est alors que son vieil ami Albert Einstein se rappelle à elle, grâce à Paul Langevin, élu professeur au Collège de France depuis 1909. Bien que les cicatrices de la Grande Guerre soient loin d'être refermées, Paul Langevin tient à ce que leur ami commun vienne présenter sa fameuse théorie de la relativité. À cette époque, il n'a pas encore été lauréat du prix Nobel de physique. C'est un défi courageux, aussi bien pour Paul Langevin que pour Albert Einstein qui, bien que suisse, est considéré par les journaux français comme un Allemand, qui plus est, juif. Des réactions hostiles sont prévisibles, et Marie s'inquiète pour sa sécurité. À la gare, Einstein est obligé de descendre avant l'arrivée sur le quai, pour éviter non pas comme Marie aux États-Unis une foule en délire, mais au contraire un public hostile. Le Quartier latin est en émoi à l'annonce de sa venue. Rue Saint-Jacques et rue des Écoles, lieux emblématiques de l'enseignement supérieur en France, face à la Sorbonne et au Collège de France, des barricades s'élèvent spontanément. Or, effectuer des exposés en présence de scientifiques de réputation à la fois française et internationale est important pour le physicien qui n'est pas encore reconnu à sa juste valeur. Une injustice qui dure depuis quelques années, tant certains ne comprennent pas ses théories. Des membres du comité Nobel ont aussi des points de vue conservateurs. Il lui faut donc persuader l'audience de la justesse de ses démonstrations. Dans la salle, alors que les entrées sont sur invitation pour éviter tout débordement, il y a foule. Au premier rang, ses amis, Marie Curie et Paul Langevin. Depuis plusieurs années ils sont présents les uns pour les autres. Fidèles. Albert Einstein s'exprime en français, parfois secondé par Paul Langevin. Lors de sa conférence à la Sorbonne, ce sera même un triomphe. En revanche, les clivages politiques apparaissent au grand jour. Des membres de l'Académie française ont menacé de quitter la salle s'il y intervient. De son côté, le journal *L'Humanité*, rappelle Denis Brian, le biographe du physicien, et alors que la révolution bolchevique bat son plein et effraie, déclare que « c'est un honneur pour les savants français d'avoir pour hôte à l'heure présente Einstein dont les théories géniales ont révolutionné nos conceptions les plus générales sur le monde extérieur, et en particulier, nos conceptions de l'espace et du temps[17] ».

Marie est bientôt rassurée. Elle connaît assez son ami pour savoir qu'il saura subjuguer son auditoire du Collège de France par sa finesse, son humour, son intelligence et sa bonhomie. Mais le scientifique, lui, a une conscience plus aiguë que quiconque des dangers de l'antisémitisme, de l'atmosphère peu à peu irrespirable. Son inquiétude est d'autant plus justifiée qu'un an plus tard, en 1923, à Munich, Hitler tente un coup d'État et prononce des discours qui inquiètent de plus en plus la communauté juive. Par ailleurs, de l'autre côté du Rhin, la défaite de 1918 a engendré des rancœurs et des haines. Le traité de Versailles divise le peuple allemand. Dans Berlin, l'antisémitisme gagne les foules. Hitler, encore peu connu, est déjà le dirigeant incontesté du parti nazi qui entretient une violence endémique alors que la République de Weimar vit ses premières années. La nomination comme ministre des Affaires étrangères de Walter Rathenau inquiète et suscite des menaces de mort et des tentatives d'assassinat. Un ministre juif à un poste aussi stratégique scandalise les nazis.

Albert Einstein suit ces tensions politiques avec inquiétude. Walter Rathenau, qui a refusé des mesures de sécurité sérieuses pour le protéger des fanatiques d'extrême-droite, continue de rouler dans une voiture décapotable. Il est assassiné de deux balles tirées depuis une moto. Le physicien assiste, parmi une foule nombreuse, à ses obsèques. Il prend les menaces qu'il reçoit de plus en plus au sérieux. Décide de prendre un peu le large, voyage et entreprend une tournée triomphale en Chine et au Japon. Sur le paquebot du retour, peu de temps après avoir quitté Tokyo, il apprend à l'automne

1922 qu'il est le lauréat du prix Nobel de physique au titre de l'année 1921, quand bien même celui-ci n'a pas été décerné. Enfin ! Il a fallu plus de dix ans pour qu'une telle reconnaissance lui soit accordée, en dépit du soutien de nombre de ses prédécesseurs. En apprenant la nouvelle, Marie Curie se sent soulagée et heureuse. Justice est rendue à celui qui, plus tard encore, lui témoignera, ainsi qu'à ses filles, soutien et amitié. Alors qu'Albert Einstein s'apprête à quitter le Comité de coopération intellectuelle auquel il ne croit plus, Marie tente de l'en dissuader.

La jeune Irène suit, depuis le laboratoire et le quai de Béthune, ces batailles idéologiques et scientifiques. Politique et sciences lui paraissent de plus en plus liées. Est-ce sous cette influence qu'elle s'engagera plus tard contre les dictatures fascistes en Allemagne, en Italie, en Espagne, au Portugal ? Il est permis de le supposer. En tout cas, elle a, très jeune, une conscience aiguë des enjeux de liberté, de démocratie, de la nécessité du combat des femmes pour l'égalité. Sa découverte horrifiée de l'antisémitisme l'accompagnera jusqu'à la fin de sa vie. Elle grandit, mûrit, autour de fortes personnalités engagées pour défendre les droits fondamentaux de l'humanité et ses recherches scientifiques. Pour Ève, de retour d'Amérique, il a fallu reprendre le chemin du collège Sévigné, étudier sérieusement selon les instructions de Mé. Et perfectionner son piano, en dérangeant le moins possible les deux autres femmes Curie. Ève sait aussi être une fille attentive et, plus jeune, est plus disponible qu'Irène, ainsi s'occupera-t-elle de Marie à chaque opération des yeux, l'aidera à se nourrir et à lire son courrier. Sa mère, si impatiente de poursuivre ses recherches, a besoin d'elle. Lorsqu'elle se remet de cette épreuve, Marie emmène Ève à Genève à une des réunions du Comité des intellectuels. En Suisse, mère et fille se promènent sur les bords du lac Léman, en compagnie d'Albert Einstein qui connaît la cadette depuis sa petite enfance et s'adresse à elle avec tendresse, humour, la faisant rire à l'occasion. Ève ne le sait pas encore mais, bientôt, elle retrouvera les chemins du lac Léman, qui deviendra dans sa vie un gage de sérénité.

5

RAYONNEMENT ET CRÉPUSCULE D'UNE SAVANTE

« Quelle femme insupportable et froide ! Je ne sais pas si je vais rester travailler dans cet institut. »

Ce jeune homme, vif, beau, élancé, bavard et charmeur est sorti major de l'École de physique et de chimie de Paris, école chère à la famille Curie, alors que le souvenir de Pierre Curie y résonne encore, dix-huit années après son décès. Un professeur a recommandé Frédéric Joliot à Marie, Paul Langevin lui-même, avec lequel elle a gardé et gardera une relation d'amitié et de tendresse. Décembre 1924, tandis que la jeunesse s'éclate en pleines Années folles, Marie confie à Irène le soin de former le nouvel arrivant. Ce ne sera pas simple. Irène maintient une approche froide, sèche, alors qu'elle a récemment vécu quelques déconvenues amoureuses. Le bavardage et le libertinage masculins la rebutent. Frédéric, de son côté, a une conception archaïque du rôle des femmes au sein de la société. Bien qu'il mesure la chance de faire figurer sur son parcours professionnel le titre de « préparateur professionnel de Marie Curie[1] », il ne supporte pas les jugements et critiques provenant d'une femme. Pas de chance, Irène, plus encore que Marie, ne le ménage pas. Il doit apprendre, comme les autres, un point c'est tout.

Irène, de son côté, sait que sa vie sera consacrée à la recherche. Quoi de plus naturel. Elle prépare les cours de Marie à la Sorbonne, l'assiste dans ses travaux sur le polonium. En 1922, explique Louis-Pascal Jacquemond, biographe d'Irène, « elle a mis au point un électroscope qui mesure la radioactivité des engrais agricoles contenant de l'uranium ou du thorium. En 1923, elle se focalise sur son sujet d'étude, ce qui l'oblige à utiliser des sources importantes de polonium. Et elle développe donc des processus de séparation du polonium et du radon qui provient de la désintégration du radium[2] ».

Restera-t-il travailler dans ce laboratoire avec une ambiance pareille ? Il sent qu'il n'en aura pas la patience. Mais peu à peu, fort de ses stratégies de séduction, il réussit à faire sourire Irène, puis rire, un exploit. Ils se découvrent deux passions communes, la nature et le sport, puis, au fond, une sensibilité politique proche, des lectures analogues. Cette fille de Prix Nobel n'est peut-être pas aussi antipathique qu'elle le semble au premier abord…

Frédéric n'a pas encore donné sa démission lorsque le 27 mars 1925 il se retrouve, dans un amphithéâtre surchargé, avec plusieurs centaines de scientifiques français et étrangers, de curieux, pour entendre la jeune Irène soumettre sa thèse sur « les rayons alpha du polonium », sujet dans la droite ligne des découvertes de la famille. La foule est là, impressionnante. Bigarrée, mélangée, elle compte beaucoup d'hommes et de femmes habillés avec élégance et portant des vêtements finement coupés, symbole de leur aisance. Tout le contraire d'Irène. Marie est absente. La vedette du jour, c'est sa fille. Pas question que sa présence détourne l'attention. Le Tout-Paris assiste au spectacle de cette jeune célébrité. Sourit, chuchote, tout en ne comprenant rien. Qu'importe, Irène les distingue à peine, plongée dans ses notes et son exposé. Après une délibération rapide du jury, Irène est reçue docteure d'État sous les applaudissements. Marie attend sa fille, les amis, la famille, les collègues, dans le jardin de l'Institut du radium. Sous un ciel sans nuages, en dépit de la fraîcheur des premiers jours du printemps, on a sorti les gobelets du laboratoire pour offrir du champagne, les instruments servent de théières, quelques soucoupes pour les expériences sont recouvertes de biscuits. Tous s'éparpillent dans le jardin de l'institut, tentent de déguster un biscuit, de goûter au champagne, mais il n'y en a pas assez pour tout le monde.

Presque dix ans après avoir été sur les champs de bataille avec les « petites Curie » pour sauver des vies, la voici docteure ès sciences physiques. Irène connaît son sujet, et ses compétences professionnelles sont impeccables. Elle se sent à la fois émue et tranquille. Surtout, elle a confiance en elle, avec raison, et peut devenir une inspiration pour d'autres femmes. L'année 1925 représente pour Irène son entrée dans le monde, quoiqu'il s'agisse d'un monde bien distinct de celui de sa sœur. Ève, 21 ans et donc majeure à la fin de l'année, va donner ses premiers concerts de piano. Un défi.

Pour l'heure, la presse internationale, en particulier américaine, s'enthousiasme pour la soutenance de thèse d'Irène. Le *New York Times* lui consacre un article conséquent. Personne n'a oublié le voyage aux États-Unis des trois femmes et le gramme d'uranium remis par le président. Les journaux américains publient des articles élogieux. Mais la presse française ne manque pas de l'interroger sur sa condition de femme. N'a-t-elle pas peur, alors qu'elle n'est âgée que de vingt-huit ans, d'exercer un métier somme toute difficile et fatigant pour une femme ?

Irène, à la différence de sa mère, ne fuit pas les médias. À la question du journaliste du *Quotidien,* sa réponse est claire : « Pas du tout, répond-elle. Je crois que les aptitudes scientifiques d'une femme et d'un homme sont exactement les mêmes. Mais une femme de science doit renoncer à des obligations mondaines. – Et les obligations familiales ? – Elle peut les accepter, à condition d'en assumer les charges, en outre... pour ma part, je considère la science comme l'intérêt primordial de mon existence[3]. » Albert Einstein lui adresse un télégramme de félicitations[4]. Missy Meloney se manifeste depuis les États-Unis, où elle poursuit sa croisade et encourage les femmes américaines à choisir les carrières professionnelles de leur choix. Irène exulte malgré les jaloux qui critiquent sa filiation aux deux Prix Nobel, comme si la jeune femme n'avait pas prouvé, dès l'âge de dix-sept ans, son acharnement au travail. La presse s'empare de l'évènement, comme elle le fera pour les premiers concerts d'Ève, la même année. Ne sont-elles pas les filles de la plus grande savante française ?

Une Curie peut en cacher une autre, et les journalistes sont aux aguets. Dans l'appartement, Ève s'active autour du piano. Elle s'apprête à donner son premier concert public alors qu'elle sera majeure d'ici à un mois. Vingt et un ans le 6 décembre 1925. Étrange sentiment. Elle espère exister, briller dans un domaine artistique, certes étranger à ses parents et à sa sœur aînée, toujours supérieure à elle depuis sa petite enfance. Les notes de piano résonnent dans l'appartement, ponctuées par les cornes des péniches qui passent. Ève joue des heures durant, le chat à ses côtés, bondissant et sérieux, à qui elle écrit parfois des missives drôles depuis l'Arcouest.

Mais à l'espoir d'entreprendre une carrière brillante succède l'inquiétude. L'éminent musicien Alfred Cortot, connu pour son talent de professeur de musique, a refusé de la prendre pour élève. C'est un choc. Le maître a malgré tout accepté de tester son niveau. La voici ainsi qui se prend à rêver. En décembre de cette année 1925, les ballets russes de Diaghilev et Charlie Chaplin avec *La Ruée vers l'or* émerveillent Paris. Le metteur en scène et acteur britannique y dénonce, avec subtilité, la misère, la pauvreté. L'inamovible directeur du FBI, Edgar J. Hoover, en est furieux et le considère comme un dangereux communiste. Il va le poursuivre et le harceler jusqu'à son dernier jour. Ève, de son côté, va donner, enfin, son premier récital, le 8 novembre 1925. Certes, il ne s'agit pas d'une salle prestigieuse. La salle des Agriculteurs est une annexe de l'École normale supérieure de musique, établissement privé dont Alfred Cortot est le directeur artistique. La veille, les journalistes, intrigués, sont venus interviewer la plus jeune des sœurs Curie. Ils ne la connaissent pas encore. Quelle année pour la famille ! Et si la jeune Ève se révélait, elle aussi, d'un talent hors du commun ?

Quelle différence, tout de même, avec cette sœur aînée qui a trouvé sa voie depuis si longtemps… Habillée d'une robe élégante, Ève charme les journalistes de son élocution calme, de son ton modeste. Ils viendront l'entendre. Marie est au premier rang ; tous l'observent discrètement. Elle est fière et, surtout, elle espère. Ève aurait-elle vraiment trouvé sa voie ? Sera-t-elle enfin heureuse ? Elle touchera bientôt l'héritage de son père, que sa mère a fait fructifier, et elle pourra louer un appartement. Ève, cependant, continuera de dîner Quai de Béthune avec sa mère. Elle ne mesure pas encore le nombre d'invitations, de sorties mondaines, qui, tel un tourbillon, vont l'envelopper.

À l'issue du concert, les critiques sont aimables, polies, sans être enthousiastes. Serait-ce l'effet du nom prestigieux des Curie ? Le journaliste du *Temps*, quotidien de référence, souligne l'inégalité dans sa performance, mais loue « une conception intelligente et sûre, l'idée et la flamme, la passion et [...] une singulière autorité[5] ». Les commentaires laissent entendre à Ève qu'elle devra travailler encore, avec acharnement. Elle s'y efforce et présente un deuxième récital trois mois plus tard, en février 1926. Avec un éloge plus appuyé du même critique musical du *Temps* : « Il semble que le toucher prenne plus de rondeur et d'aisance, le timbre plus de variété[6]. » L'honneur est sauf, mais la partie, elle le sent, n'est pas gagnée. Sa carrière, loin d'être assurée.

*

À Varsovie, entourée de sa sœur et de son beau-frère, aux côtés du président de la République polonaise, Marie pose enfin la première pierre de l'Institut du radium qu'elle entend confier à Bronia. Peut-être cela aidera-t-il le couple à retrouver un peu de sérénité après le deuil de leurs deux enfants. Voilà déjà quatre ans qu'Helena a mis fin à ses jours. Marie ne dispose pas d'un deuxième gramme de radium qu'elle aurait pu donner pour assurer la mise en place d'un laboratoire de recherches, mais elle y réfléchit et espère bien trouver une solution. Pour l'heure, Bronia supervise les travaux. Bientôt, peut-être, s'ouvrira un centre de recherches et de dépistage du cancer. Il faut aider la Pologne enfin libérée à se reconstruire. Vaste défi, nécessaire. Depuis plusieurs années, Marie se rend en Pologne pour revoir les siens, sa sœur et surtout ouvrir à Varsovie ce nouvel institut qui portera son nom. C'est, le rappellera sa fille Ève plus tard, son obsession depuis la fin de la Grande Guerre et sa libération. Tandis que les premières pierres sont posées, Marie ne peut s'empêcher de songer au chemin parcouru en quelques années depuis leur venue à Paris, leur terre promise pour réaliser des études universitaires. Les deux sœurs se tournent vers le chef de l'État. Stanislas Wojciechowski n'était-il pas un camarade de jeunesse à Paris lorsque tous trois étaient des étudiants polonais loin de leurs proches ?

Pour Marie, il ne s'agit pas de se limiter à la Pologne et à la France. Un an plus tard, après l'Amérique qui lui a apporté tant de réconfort, elle accepte d'entreprendre un périple à travers le Brésil, mais à la condition qu'une de ses filles l'accompagne. Ce sera Irène, avec laquelle elle pourra échanger sur leurs recherches scientifiques communes. Le voyage s'annonce sous les meilleurs auspices. Ève ne viendra pas. Elle a hésité à devenir journaliste, métier que Marie, blessée par les articles hostiles à son encontre lors de l'affaire des lettres avec Paul Langevin, voue au mépris, accuse de mensonges et d'exagérations dans le seul but de faire monter les tirages des journaux. Mais la rencontre avec Missy Meloney à qui elle doit le gramme de radium a modéré la position de la savante. Ève, qui se cherche, hésite. Le cœur est lourd, elle se sent seule et un peu perdue. Vingt et un ans, bientôt vingt-deux, et la jeune femme est en pleine crise existentielle. Réussir sa vie, trouver sa voie comme sa mère et sa sœur, ne lui semble pas une évidence. Depuis le paquebot italien qui l'emmène vers le Brésil, Marie adresse à sa cadette une missive où transparaît l'inquiétude : « Chérie, ce matin arrivant sur le pont, j'ai reçu ta dépêche m'annonçant que l'engagement [de concerts de piano] pour les États-Unis est conclu. C'est une grande décision, mon enfant, et je me souviens que tu étais soucieuse. Mais il s'agit de prendre ton courage à deux mains et de faire un effort pour mener à bien cette entreprise, et tu le peux si tu le veux, et tu le voudras certainement[7]. »

Une autre lettre, quelques jours plus tard, alors que le paquebot va bientôt accoster : « [...] Jamais encore je ne me suis trouvée si loin de toi avec un tel délai pour la correspondance, et cela me préoccupe et me trouble beaucoup. Je doute d'ailleurs que ce voyage me donne grand-chose qui eût valu la peine d'un dérangement aussi considérable[8] ». À l'arrivée, l'accueil est chaleureux, en présence de l'ambassadeur de France. L'ambiance est certes officielle, avec réceptions et conférences, mais ce n'est pas la foule, les piétinements tels qu'elle les a connus cinq ans auparavant. Toujours vêtue de robes sombres, elle prononce des interventions sous le regard complice de sa fille aînée, son double. « Elle s'en tire très bien », écrit Irène à Ève. Marie prépare ses cours, effectue sa gymnastique quotidienne, prend des bains.

Mais elle appréhende les nouvelles de France. La savante se doute qu'Ève n'a pas confiance en elle et, d'ailleurs, la dernière lettre qu'elle lui a adressée au Brésil la secoue. Sa cadette vient de rompre son contrat pour la tournée de récitals de piano à travers les États-Unis. Elle s'interroge. Un problème financier avec son agent ou amoureux ? Une question de confiance en elle ? Ève reste mystérieuse sur les hommes qui la courtisent, et la rumeur de ses conquêtes circule dans Paris. La dernière des Curie impressionne, charme. Marie lui donne deux conseils : travailler, encore et encore, mais aussi, alors que les vacances approchent, partir en Bretagne ou à Cavalaire, ne pas rester à Paris à se morfondre. Le 9 août 1926, Marie lui écrit : « Maintenant il ne faut plus t'énerver à ce sujet, mais seulement travailler avec persévérance pour arriver à un niveau qui puisse te satisfaire. » Marie et Irène poursuivent leur périple, découvrent les merveilles botaniques de l'Amazonie, qu'elles observent en scientifiques, stimulant l'intérêt de leurs collègues botanistes et naturalistes. La savante s'inquiète. Pourquoi donc la cadette n'est-elle pas partie en vacances ? Elle risque le surmenage cet hiver. Y aurait-il un chagrin d'amour que sa fille, si jeune encore, ne souhaite pas évoquer ?

*

Il est tôt, le jour se lève sur le quai de Béthune, le chat miaule et réclame. Le voyage au Brésil paraît loin. À table, Ève et Marie semblent peu réveillées. Irène se penche vers sa mère, lui adresse un sourire, l'observe de côté. D'une voix douce, égale comme à l'habitude, elle annonce qu'elle va se marier avec… le préparateur du laboratoire ! Marie se fige, Ève s'esclaffe, stupéfaite : « Un matin de 1926, Irène la calme annonça aux siens ses fiançailles avec Frédéric Joliot, le plus brillant, le plus bouillant des travailleurs de l'Institut du radium. L'existence de la maison fut bouleversée. Un homme, un jeune homme surgit soudain dans ce logement de femmes où à part quelques familiers […] personne ne pénétrait jamais[9]. »

Marie est stupéfaite. Elle va certes gagner un homme dans la famille, un gendre, elle qui n'a pas eu de fils avec Pierre, mais elle sent en elle l'angoisse monter. Ne va-t-elle pas perdre sa fille, celle qui a toujours été à ses côtés depuis la disparition de son compagnon ? Voilà vingt ans exactement qu'elles regardent le monde ensemble, le commentent, et avancent dans leurs recherches en entretenant une relation fusionnelle. Frédéric, si gai et rayonnant, va lui prendre sa fille, son double. Certes, l'aînée continuera de travailler dans le laboratoire. Mais Marie parviendra-t-elle à composer avec un autre homme dans sa maison, un homme qui n'est pas et ne sera jamais Pierre ? Un homme, de surcroît, plus jeune, qui pourrait prétendre à hériter de l'Institut du radium. Marie s'inquiète. Certes, elle ne peut pas empêcher Irène d'épouser ce jeune homme qui séduit toutes les femmes sur son passage, mais elle se doit de protéger sa fille, son travail, et l'œuvre familiale du radium, l'œuvre Curie. Elle réussit à persuader son aînée de se marier sous le régime de la séparation des biens. Ainsi, le radium et leurs découvertes resteront intégralement la propriété des femmes Curie. Marie connaît trop la vie, ses souffrances, ses revirements financiers, comme les a vécus son père, les trahisons, pour courir le moindre risque. Le contrat signé, elle se sent un peu rassurée. Inquiète tout de même. Il va, à présent, falloir s'habituer à ce garçon si volubile et vif qui, au fond, lui enlève sa fille.

C'est pourtant elle qui a engagé Frédéric, chaudement recommandé par Paul Langevin… En vingt-quatre heures, elle a été convaincue. Mais l'appartement ne sera-t-il pas à présent grand et bien vide ? Irène et Frédéric ne pourraient-ils pas rester y vivre quelque temps, avant d'avoir des enfants ? Marie se met à rêver, ce serait une solution plus douce, moins pénible pour elle. Et eux sauront ajouter des meubles à la bibliothèque et au piano à queue. Ah, si le couple s'installe, il ne devra pas toucher aux innombrables cartons d'invitation à des repas officiels reçus ces dernières années que Marie garde précieusement. Non par vanité, même si parfois les titres des plats méritent un sourire, mais parce que les dos de ces cartons se révèlent bien utiles pour noter ses calculs scientifiques ou les urgences à régler.

Le 9 octobre 1926, ce sera donc un mariage simple dans le 4e arrondissement, dans le Marais près de l'île de la Cité, suivi d'un déjeuner à l'appartement avec famille et intimes, et retour d'Irène et de Frédéric au laboratoire l'après-midi même. La recherche n'attend pas. Il s'agit donc d'une formalité, réglée rapidement et simplement, comme il se doit. Un mariage somme toute aussi simple que celui, jadis, de Pierre et Marie. Avec les bicyclettes en moins, les paillasses de l'institut et les produits chimiques en plus. Pas de voyage de noces, et d'ailleurs Marie part le lendemain en mission au Danemark et emmène Ève. Désormais, Irène et Frédéric bénéficient seuls de l'appartement pour une semaine, enfin tranquilles. Mais Irène a un sens aigu de l'égalité entre les hommes et les femmes, à tel point qu'elle entend garder aussi son nom de jeune fille, comme l'avait suggéré la féministe Hubertine Auclert, des années auparavant[10].

Et ce sera un soulagement pour Marie d'apprendre qu'Irène et Frédéric acceptent d'être hébergés pour un moment dans ce qui est le foyer de la tribu. Les soirées et week-ends en seront d'autant plus joyeux. Frédéric, si vif, cajoleur, plaisantin, envoûte les trois femmes prêtes à être charmées. Mais Irène se méfie. Ève n'est plus une enfant, mais une ravissante et élégante jeune femme qui, elle aussi, aime jouer de sa beauté, de son humour et de son intelligence. S'approche-t-elle trop près de Frédéric ? Il semblerait qu'Irène en ait peur. Il est temps de déménager pour un appartement du Quartier latin, que Marie met à leur disposition dans un immeuble rue Froidevaux habité par d'autres scientifiques, près de la rue Daguerre grouillante de commerces et de la place Denfert-Rochereau, face à un square où les enfants bénéficieront d'un petit espace pour jouer.

En silence, sans dévoiler leur tristesse, Marie et Ève aident le couple à descendre leurs bagages et découvrent le quartier non loin du cimetière Montparnasse, de la Coupole et de la Rotonde, du Dôme et de la Closerie des Lilas, temples des Années folles. Les cafés sont remplis d'artistes et de touristes du monde entier, donnant un air de fête permanente, de gaieté qui ne leur déplaît pas. L'appartement est assez loin du quai de Béthune, mais plus près du laboratoire. Dans le crépuscule, Marie et Ève dînent seules, en tête à tête, le chat à leur côté. Ève rêve à des dîners mondains auxquels elle est invitée et où elle aime paraître dans des robes élégantes prêtées par les grands couturiers. Son physique de mannequin, ses concerts, sa culture, font de la fille cadette du couple triple Prix Nobel une personnalité mystérieuse et fascinante. Bientôt, elle figure sur les couvertures des magazines, en robe longue, star du monde de la science, auquel *Match* rend hommage. Quelques hommes, profils connus du Tout-Paris, sont parfois reconnaissables à ses côtés. Ève n'évoque pas ces relations masculines devant Marie. Pas d'épanchement. Et d'ailleurs, que comprendrait sa mère à sa vie ?

*

Marie reprend son souffle. Sourit. Irène attend son premier enfant. La vie reprend ses droits. Une nouvelle génération Curie, que ne connaîtra pas Pierre. Encore une injustice, mais cette grossesse est promesse de joie. Et qui sait, peut-être de futurs héritiers ou héritières du radium. Irène est jeune et il n'est pas interdit à la savante franco-polonaise de rêver d'une lignée de scientifiques… Moins d'un an après son mariage, Irène donne naissance le 19 septembre 1927 à une petite-fille, Hélène. Marie est subjuguée de voir grandir ce bébé, qui lui sourit et imposera très jeune ses volontés. Finalement, ce mariage lui apporte plus de joie qu'elle n'en rêvait. Irène, de son côté, est émue. Soudain, elle n'est plus fille de Marie Curie mais mère d'une petite qui a besoin d'elle, qui est sa chair, son sang. À présent, le bonheur se partage entre le laboratoire, la recherche scientifique et la maternité. En famille. Cette réalité la bouleverse. Être féministe et mère, être mère et scientifique, ne se révèle pas contradictoire, au contraire, ces mondes se complètent. Mais sa santé pâtit de la grossesse. Le médecin ordonne des analyses. La nouvelle tombe. Tuberculose. Irène, dit le corps médical, ne devra plus avoir d'enfant. Mais la jeune savante ne peut pas s'arrêter à une telle déclaration. Et retourne, envers et contre tout, à l'institut. Travailler.

De son côté, Ève court les réceptions, concerts, soupers, s'étourdit. Il faut cacher ce mal-être, cette indécision sur ce que sera sa carrière. Marie tente de lui présenter une vision positive du monde, l'incite à admirer la beauté de la nature et des choses : « Je sais que le raisonnement ne suffit pas et qu'il faut être en état de réceptivité – état de grâce à coup sûr –, car nos troubles intérieurs nous cachent et masquent pour nous le bienfait que donne une sereine contemplation de la beauté du monde[11]. »

Il lui vient alors une idée. Pourquoi ne pas se tourner vers l'écriture, elle qui a si souvent témoigné de son talent dans des lettres incisives ? Reçue dans le Tout-Paris mondain, courtisée et admirée pour son intelligence et son élégance, elle s'interroge. Comment sa mère prendra-t-elle ce choix ? Des journalistes ont détruit la réputation de Marie en 1911. Un métier de fossoyeurs et parfois de menteurs. Violant l'intimité d'honnêtes gens. Tant pis, elle ose. Après tout, n'est-elle pas majeure ? Tandis que le soir tombe sur le quai de Béthune et que les péniches remontent la Seine, Marie écoute sa cadette. En silence. Ève achève son plaidoyer, inquiète. Sa mère va-t-elle protester ?

Silencieuse dans sa robe noire, Marie soupire, reste calme. Elle est mère avant tout, et sa fille l'inquiète. Peut-être pourrait-elle essayer cette voie. Après tout, sait-on jamais. Il importe qu'Ève gagne sa vie, et qu'elle aime ce qu'elle fait. Puisqu'elle n'est pas douée pour les sciences, et que le piano n'a pas fonctionné, autant essayer une autre voie. Marie acquiesce et le chat également. Ève se sent soulagée. Prête à écrire, sortir. Elle a hâte de rencontrer des hommes et des femmes du monde de l'art, de la création, de la mode, du livre, du cinéma, de la peinture, de la photographie, du dessin, des musées, toutes activités qui la séduisent. Bientôt, les grands couturiers lui prêtent leurs derniers modèles, des photographes réalisent des reportages. Mais, surtout, elle va écrire. Encore et encore. Ces articles, elle ne le sait pas encore, lui serviront d'apprentissage, de prémices à une œuvre plus considérable. En soutenant Ève dans cette nouvelle carrière, Marie ne peut imaginer dans quelles aventures sa fille va s'engager et, à l'instar des autres femmes Curie, exceller.

*

« Je pars à Genève », annonce Marie.

Encore un déplacement de leur mère en cette année 1929. Encore une absence. Le défi qu'entend relever Marie est de taille : ne plus revivre une autre guerre mondiale, l'éviter à tout prix. La savante leur raconte par lettres ce travail laborieux, lent et compliqué pour faire vivre à l'intérieur de la Société des Nations, ancêtre des Nations unies, la Commission de coopération intellectuelle. Avec Albert Einstein et Paul Langevin, elle accomplit un travail fastidieux et interminable. Comment insuffler les valeurs de la démocratie dans l'éducation, les sciences et la culture ? Au bout de plusieurs réunions à Bruxelles et Genève, Marie constate que son travail ne débouche sur rien de concret. Cependant, malgré ce labeur fastidieux, elle entend persévérer. Elle l'écrit à Ève :

> On est grandement préoccupé ici d'une nécessité de réorganiser le travail de la Commission[12] et de l'Institut qui a été l'objet de nombreuses critiques. Tu penses si les esprits sont excités. Pour moi, je crois que le travail international est une tâche très lourde, mais qu'il est indispensable de s'y entraîner et d'en faire l'apprentissage au prix de bien des efforts de renoncement à une attitude trop personnelle. On devrait pouvoir apprendre cela à Genève si tous consentaient à prendre ce point de vue, ce serait alors une œuvre de haute portée pour l'avenir[13].

La cadette a d'autres soucis en tête. Va-t-elle réussir une carrière de journaliste ? La jeune femme goûte les affres de l'indépendance. Les soucis de Marie avec la Société des Nations ne la touchent guère. Ou plutôt, pas encore. Les enjeux internationaux ne sont pas encore au cœur de ses préoccupations. Pourtant, en écoutant sa mère, elle se sensibilise aux grands problèmes et aux stratégies à élaborer. Sans le savoir, elle apprend. Irène ne mesure pas cette évolution de sa sœur. Elle n'y voit à ce stade que des maladresses et fragilités. Et pourtant, sur les questions internationales qui vont secouer le monde du XXe siècle après la Grande Guerre, les sœurs Curie vont se retrouver, fortes de leurs regards aigus, inspirées par l'esprit scientifique de la famille, et donc sans concession sur la réalité qui s'annonce.

*

C'est l'automne, un beau mois d'octobre frais, ensoleillé, à Paris. Mais il faut partir. Encore un voyage en paquebot, pour le radium bien sûr. Six jours en mer, interminables. Seule durant le périple sur l'Atlantique, sans filles, secrétaire ou dame de compagnie, Marie se repose dans une chambre plus grande que la majorité d'entre elles, « 3,50 x 3,50 m[14] », écrit-elle à Ève. Chambre correcte, même si elle reconnaît que nombre de personnes à Paris n'ont pas l'opportunité de disposer d'un tel espace. Elle tente de se protéger des intrusions, du vent et du mal de mer, en restant allongée sur son lit. Refuse les interviews. Heureusement, les pièces et les escaliers sont nombreux, Marie peut se cacher : « Le bateau est si vaste et si complexe qu'on ne s'y rencontre pas facilement… Ce qui me manque le plus, c'est la lumière dans la cabine[15]. » L'arrivée au port de New York en ce jour de 1929 se révèle moins folle qu'en 1921, même si des journalistes par dizaines sont présents. Marie réussit, avec le concours du commandant et de Missy Meloney, l'amie fidèle, celle qui lui a offert une notoriété mondiale, à descendre par un escalier de service et à s'engouffrer dans une voiture dernier cri. Et là, la savante ne peut s'empêcher de sourire tant l'aventure lui rappelle Ève, grisée par la vitesse, ivre de cette sensation de liberté après l'achat de sa première voiture. Marie comprend mieux, en cet instant, pourquoi elle a accepté d'avancer à sa cadette un prêt pour cet achat qui, au premier abord, lui semblait un luxe, une folie. À New York, un chauffeur a été mis à sa disposition, et elle est traitée comme une personnalité officielle, situation qui ne lui déplaît pas. À Ève et à Irène, elle avoue son amusement : « Il fait ici une journée magnifique et assez chaude [...] nous avons fait de New York à Long Island une course sensationnelle. Devant nous, un policeman à motocyclette, donnant des coups de sirène et écartant d'un mouvement énergique d'une main ou de l'autre toutes les voitures sur la route, moyennant quoi nous filions comme une voiture de pompiers lancée au secours d'un incendie. C'était tout à fait amusant[16]. »

Marie se doit d'assister à des repas officiels. Tout ce qu'elle redoute, qui la fatigue et qui l'ennuie. Polonaise et française, elle a hérité de ces deux cultures un sens aigu des situations renforcé par une approche scientifique. Lors du dîner en l'honneur de Thomas Edison, elle se sent intriguée par cet inventeur et industriel américain, fondateur de General Electric, pionnier de l'électricité, inventeur du cinéma et de l'enregistrement du son. En déposant des brevets pour chacune de ses inventions, cet homme a agi à l'inverse de son parcours. Marie n'a jamais voulu s'octroyer un sou des découvertes sur le radium avec Pierre, alors qu'elle aurait pu gagner des sommes considérables qui lui auraient permis de financer son laboratoire, ses recherches et l'achat de ces précieux grammes de radium. Effectuer des recherches sans problème budgétaire, un rêve devenu réalité aux États-Unis mais qu'elle-même n'atteindra jamais parce qu'il est contraire à ses principes d'universalité et de bien général.

Pourtant, Thomas Edison et Marie Curie sont tous deux des aventuriers de la recherche. Déjà, à l'âge de douze ans, Edison avait inventé plusieurs procédés automatiques de transmission de morse et établi dans le train où il travaillait une presse qui lui permit d'imprimer son premier journal de nuit et de le vendre aux passagers. D'une imagination insatiable et débordante dès l'enfance, il fut licencié de nombreux emplois à cause d'expériences chimiques qui, parfois, aboutissaient à des explosions. Thomas Edison a tiré quelques certitudes de sa jeunesse insatiable : « Ne jamais inventer quelque chose dont les gens ne veulent pas. » Comme Marie, il apprend de chacune de ses aventures et perfectionne toutes les machines de transmission. Dormant à côté des téléscripteurs qui donnent le cours de l'or et des métaux, il étudie la nuit la machine et la répare lors d'une panne générale. Enfin, en 1874, à vingt-sept ans, il fonde son entreprise et ses laboratoires de recherche dans le New Jersey, non loin de New York. Il supervisera quarante projets en même temps et ira déposer jusqu'à 1 093 brevets, dont 106 dans le domaine de l'électricité et de la lumière.

À ce dîner, Edison parle peu. Atteint de surdité depuis son jeune âge, à la suite d'un accident, ce handicap lui permet de s'isoler plus facilement et de se concentrer sur ses recherches. Marie, assise parmi les nombreux invités, découvre avec plaisir combien les discours officiels aux États-Unis sont plus courts que ceux, souvent interminables, des universitaires français. La réponse d'Edison est aussi brève. L'inventeur, déjà très âgé, décédera deux ans plus tard. Mais elle apprend que Ford souhaite faire un musée de l'histoire des découvertes d'Edison et de l'électricité, ainsi que du laboratoire. Est-ce là que germe l'idée de ce qui sera plus tard le musée Curie ? Tout de même, les Américains savent être courtois et rendent hommage à la double Prix Nobel : « On m'a fait des amabilités dans les discours, et même dans le message radio envoyé par Richard Byrd du pôle Sud ou de ses environs[17]. » L'explorateur américain avait réussi l'année précédente sa première expédition dans l'Antarctique qui avait pu être suivie grâce à un équipement radio. Un mois après son hommage à Marie, Richard Byrd réussira, au péril de sa vie et ce pendant dix-huit heures, le survol à basse altitude du pôle Sud, qui lui vaudra de recevoir à son retour un accueil triomphal avec confettis dans les rues de New York.

Le voyage n'est pas encore achevé, et Marie appréhende l'accumulation de la fatigue. À Ève comme à Irène, elle décrit son angoisse d'attraper un rhume qui l'épuiserait. L'accumulation des radiations, auxquelles elle ne fait pas allusion, déclenche en elle de nombreux vertiges et moments d'épuisement, sans compter ses problèmes d'yeux et les suites de ses opérations. Elle a déjà souffert de tant de problèmes de santé qu'elle se sait fragile. Ses filles aussi en sont conscientes. Et inquiètes de la savoir seule sans famille, de l'autre côté de l'Atlantique. Justement, un télégramme ambigu de Missy Meloney sème le trouble chez les deux sœurs. Marie serait-elle gravement malade ? Ce n'est qu'un malentendu. Qui annonce beaucoup d'alertes, de rebondissements, d'épreuves. Les effets de la radioactivité vont s'insérer dans la vie quotidienne des trois femmes.

La semaine suivante, Marie redoute sa visite à Washington, véritable destination de son voyage afin de récupérer un gramme de radium pour l'institut à Varsovie.

Là aussi, visite officielle, avec encore des obligations auxquelles elle ne pourra pas se dérober. Loger et dormir à la Maison-Blanche, un honneur impossible à refuser, d'autant que le chef de l'État lui y remettra le gramme de radium. Après tout, son prédécesseur avait organisé une première cérémonie dans ce sens en 1921. Huit ans plus tard, le président Hoover ne peut pas faire moins.

Ce jeudi d'octobre 1929, cinq jours avant de recevoir Marie Curie à la Maison-Blanche, aurait dû être une journée classique à la Bourse de New York. Soudain, les cours des actions s'effondrent. C'est la panique. Des financiers sautent des immeubles ou se tirent une balle dans la tête. D'autres vendent leurs actions en catastrophe. Dans le pays, hommes et femmes se ruent sur les banques, tentent de sauver un peu de leurs économies. Ce 24 octobre deviendra dans l'histoire « le jeudi noir », premier moment d'une crise à Wall Street qui va durer cinq journées de folie et déclencher des années de dépression économique, de chômage à travers les États-Unis et le monde occidental, y compris l'Europe. Marie s'installe à la Maison-Blanche en plein chaos : « Je suis tombée ici en pleine panique financière dont vous avez certainement entendu parler là-bas. Cela me désole parce que j'ai l'impression que tous sont préoccupés et je crains d'être une gêne. [...] Malgré cela je suis très bien reçue ici. J'ai dîné hier soir avec Hoover et sa famille et nous avons tout de même eu le lunch aujourd'hui. C'est un homme très réservé et qui parle à voix assez basse, mais paraît très occupé des affaires du pays[18]. »

Hoover, malgré la crise, souhaite tenir sa parole envers la double Prix Nobel. En dépit des journées et des nuits agitées de la semaine du krach boursier, des allées et venues de ses conseillers, hommes d'affaires, politiques, tous aussi perdus que lui, il maintient la cérémonie où il remet à Marie un chèque de cinq mille dollars. Au dernier dîner, espérant sans doute que la crise financière soit passée, le chef de l'État se révèle plus loquace, comme Marie l'écrit à Ève : « La catastrophe financière qui s'était déchaînée ici paraît calmée. Le gouvernement et les banques, qui ont fait des achats d'actions massifs, ont probablement fait une bonne affaire, en même temps qu'ils ont arrêté la panique. Il m'a été très pénible d'entendre parler de tout cela et j'aurais préféré ne pas être ici pendant la bourrasque si j'avais pu[19]. » Le radium a ainsi été récupéré, de justesse…

*

Trois ans après le krach boursier, dans la famille, une arrivée inespérée offre à Marie une sensation de renaissance. Le 12 mars 1932, cinq ans après la venue à la vie d'Hélène, et contre l'avis des médecins du fait de sa tuberculose, Irène accouche d'un petit garçon. Ses parents l'appellent Pierre, bien sûr. C'est une victoire sur la maladie, les souffrances, la fragilité physique de l'aînée des filles Curie. Une confirmation, aussi, de sa détermination. Marie est émue. Ce prénom, celui même de son mari disparu, qu'elle ne peut prononcer devant ses deux filles, pourtant adultes, elle va devoir l'entendre, le dire, à celui qui est son petit-fils. Pierre revit vingt-six ans après sa disparition. La vie reprend, éclatante. Marie et Irène semblent si heureuses.

En silence, Ève les observe. Elle devrait se réjouir, elle a désormais un neveu qui porte le nom de son père dont elle n'a aucun souvenir, à la différence d'Irène et de Marie. Une naissance donc qui conjugue la joie et la douleur du père absent. Il va bien falloir s'y habituer. Depuis deux ans, elle partage sa vie avec un écrivain, Marc Chadourne, écrivain voyageur, ancien administrateur des colonies en Océanie puis au Cameroun. Un homme souvent parti vers des contrées lointaines. Lorsqu'il reçoit le prix Femina, en 1930, pour *Cécile de La Folie*, la jeune femme est auprès de lui, lasse. Elle sent qu'entre deux longues absences dans les colonies, cette relation ne conduira nulle part. Au voyage suivant, elle l'abandonne. De dépit, l'écrivain réalisera son portrait dans son roman *Absence*, publié en 1933, dont elle devient l'héroïne et où le Tout-Paris découvre les étapes de la rupture. Marc Chadourne égratigne au passage l'homme qui l'a remplacé, décrivant son offensive pour conquérir l'une des jeunes femmes les plus célèbres. Un homme plus âgé que lui ? Comment serait-ce possible ? Le dialogue romanesque confirme :

> — Pourquoi pas possible ? Il a encore du prestige auprès de certaines femmes. Et surtout des moyens considérables. C'est un homme qui sait se donner beaucoup de mal. Il l'a bombardée de fleurs, de dîners par-ci, de soupers par-là. Il se souvint, en effet, d'un dîner au Ritz dont elle lui avait écrit quelque chose et vaguement du commentaire[20].

En son absence, en effet, tandis qu'il se trouve à Shanghai, la fille cadette de Marie rencontre dans les dîners mondains un homme aux multiples succès qui la courtise, l'invite dans tous les évènements les plus chics de Paris, l'étourdit de compliments et de cadeaux. Un homme aussi, de l'avis de ses proches, au caractère impossible, entouré de scandales, auteur de pièces de théâtre, certaines de boulevard, d'autres reprises bien plus tard par Alain Resnais, comme *Melo*. Cet homme se nomme Henry Bernstein. Né en 1876 dans une famille de banquiers juifs, le dramaturge, dont le portrait a été peint enfant par Édouard Manet, est richissime, caractériel et très puissant dans le monde littéraire et du théâtre. Il n'y a que deux problèmes à cette liaison. Henry Bernstein est marié et il a cinquante-quatre ans, quand elle n'en a que vingt-huit. Et alors que des photos dans les réceptions sont prises d'eux deux, elle sait qu'elle ne peut rien espérer de lui. La différence d'âge et de milieu social l'oblige à ne pas y faire allusion Quai de Béthune. Marie a bien entendu parler de ce personnage flamboyant et snob, si loin de ses critères de vie, mais elle n'imagine pas que sa fille se lance dans une relation adultère avec lui. Marie sera pourtant présente à la première représentation de la pièce de théâtre qu'Ève a traduite de l'anglais et mise en scène avec lui. *145 Wall Street* est le titre français donné à une pièce américaine de George S. Brooks et de Walter B. Lister, œuvre satirique contre les financiers américains. Intitulée *Spread Eagle*, celle-ci a été écrite avant le krach boursier de 1929 mais est jouée pendant la Grande Dépression. Elle s'inspire de la vie du milliardaire William Randolph Hearst, patron redouté des médias qui n'hésite pas à publier des articles à sensation, faisant et défaisant les réputations et lançant des conflits militaires. Juste avant la première, le 25 octobre 1932, Henry Bernstein reçoit les journalistes en congratulant pour leur aide son épouse, d'abord, puis Ève Curie, toutes deux présentes… Est-ce vraiment une telle relation dont Marie rêve pour sa fille ? Il est permis d'en douter et d'espérer qu'elle n'a pas compris que sa cadette, jeune et belle, se perdait auprès de cet homme marié et d'un autre âge.

Dans une lettre, quelques mois plus tôt, en plein mois d'août, elle écrit à Ève :

> Ma petite enfant, je souhaite que tu en aies fini au plus tôt avec les inquiétudes et les préoccupations et que tu organises ta vie d'une manière plus calme et plus raisonnable. Peut-être ne saurais-je pas bien t'expliquer en quoi consiste le bonheur, mais il n'est certainement pas dans le drame, et il y a bien assez de cet élément autour de nous, même quand nous ne le cherchons pas. Je crois que je passerai le restant de mes jours dans une crainte constante de l'imprévu qui nous guette pour nous accabler. Réconforte-moi, au plus tôt, au moins en ce qui concerne le présent le plus actuel et l'avenir le plus proche[21].

Dans la dernière phrase, Marie l'embrasse, tendrement, comme à l'accoutumée. En secret, elle s'interroge. Ève va-t-elle un jour trouver une paix intérieure ? Elle ne sait plus.

6

LES SŒURS CURIE, DE L'OMBRE À LA LUMIÈRE

Soudain, un coup de fil d'Irène à sa mère en janvier 1934, bref, intense, joyeux, déclenche chez Marie un bonheur imprévu. Appelée en urgence avec Paul Langevin au laboratoire d'Irène et de Frédéric, elle sent son cœur si fragile battre d'émotion. Frédéric et Irène se préparent à offrir à Marie le plus beau cadeau dont une scientifique puisse rêver. Écoutons Frédéric Joliot-Curie le raconter :

> Marie Curie a été le témoin de nos recherches et je n'oublierai jamais l'expression de joie intense qui s'est emparée d'elle lorsqu'Irène et moi lui avons montré dans un petit tube de verre le premier radioélément artificiel. [...] Pour vérifier ce que nous lui annoncions, elle s'approcha du compteur Geiger-Müller et elle put entendre les nombreux « tops » du numérateur de rayons. Ce fut sans doute la dernière satisfaction de sa vie[1].

Bouleversée, elle veut partager sa joie avec Ève. Lui adresse une lettre pleine d'enthousiasme le lendemain. Se propose de lui expliquer de vive voix leur découverte qui va bouleverser la médecine et sauver, une fois de plus, des vies.

Mais ce bonheur sera de courte durée. La santé de Marie s'effondre. Épuisée, elle accepte, enfin, de rentrer en clinique. Ève s'occupe, une fois encore, de sa mère alitée, consulte plusieurs médecins qui concluent à une insuffisance rénale due aux rayons X. Elle doit donc partir pour un sanatorium dans les Alpes. Ève et une infirmière l'accompagnent. Le voyage semble interminable, en dépit des paysages verdoyants. Les vibrations du train sont insupportables à Marie qui manque s'évanouir. Le trajet jusqu'à Saint-Gervais et au sanatorium de Sancellemoz semble ne jamais finir.

Enfin alitée, sous le pseudonyme de Mme Pierre, elle reçoit la visite d'un médecin réputé à Genève, le professeur Roch. Celui-ci prononce un verdict sans appel, à l'opposé des médecins de Paris. Selon lui, Marie souffre d'une anémie pernicieuse. Aucun traitement ne pourra être efficace et la délivrer de souffrances terribles et inutiles. Seule membre de la famille présente, Ève, bouleversée, doit dissimuler ses larmes, alerter Irène, Bronia en Pologne et, surtout, cacher à sa mère qu'il n'y a plus d'espoir de la sauver. D'un commun accord, pour ne pas alerter Marie sur son état, personne d'autre de la famille ne doit, à ce stade, accourir. Une seule priorité, ne pas la laisser souffrir, calmer ses douleurs. Les médecins lui donnent des antalgiques et des soporifiques. Débutent alors les derniers jours de Marie, ce qu'Ève qualifiera dans sa biographie de « mort douce ».

Alors que Bronia a pris le train depuis Varsovie avec, dans ses affaires, un peu de terre de Pologne, Irène et Frédéric arrivent. Le 2 juillet, ils sont là, eux aussi, pour tenter de la rassurer. Mais Marie, en scientifique, est obstinée. Chaque heure, elle analyse sa santé. Elle se sent mieux, l'air lui fait du bien, croit-elle. Le 3 juillet, elle exige de prendre sa température. Celle-ci est tombée. Quel soulagement ! Marie est sauvée. Soudain, elle regarde sa tasse de café et, dans son brouillard, s'inquiète : « Est-ce qu'on l'a fait avec du radium ou du mésothorium[2] ? » Dans la nuit, Ève, à ses côtés, tient ses mains gercées de brûlures, ces mains qui ont tant travaillé, manié des produits dangereux, ces mains qui ont permis de sauver tant de vies. Ève se sent seule, tandis que médecins et infirmières restent près d'elle, dévoués, attentifs, silencieux. Tous savent que c'est la dernière nuit. Sa dernière nuit. À l'aube du 4 juillet, Ève ferme les yeux de sa mère. Le radium, écrira-t-elle plus tard, l'a tuée. Marie n'a que soixante-six ans.

Entourée des médecins, du personnel hospitalier, Ève demeure au chevet de sa mère, ne cesse de lui tenir les mains. La tendresse l'envahit devant ce corps, si frêle, qui lui a donné la vie. Le médecin, le docteur Tobé, publie un communiqué : « La maladie est une anémie pernicieuse aplasique à marche rapide, fébrile. La moelle osseuse n'a pas réagi, probablement parce qu'elle a été altérée par une longue accumulation de rayonnements[3]. »

À l'institut, tous sont abattus. Choqués. Certes, leurs recherches s'effectuent sous la supervision d'Irène et de Frédéric Joliot-Curie. Mais Marie était la mémoire vivante, en cinq langues, de tous les travaux sur le radium et la radioactivité depuis près d'un demi-siècle. Les obsèques se tiennent dans la discrétion, car Marie n'a pas voulu de cérémonie officielle. Tous se retrouvent devant le cimetière de Sceaux, face à la tombe où Pierre repose. Les amis, ceux des bons et des mauvais jours, des épreuves de la mort de Pierre et de l'affaire Langevin, sont présents par cette chaude journée de juillet. Les Perrin, les Borel, Claudius Regaud et Paul Langevin témoignent de leur chagrin. Bronia, puis son mari Casimir, jettent chacun une poignée de terre de Pologne sur le cercueil. Sur la pierre de la tombe sera gravé « Marie Curie-Sklodowska, 1867-1934 ». La presse nationale et internationale lui rend un vibrant hommage. Mais certains journaux français critiquent la simplicité de cet enterrement. Irène et Ève réagissent par un communiqué, rappelant qu'elles n'ont fait que respecter la volonté de leur mère.

De ce décès, Irène le sait, elle sort plus forte que la jeune Ève, mais quel gouffre entre les vies des deux sœurs ! Irène a trouvé sa voie dès l'âge de dix-sept ans, a vécu avec Marie une relation intellectuelle et affective quasi fusionnelle, épousé un homme qu'elle surnomme avec une tendresse non dissimulée « mon grand chéri » et affiche avec lui une complicité intellectuelle, un même regard sur le monde. Ève, de son côté, vit des amours incertaines, n'hésite pas à les assumer comme des unions libres. Elle demeure célibataire, alors que l'opinion publique et la pression sociale ne tolèrent que les femmes mariées.

Ève sait depuis un moment déjà qu'elle n'a pas le niveau exceptionnel suffisant pour entreprendre une carrière de pianiste internationale. Ce ne sont pas ces quelques articles de critique musicale qui vont lui apporter un réconfort ou lui ouvrir les voies de la célébrité. A-t-elle même une passion secrète ? Elle aime l'art de la plume, s'étourdir dans des soirées mondaines où son élégance, son humour, son intelligence et sa beauté lui ouvrent les portes du Tout-Paris. Il y a, bien sûr, des amitiés comme celle de Colette, qui retrouve dans l'indépendance d'Ève sa propre liberté et les scandales qu'elle a suscités au music-hall dans sa jeunesse. Pour autant, les mondanités ne remplacent pas l'affection des siens. L'amour d'un proche. Irène, pour sa part, se sent fatiguée et émue. Mé a été son socle, si proche, si complice, depuis la disparition de Pierre lorsqu'elle avait sept ans. La famille Curie est alors devenue une tribu de femmes, même si quelques hommes, dont le père de Pierre Curie puis le frère de celui-ci, ont apporté avec constance une présence masculine au sein de la maison. Frédéric Joliot-Curie, jalousé pour avoir épousé la fille de la patronne, finit, malgré tout, par être accepté et reconnu.

Tandis que le cercueil est porté en terre, Ève frissonne. Avoir trente ans et vivre sans projet, cet avenir s'annonce bien sombre alors que le soleil éclate, parmi les présents au cimetière de Sceaux, d'une chaleur insolente.

Heureusement, un appel téléphonique la sort de sa torpeur. L'Amérique se rappelle à elle. Cette Amérique qui avait ébloui la jeune Ève à l'âge de seize ans lorsque les deux sœurs avaient accompagné leur mère pour recevoir le gramme de radium. Un éditeur américain d'une maison prestigieuse, Doubleday & Doran, lui propose d'écrire une biographie sur sa mère. Ève hésite. Elle a certes publié des articles, mais aucun livre. En sera-t-elle capable ? L'éditeur insiste. Des historiens, des journalistes qui n'ont pas connu Marie Curie risquent de publier des biographies truffées d'erreurs. Elle seule est à même de témoigner sur la vie professionnelle, scientifique et privée de sa mère. Son intimité. L'argument fait fléchir Ève. Elle accepte. Mais, de l'autre côté de l'Atlantique, le temps presse. Il faut aller vite, s'assurer que ce livre sera la première biographie de Marie. L'éditeur américain, persuasif, met un traducteur à la disposition d'Ève. Celui-ci traduira systématiquement les pages qu'elle tapera à toute vitesse sur sa superbe machine à écrire qui ne la quittera plus pendant des années. Car l'éditeur a un objectif : la publier en premier aux États-Unis, en anglais. Le public américain et anglo-saxon y sera sensible, il en est certain. C'est son public. Il le connaît. C'est le début pour Ève de deux années de travail, de recherche, d'écriture à un rythme haletant.

Pour les sujets scientifiques, les recherches et découvertes de sa mère, elle a besoin d'Irène. C'est elle la scientifique, Ève la littéraire. La cadette va donc devoir user de diplomatie pour obtenir des renseignements, des papiers enfermés dans le coffre de l'institut auxquels seule Irène a accès et qu'elle seule comprend. Bien sûr, la cadette lui promet de lui faire lire les passages ayant trait à ces sujets délicats. Elle se confie à Irène : « Pendant cet été je n'ai pas cessé de travailler un seul jour et je ne sais plus comment l'on vit sans avoir une machine à écrire entre les doigts[4]. » Elle s'inquiète aussi de la réputation de sa mère après l'octroi du second prix Nobel, en 1911 : « Les gens ont la vague idée que Mé n'a plus rien fait d'extraordinaire après son second prix Nobel et la guerre. Je voudrais lutter efficacement contre cette légende en montrant d'une façon compréhensible pour tous l'épanouissement de son œuvre, tant par ses travaux personnels que par ceux de ses élèves[5]. »

Commence donc une course contre la montre. En silence. En secret. Ève se montre encore dans les soirées mondaines, où elle siège auprès de Henry Bernstein. Lui est dans la confidence. Ce beau parleur ne la trahira pas. Il connaît trop, pour être lui-même auteur dramatique, la valeur du silence dans n'importe quel projet littéraire. Il s'installera même auprès d'elle à Lausanne, dans le même palace, lorsqu'elle écrira à Irène. Peut-être même est-il heureux pour Ève. Il la sent, page après page, prendre confiance en elle. Peu à peu, elle se met à croire qu'elle achèvera le projet. Elle se sent revivre. Mais il faut, encore et encore, s'adresser à sa sœur, la courtiser, la supplier. Le ton est poli mais ferme :

> Pourrais-tu laisser à ma disposition, entre les mains de Mme Razet par exemple, les lettres de Mé[6] que finalement tu ne m'as jamais prêtées, et aussi les carnets de travail dont m'avait parlé Fred qui portent, mêlées, les écritures de Pé et Mé… Je sais très bien que je ne pourrai comprendre sans aide leur signification technique. Mais ils peuvent cependant m'être très utiles et me donner une image concrète de ce travail à deux[7].

Les bavardages du Tout-Paris raillent cette femme jeune, célèbre et amoureuse d'un homme dont il n'y a rien à attendre. Perdue puisque célibataire à une époque où le mariage est la référence suprême. Claude Mauriac, fils de l'écrivain François Mauriac, qui vient alors de fêter ses vingt et un ans, retrouve au Pyla, en août 1935, « Bernstein et son inévitable Ève Curie[8] ». Il se moque du dramaturge. Celui-ci, écrit-il, souffre de son âge, n'adresse pas la parole à Ève Curie ni ne lui montre son amour, de peur de paraître ridicule. « Il sent qu'on rit de lui[9]. » En octobre de la même année, de retour à Paris, il consigne dans son journal un « déjeuner chez Henry Bernstein… avec Jean Fayard et naturellement la maîtresse de maison, Ève Curie… charmante, effacée, belle mais usée déjà et l'air triste[10] ». Triste, peut-être, mais usée ? La jeune femme n'a que trente-cinq ans… La famille Mauriac cultive, de père en fils, la même méchanceté misogyne. Ève montrera bientôt au monde qu'elle n'a pas dit son dernier mot.

Pour l'heure, elle poursuit avec acharnement la rédaction de la biographie de sa mère, lorsque sa sœur Irène et son beau-frère Frédéric sont, à leur tour, lauréats du prix Nobel de chimie.

La cérémonie à Stockholm est émouvante, mais les journalistes français s'attardent sur la description physique d'Irène, ce qu'ils ne font pas à l'égard des autres Prix Nobel présents. Elle est la seule femme assise sur l'estrade, au premier rang, au milieu tout de même, parmi dix-huit hommes, tous en smoking. À ses côtés, Frédéric Joliot-Curie. À leur gauche, l'allemand Hans Spemann, embryologiste et Prix Nobel de médecine. La tenue d'Irène est scrutée par les journalistes qui ne manquent pas de tenir des propos empreints de sexisme :

> Tous les regards se braquaient, pendant la cérémonie, sur cette femme au front magnifique, d'une simplicité émouvante ; pas un bijou, pas un colifichet, devant une salle peuplée de fracs constellés et de toilettes diaprées. Sagement assise entre son mari et le physicien anglais sir James Chadwick, lauréat de physique, sur une estrade fleurie que surplombait le buste barbu du bienfaiteur Alfred Nobel, elle maîtrisait pourtant à peine son agitation… On a beau avoir découvert le radium synthétique, la curiosité féminine prend le dessus. Mme Joliot-Curie entrouvrit son diplôme, elle admira son diplôme […] ; et les autres lauréats, encouragés par cet exemple, ne résistèrent pas non plus à la tentation. Le spectacle était charmant et les dignitaires compassés, les académiciens et les douairières dont regorgeait l'auditoire, se détendirent et échangèrent des sourires[11].

Non, Irène n'est pas une petite fille à qui l'on offre une poupée, bien au contraire, et cette description est caricaturale, l'abaissant au rang de midinette. Elle se rappelle avec quel affront sa mère a été traitée lors de son premier prix Nobel, en 1903 avec son mari Pierre Curie. L'aînée des filles Curie observe. Enregistre. La distribution des prix est suivie d'un banquet très protocolaire. L'Allemand termine son allocution par un salut hitlérien, ce que le journaliste français qualifie de « détail savoureux[12] »... Les journalistes n'entendent pas rabaisser le scientifique qui montre allégeance aux théories nazies et au chef du Troisième Reich... Qu'ont pensé Irène et Frédéric de ce salut nazi, eux qui étaient entourés d'amis scientifiques antifascistes ou, parce que juifs, victimes de racisme et du fascisme ? L'ami de la famille, Albert Einstein, a déjà dû, comme d'autres, s'exiler.

À Stockholm, Irène est intervenue la première, certes moins longtemps que Frédéric Joliot-Curie, mais elle ne voulait pas laisser le jury la traiter avec condescendance, comme cela avait été le cas pour sa mère en 1903. Comment donc expliquer que, sur le site officiel de la fondation Nobel, le discours de Frédéric soit imprimé comme un article, alors que celui d'Irène n'est que signalé sans référence professionnelle ?

Lors de ce voyage en Suède, une fois encore, la sœur cadette est absente. Ève n'aura assisté à aucune des trois cérémonies Nobel où sa famille aura été mise à l'honneur. Cinq prix Nobel au total. Les mondes dans lesquels les deux sœurs évoluent sont si différents. Elles semblent ne plus avoir grand-chose à se dire, à partager, et pourtant bientôt il va falloir qu'elles se retrouvent. Dans le froid de l'hiver, la neige et le ski, elles ne se doutent pas que l'année 1936 annonce des bouleversements qu'elles vont devoir affronter. En tant que femmes et, qu'elles le veuillent ou non, en tant que sœurs. Impossible d'effacer les liens du sang.

Devant une salle comble en marge de la cérémonie des Nobel, toujours en ce mois glacial de décembre 1935, Irène intervient à l'Alliance française de Stockholm. Elle explique les dernières découvertes scientifiques de sa mère, les siennes, et évoque le travail des femmes[13]. Irène, la fille Curie la plus calme, la posée, qui ne s'énerve jamais, selon sa sœur Ève, qui n'aime pas les conflits, s'enflamme lorsqu'il s'agit des causes qui lui sont chères : les droits des femmes, en particulier le droit au travail, l'ouverture des métiers aux femmes, mais aussi la nécessité pour l'État de prévoir un budget décent pour la recherche scientifique française. Car la recherche coûte cher, elle est bien placée pour le savoir avec le difficile financement de l'Institut du radium.

De retour à Paris, Irène profite du prix pour défendre la recherche scientifique française et réclame une part conséquente du budget national. Elle ne se désintéresse pas pour autant de la défense et de la promotion des droits des femmes. La crise économique de 1929 a plongé le monde dans un marasme économique très difficile jusqu'en 1945. En 1935, Irène s'inquiète du droit au travail des Françaises remis peu à peu en cause à la suite des conséquences économiques du krach de 1929. Aussi s'adresse-t-elle à l'opinion publique par voie de presse :

> Nous assistons en ce moment, dans tous les pays, aux attaques contre le droit le plus précieux des femmes, le droit au travail, droit sans lequel il n'y a pas de liberté individuelle. À l'époque où Pierre Curie fut nommé professeur à la Sorbonne, en 1904, on offrit à Mme Curie d'occuper le poste de chef de travaux créé pour son laboratoire. Ma mère, qui fut extrêmement féministe, apprécia ce geste à sa valeur : elle n'y vit pas seulement une marque d'estime pour

elle, mais aussi un bel exemple de l'esprit libéral de notre pays, car, à cette époque, les femmes n'avaient pas encore pénétré dans les cadres de l'enseignement supérieur. Deux ans plus tard, à la mort de Pierre Curie, elle fut nommée professeure à la Sorbonne.

C'est ainsi que la France marqua, il y a trente ans, la volonté de ne point faire de distinction entre les femmes et les hommes pour l'obtention des postes les plus élevés dans l'une des branches les plus nobles de l'activité du pays.

Aujourd'hui, en 1935, le travail féminin a fait ses preuves dans tous les domaines. Cependant, depuis quelques années, le droit de la femme au travail est en régression constante et de nouvelles lois menacent de le diminuer encore. Ces lois, dirigées aujourd'hui contre la femme mariée et fonctionnaire, ne tarderaient pas à s'étendre aux autres, ainsi que cela s'est déjà produit dans d'autres pays.

Verrons-nous un gouvernement, reniant le passé, retirer le droit qui fut spontanément accordé à Marie Curie en 1904, le droit d'accéder, dans les mêmes conditions que les hommes, aux emplois pour lesquels elles sont qualifiées par leur mérite et leur travail ?

Nous lutterons de toutes nos forces pour ne pas voir cela[14].

Ces pages représentent alors l'un des textes les plus offensifs sur les droits des femmes. Il convient de ne pas oublier qu'elle-même, en dépit de son prix Nobel, n'a toujours pas le droit de vote.

Quelques mois plus tard, en mars 1936, elle se désole de l'état de misère des laboratoires de son pays et déclare :

La production scientifique française occupe actuellement un rang humiliant parmi celles des grandes nations. Ceci est vrai dans tous les domaines, sauf celui des mathématiques. Pourquoi ? Parce que les mathématiques demandent relativement peu d'argent. Les autres sciences sont chères : c'est,

> paraît-il, un luxe que notre pays ne peut se payer. Ce qui est vrai pour la science est vrai dans la plupart des autres domaines. La France a une proportion d'illettrés plus élevée que la plupart des grands pays, l'hygiène y est à un niveau le plus bas, etc. L'éducation, la santé : luxe hors de nos moyens. Et les crédits scientifiques, ceux de l'instruction primaire, ceux de l'hygiène ont encore été diminués[15].

Époque aussi mouvementée en Europe et en France. La gauche ne se remet pas de l'arrivée au pouvoir d'Hitler en 1933. Des scandales financiers, dont l'affaire Stavisky, ont suscité des manifestations d'extrême droite. Même Marie, peu de temps avant sa disparition, avait adressé une lettre scandalisée à sa cadette sur les liaisons dangereuses entre les hommes politiques et les malfrats. Les partis politiques décident de constituer un front antifasciste et progressiste. Après les élections de 1936, et alors que Léon Blum est pressenti pour devenir président du Conseil, les féministes se mettent à espérer. L'homme politique avait été un fidèle soutien au droit de vote des femmes et, depuis 1930, celui-ci avait promis d'en nommer au gouvernement[16]. Celles-ci sont pourtant considérées comme mineures même mariées, non électrices et non éligibles. Mais avant son arrivée au pouvoir, dans son ouvrage *Du mariage*, il insiste pour que les femmes disposent de leur corps et il revendique le droit à la contraception. Ainsi, note Antoine Tarrago, Léon Blum affirme dès le premier jet de son livre : « On choisira le moment de sa maternité… La liberté d'abord, les enfants ensuite[17]. » En soi, la position est révolutionnaire. Léon Blum est en avance sur nombre de ses compatriotes, y compris certaines femmes. Et il entend inclure des femmes dans son gouvernement, une première dans l'histoire de la République française.

Alors, quelles personnalités féminines choisir ? Le choix de Suzanne Lacore comme sous-secrétaire d'État à la Protection de l'enfance peut surprendre. Elle est une institutrice à la retraite, certes active dans les groupes socialistes. En revanche, Cécile Brunschvicg, sous-secrétaire d'État à l'Éducation nationale, est connue pour ses engagements féministes de premier plan. Depuis 1926, elle a pris la tête de l'hebdomadaire *La Française*, créé en 1906 et qui défend la cause du suffrage des femmes. Elle suit également l'évolution des législations et publie des articles sur les affaires internationales et les conditions des femmes par le monde. Suzanne Lacore et Cécile Brunschvicg travailleront de concert et feront passer des mesures pour le développement de cantines scolaires afin de lutter contre la malnutrition des enfants, et d'autres réformes pour l'éducation, ainsi que des programmes de médecine scolaire, à une époque où les conditions de salubrité sont déplorables au sein de nombreuses familles. Comme le rappelle Antoine Tarrago, elles vont même réussir à faire passer des mesures pour aider des mères seules dans le besoin, et créer des commissions pour la protection de l'enfance[18].

En France, à côté de ces deux personnalités féminines progressistes qui contribueront à améliorer la condition tant des femmes que des enfants dans leur pays, le choix de Léon Blum de faire appel à Irène Joliot-Curie fait sens : la scientifique complète bien ce nouveau gouvernement avec son profil atypique et exceptionnel. Elle peut inspirer les femmes par son expérience et lancer, elle aussi, des initiatives. Car elle est également une visionnaire.

*

Pour Irène, devenir l'une des trois premières femmes membres d'un gouvernement français représente un contraste saisissant avec son métier de chercheuse. La politique est loin d'être une science exacte. Pour elle, rappelle son biographe Louis-Pascal Jacquemond, elle se résume à de « vaines palabres ». Des bavardages inutiles, souvent prétentieux, qui ne débouchent sur rien de concret et qui pullulent de mensonges et de balivernes pour elle qui ne supporte que des démonstrations rigoureuses. Elle découvre que, souvent, les femmes, en position subalterne, doivent laisser les hommes s'écouter parler. Pour une Prix Nobel qui ne peut imaginer une seule journée sans être plongée dans des expériences concrètes, c'est tout simplement insupportable. La misogynie, Irène la côtoie depuis son enfance. Elle songe aux insultes contre sa mère, « la Polonaise », en 1911. Irène est à son tour sujette aux vindictes des journalistes, aux moqueries et méchancetés. Elle n'en a cure, même s'ils veulent la blesser. Irène n'hésite pas à répondre aux critiques. Les médias, eux, ricanent de son apparence physique dénuée d'élégance alors que sa sœur est photographiée par les magazines mondains. Si Ève manie la délicatesse, utilise des regards enjôleurs, Irène n'a pas toujours recours aux formules de politesse.

Et ce n'est pas l'attitude de son ministre de tutelle Jean Zay qui va la détendre. Encore auréolée de son prix Nobel de chimie décerné six mois plus tôt, Irène est stupéfaite. Elle n'a pas de bureau ! Trois semaines plus tard, elle réclame un huissier, un ou une dactylographe, et toujours des bureaux. Silence de l'administration. On ne lui accorde rien. Jean Zay entend bien la garder sous sa tutelle. Et qu'elle se taise. Le ministre, c'est lui. La politique, c'est encore lui. Elle ne doit, à ses yeux, qu'être une « femme-alibi[19] » pour une opération de communication utile au gouvernement, à Léon Blum et surtout à lui-même. Mais le politicien ne peut empêcher qu'Ève offre au public un article sur sa sœur : « C'est une savante. C'est la fille de deux savants. C'est l'épouse d'un savant. Et il faut qu'elle ait une très forte individualité pour réussir ce prodige : ne ressembler à personne, n'imiter personne, pas même cette mère illustre dont elle paraît suivre la trace, de découvertes en prix Nobel[20]. »

Irène apparaît comme l'éternelle bonne élève, sage et discrète, équilibrée, à l'inverse de ce que sa scolarité a été, avec ce goût du sport et d'une vie saine que leur a inculqué leur mère. Pour que les politiques et les journalistes comprennent mieux les réactions vives et sèches de son aînée, Ève explique combien sa franchise et sa droiture représentent la conséquence naturelle d'un caractère difficile : « aucune force humaine ne peut contraindre Irène Curie à faire ce qui l'ennuie, à s'occuper de ses robes, à voir des importuns – ni l'empêcher de bâiller à une réception officielle [...]. C'est un être implacablement vrai qui se montre à tous exactement tel qu'il est, avec ses mérites et ses manques, sans chercher à s'embellir ou à plaire. »[21]

Ce portrait a l'avantage de laisser deviner aux lecteurs et lectrices le talent de femme de lettres d'Ève. En conclusion, la sœur cadette s'amuse :

> L'impassible physicienne se passionne aussi, maintenant, pour des questions sociales, voire pour des doctrines politiques. Et comme nos opinions diffèrent sur certains points, j'ai réussi, il y a quelque temps, à avoir avec « ma-sœur-qui-ne-se-met-jamais-en-colère » une controverse ardente, qui a duré au moins sept minutes ! Émerveillées et stupéfaites de

ce résultat inespéré, nous nous sommes regardées en silence. Et nous nous sommes mises à rire[22].

L'humour d'Ève plaît au public et ne déplaît pas à Irène, exaspérée par la lenteur des décisions politiques et les interminables négociations. Par la faute des politiques, elle perd son temps. Et ses recherches piétinent. Son mari, Frédéric, est de fort méchante humeur : « Mon père, raconte Pierre Joliot-Curie, a été furieux que ce soit ma mère qui soit nommée au gouvernement. Il estimait que cela devait lui revenir à lui. Et il n'a pas supporté de devoir lui demander des crédits de laboratoire[23]. »

À l'amie américaine de la famille, Missy Meloney, Irène écrit qu'elle a accepté le poste à cause de son engagement féministe, et aussi pour donner une place plus conséquente à la recherche scientifique. Enjeu que l'Allemagne et l'URSS ont parfaitement compris et intégré dans leurs stratégies nationales. Irène réclame à son ministre de tutelle une augmentation conséquente du budget de la Recherche, et entend aligner « la condition des sévriennes sur celle des normaliens de la rue d'Ulm : droit à une bourse et à un congé dans un laboratoire, droit de passer la licence et l'agrégation pour devenir professeure dans l'enseignement supérieur, comme dans l'enseignement secondaire, et droit à des salaires égaux à ceux de leurs collègues masculins[24] ».

L'École normale supérieure de jeunes filles de Sèvres forme en effet les jeunes femmes scientifiques qui tenteront de devenir, en dépit du fameux « plafond de verre » et des discriminations dans les carrières universitaires, professeures d'université, directrices de laboratoire. Et pour ces jeunes femmes, la route est longue et parsemée d'obstacles avant d'atteindre une position digne de leurs diplômes et de leurs compétences. Comment Irène pourrait-elle oublier que sa mère, de 1900 à 1906, en même temps que l'Exposition universelle à Paris, y enseigna la physique, leur donnant un savoir qui les inspirera tout au long du XXe siècle ?

Tout cela venait de loin. La lutte pour l'accès des jeunes filles à l'enseignement secondaire avait donné lieu à de fortes résistances. Avant la création de Sèvres, à la fin du Second Empire, en 1867, les jeunes filles n'avaient pas le droit de suivre un enseignement correspondant à celui des garçons. Victor Duruy, alors ministre de l'Instruction publique, avait écrit en 1866 à l'impératrice Eugénie que « l'influence de la mère sur l'éducation du fils et sur la direction des idées est trop importante pour voir les femmes rester étrangères à la vie intellectuelle du monde moderne[25] ». L'impératrice proposa que soit dispensé un programme de culture générale pour des jeunes filles à la Sorbonne. En présence de leurs mères, bien sûr, afin qu'elles ne risquent pas de faire de « mauvaise rencontre »... L'Église catholique réagit vivement et fit échouer ce programme. Cependant un jeune député de trente ans, Camille Sée, prépara un projet présenté par Jules Ferry qui aboutit à la loi du 20 décembre 1880 pour la création des lycées et collèges de jeunes filles.

Demeurait un problème de taille. Camille Sée avait précisé que ces établissements devaient être dirigés par des femmes munies de diplômes réguliers. Ainsi, pour former ce personnel féminin alors inexistant, fut créée l'École normale supérieure de Sèvres. Non sans des résistances au Sénat : « De quoi s'agit-il ? Il s'agit de créer un institut d'une espèce nouvelle. Un séminaire laïc de jeunes filles, qu'on appelle des professeurs-femmes, je ne connais pas ce monstre[26]. »

La loi créant l'école fut promulguée en juillet 1881. Après une étude effectuée par Jules Ferry, il fut décidé d'attribuer à l'École l'ancienne manufacture de Sèvres bâtie sous le règne de Louis XV sur les conseils de Mme de Pompadour[27], mais qui était désaffectée depuis plusieurs années. Un grand bâtiment, protégé, où les jeunes filles seraient assurées de ne pas faire de rencontres masculines et donc de ne pas mettre en péril leur réputation. Symbole fort que ce lieu, lorsque l'on se souvient du rôle et de l'influence considérable de Mme de Pompadour sur la promotion des arts et de la culture à la cour de Louis XV.

Les résultats furent impressionnants. Les premières élèves sortirent de l'École en 1883, devinrent professeures de collège et de lycée, et une dizaine d'entre elles directrices de lycée. Des bourses de voyage furent octroyées, ce qui permit à ces jeunes femmes de découvrir d'autres cultures, sciences et modes de vie. Mais elles n'avaient toujours pas le droit de passer le baccalauréat ! Il fallut pour cela attendre 1910, soit près de trente ans après la création de l'École, et alors que Marie Curie y enseignait depuis 1900. Le nombre d'inscrites augmenta enfin, parmi lesquelles des élèves étrangères, car au même moment, et Marie Curie l'avait vécu, il n'y avait pas en Europe d'enseignements ni d'examens spéciaux pour les filles[28]. Celles-ci venaient à Sèvres chercher des équivalences. Il faudra attendre la fin de la Première Guerre mondiale pour que l'enseignement secondaire des filles soit assimilé à celui des garçons, en 1924, leur donnant enfin l'espoir d'une vie plus ouverte.

Depuis sa nomination à un poste politique, Irène réussit, malgré la mauvaise volonté de Jean Zay, à prendre des initiatives et des décisions. Il y a urgence. Elle ne sait pas combien de temps elle restera à cette fonction, aussi prestigieuse soit-elle pour le grand public, pour Léon Blum et pour les chercheurs. Irène ne se laissera pas faire. Elle obtient l'autorisation pour les élèves mariées à continuer leurs études. Elle fait rattacher l'École normale de Sèvres non plus à la direction de l'enseignement secondaire mais à celle de l'enseignement supérieur. Cette décision sera actée en décembre 1936, après son départ du gouvernement, et entraînera une augmentation des crédits et la création de postes. Enfin, après la Seconde Guerre mondiale, les sévriennes pourront s'orienter plus volontiers vers l'enseignement supérieur, tout comme les chercheuses qu'Irène et Marie formaient depuis longtemps à l'Institut du radium.

Une ancienne sévrienne élève de Marie, reçue première au concours féminin de l'agrégation de sciences physiques et naturelles, Eugénie Cotton, amie des Joliot, devient directrice de cette prestigieuse école en 1936, à l'initiative d'Irène. Ensemble, les deux femmes vont réformer les études supérieures féminines, améliorer le niveau d'enseignement des sciences, en particulier pour les filles, et leur trouver, en dépit des préjugés, des débouchés, d'autant que les sévriennes n'avaient pas le même statut que les normaliens. Irène Joliot-Curie lui rendra plus tard un vibrant hommage :

> Mme Cotton fit un effort constant pour obtenir que l'École normale supérieure des jeunes filles bénéficie d'un statut équivalent à celui de l'École normale de la rue d'Ulm. Je suis heureuse d'avoir pu l'aider un peu dans cette tâche au moment où j'étais sous-secrétaire d'État à la Recherche scientifique. Le résultat est acquis aujourd'hui : les jeunes filles de l'École normale peuvent préparer leur licence pendant leurs études et après l'agrégation, peuvent obtenir une

> bourse pour travaux dans un laboratoire, peuvent devenir professeures dans l'enseignement supérieur, dans l'enseignement secondaire, des salaires égaux à ceux des collègues masculins leur sont assurés[29].

Avec son regard intense qu'encadre un sourire lumineux, Eugénie Cotton, dotée d'une volonté inébranlable et d'une profonde humanité, selon ses anciennes élèves, laissera en cinq ans son empreinte sur cette école, en dépit de sa mise à la retraite par Vichy en 1941. Son mari, Aimé Cotton, également physicien, sera arrêté à plusieurs reprises par la Gestapo. Ainsi les années du Front populaire font apparaître les jalons d'un chemin qui permettra, à la Libération, à des jeunes femmes de prétendre occuper des fonctions scientifiques de premier plan. Le Collège de France, lui, n'est toujours pas, après-guerre, ouvert aux femmes. Il faudra attendre 1988, soit quatre cent cinquante-neuf ans après sa création en 1529 par François Ier – plus de quatre siècles – pour qu'une femme, l'helléniste Jacqueline de Romilly, y soit élue professeure et titulaire d'une chaire !

Irène se lasse vite des mesquineries politiques. Les réticences de Jean Zay à lui accorder une vraie place et une visibilité l'exaspèrent. Le ministre de tutelle entend garder pour lui seul les initiatives en matière de recherche scientifique alors qu'il n'a aucune compétence en la matière. Face à une Prix Nobel de chimie, le politicien veille à tirer seul le profit du travail d'Irène. Elle lui est utile, mais ne joue pas son rôle de femme soumise comme il l'entendait. Impossible avec une femme de la trempe d'Irène. Un mépris qui ne passe pas. Jean Zay se venge et ne lui accorde pas les crédits demandés. À ce sabotage s'ajoutent les déceptions d'Irène à l'égard de Léon Blum.

Un homme qu'elle estime pourtant, et dont elle a entendu parler par sa mère. Elle l'a rencontré avant d'entrer au gouvernement. Elle avait mis en lui beaucoup d'espoir pour améliorer la condition des Françaises. Irène souhaite l'obtention du droit de vote pour les femmes et, à partir du 18 juillet 1936, date du déclenchement de la guerre civile espagnole, un soutien plus marqué de la France à la République espagnole confrontée à une insurrection militaire.

Une nouvelle déception attend la Prix Nobel. Le 30 juillet 1936, la Chambre des députés se prononce à nouveau en faveur du droit de vote des femmes par 475 voix contre 0. Mais dix-neuf membres du gouvernement s'abstiennent. Léon Blum n'intervient pas, d'autant qu'il est lié au parti radical qui ne s'est pas engagé pour accorder le droit de vote aux femmes dans son programme. Le gouvernement s'abstient donc et n'oblige pas le Sénat à inscrire ce texte à l'ordre du jour. Les féministes s'en souviendront, alors que les suffragettes ont commencé leurs campagnes pour le droit de vote depuis plus de quarante ans, bien avant les dernières années du XIXe siècle. Beaucoup de féministes françaises sont déjà mortes sans avoir pu une seule fois voter ou être éligibles. Marie Curie, pour sa part, n'aura jamais eu la possibilité de voter, tandis que dans les pays anglo-saxons et scandinaves, en Nouvelle-Zélande, en Australie, les femmes ont enfin obtenu ce droit. C'est donc un immense sentiment de lassitude qui agite les militantes françaises, après deux générations de combat sans résultat. Irène constate que les droits des femmes n'ont guère avancé en France depuis qu'elle et sa mère conduisaient les « petites Curie » près des tranchées pour sauver les soldats blessés.

Par ailleurs, les nouvelles d'Allemagne deviennent de plus en plus inquiétantes. Élu chancelier en janvier 1933, Hitler a entamé sa politique antisémite très rapidement après sa prise de fonction. Les plus éminents scientifiques allemands quittent l'Allemagne et l'Autriche pour les États-Unis, préférant mettre l'océan Atlantique entre eux et le nouveau gouvernement. Les deux invasions allemandes en France en 1870 et en 1914 restent présentes dans les mémoires. Ainsi, Albert Einstein a compris que Paris demeure trop proche de Berlin pour se sentir en sécurité. Le physicien a préféré rejoindre les États-Unis dès 1932 et devient professeur au prestigieux Institut d'études avancées de Princeton[30], alors que le Collège de France avait envisagé de lui offrir une chaire. Des intellectuels, écrivains, philosophes, cinéastes partent. L'Anglais Charlie Chaplin verra ainsi d'éminents acteurs et réalisateurs rejoindre Hollywood. Il sera parmi les plus conscients du danger fasciste et s'en souviendra lorsqu'il s'attellera, à compter de 1938, au scénario de son film *Le Dictateur*, au moment de la « nuit de cristal », pogrom contre les Juifs du Troisième Reich.

Irène, de son côté, entend apporter son soutien au gouvernement de Madrid en lutte pour sa survie. Léon Blum, pour sa part, soutient le gouvernement espagnol issu du « Fronte popular ». La France ainsi que l'Union soviétique fourniront des armes à la République espagnole, notamment des avions et des facilités financières. Elle laissera agir les Brigades internationales, dont les effectifs iront croissant. Mais dans le camp nationaliste, les volontaires italiens et allemands prennent aussi part aux combats. Ceux-ci sont d'un acharnement tel que le président du Conseil recule à l'idée d'envoyer l'armée française dans le chaudron espagnol. Le Portugal, l'Allemagne, l'Italie et de nombreux pays de langue espagnole soutiennent l'insurrection militaire franquiste. Léon Blum trouvera sage de ne pas aller plus loin dans l'aide à la République espagnole. Nombre d'intellectuels, dont Irène, en sont blessés. Irène décide donc de démissionner. Elle a fait ses preuves et montré qu'il était important pour le pays que des femmes occupent des fonctions ministérielles. Mais la recherche scientifique doit aussi recevoir un vrai soutien de l'État français.

Les journalistes de l'hebdomadaire *La Française*, dit « journal de progrès féminin », fondé en 1906 par la journaliste et féministe Jane Misme qui le dirige jusqu'en 1926, date à laquelle lui succède Cécile Brunschvicg, rendent hommage à Irène, qui justifie son départ pour des raisons visant à ne pas offenser Léon Blum : « Mme Joliot-Curie a décidé d'abandonner ses fonctions au gouvernement, pour raisons de santé [...]. Les féministes lui gardent une vive reconnaissance pour son esprit de solidarité et toutes se joindront à nous pour la remercier et lui souhaiter un complet rétablissement[31]. »

*

Alors qu'Ève tape sur sa machine à écrire la dernière phrase du portrait d'Irène, elle franchit un pas dans l'histoire de sa propre vie. Elle découvre qu'elle sait rédiger, transmettre au public l'émotion, l'humour, le rire, l'atmosphère. La maîtrise de la plume devient une force, un recours au moment où elle abandonne sa carrière de pianiste. Pour surmonter cet échec, elle va offrir au monde la première biographie de sa mère. Et veut, comme les deux autres femmes de la famille, atteindre le même degré d'excellence. Quel programme !

Pour se protéger des foudres de sa sœur, elle donne un ton léger à la lettre qu'elle lui adresse sur les passages qu'elle écrit concernant la recherche scientifique de leur mère : « J'ai fait de la découverte du radium un récit scientifique (!!!) qui a enthousiasmé mon adaptateur... J'espère maintenant qu'il ne fera pas dresser les cheveux sur ta tête de technicienne ! Je me suis inspirée du livre de Pé et Mé Curie, peut-être n'y aura-t-il donc pas trop de fautes.[32] »

Finalement, me dira Hélène Langevin, il n'y aura pas de contentieux sur la conception du livre entre Irène et Ève. Irène n'aime pas les conflits, comme le soulignait Ève dans le portrait qu'elle a fait de sa sœur lors de sa nomination au gouvernement de Léon Blum. Il n'y aura pas eu de disputes. À Lausanne, Ève travaille du matin au soir, parfois la nuit, et le traducteur désigné et financé par son éditeur se tient prêt dans la chambre d'à côté tandis qu'Henry Bernstein, toujours lui, n'est pas loin.

Lorsqu'elle appose le dernier mot, la fille cadette de Marie se sent épuisée. Le livre va-t-il intéresser ? Elle ne sait plus. L'éditeur, lui, est confiant. Heureux. Cette biographie correspond à ses attentes et il entend lui donner une belle promotion. La sortie aux États-Unis de *Madame Curie* dépasse très vite toutes les espérances. Les critiques américains les plus acerbes ne tarissent pas d'éloges. Eleanor Roosevelt, dont les chroniques sont lues dans la presse américaine par des millions de ses concitoyens, se déclare enthousiaste. Le succès enfle. En octobre 1937, Ève Curie reçoit pour son livre le prestigieux prix littéraire National Book Award for Non Fiction. Et sa tournée de conférences à travers l'Amérique dépasse, par la foule des lecteurs qui se déplacent, les plus folles espérances. À présent, la France. Même succès, même reconnaissance.

Léon Blum et Colette lui adressent, comme d'autres, des mots de félicitations. Le public se l'arrache.

*

Au désarroi de l'implication insuffisante du gouvernement du Front populaire dans les combats en Espagne, s'ajoute la suppression du poste ministériel prévu pour la Recherche. Comment est-ce possible ? Irène sait, et elle en a assez parlé avec Léon Blum, combien la France a besoin de relancer la recherche scientifique, gage de progrès et de souveraineté dans un monde qui se réarme et où les États membres de l'Axe accordent des financements conséquents aux secteurs stratégiques. Puisqu'elle n'est plus au gouvernement, il ne lui reste plus que la plume pour protester :

> Permettez-nous de vous dire, sans retard, la déception éprouvée par le monde scientifique devant la suppression du sous-secrétariat d'État à la Recherche scientifique que vous avez créé [...]. Il reste beaucoup à faire [...]. Cette coordination tant désirée, qui serait si utile et en même temps si productive pour l'État, n'a pu être qu'ébauchée. Le sous-secrétariat d'État à la Recherche scientifique nous apparaissait comme l'organisme le plus capable de réaliser ce vaste projet dans un esprit novateur[33].

Irène se sent désemparée. La situation mondiale se tend, elle n'a pas oublié le salut nazi de l'Allemand Hans Spemann, lauréat du prix Nobel de physiologie et de médecine en 1934, en leur présence, lors de la cérémonie de remise des prix à Stockholm.

Et en France, l'année suivante, en 1938, les nouvelles sont inquiétantes. D'abord sur le plan familial et médical. La fondation Curie, celle-là même créée à force de travail par sa mère en 1921, axée sur « trois missions, la recherche des soins, la conservation et la transmission des savoirs » avec pour objectif de lutter contre le cancer et de sauver des vies, est à court d'argent. Elle risque de devoir fermer. Ève et Irène sont prêtes à faire front ensemble. Elles lancent un appel aux dons le 4 mars. Ève, que le grand public a eu l'occasion de découvrir dans les magazines, et dont le succès de son livre outre-Atlantique a résonné jusqu'en France, accorde des entretiens dans les journaux : « Je pense à l'angoisse de ma mère si son hôpital disparaissait. [...] Elle qui n'a rien demandé et rien accepté pour elle-même mettait une véritable passion à rechercher des subventions pour son œuvre[34]. » En réalité, le prix du radium a considérablement augmenté, et les dons faits à la fondation sont souvent ciblés, omettant les salaires et les charges sociales. Les appareils d'irradiation qui nécessitent 11 grammes de radium doivent fonctionner jour et nuit. Cent cinquante personnes se relaient. En dépit de l'aide de l'État à la création de la fondation, et de généreux donateurs, tels que John D. Rockefeller et le docteur Henri de Rothschild, les fonds continuent à manquer et la fondation est menacée de faillite. Une vraie catastrophe quand on sait que « les médecins traitants affirment qu'actuellement pour les cancers externes, on compte 95 % de cas de guérisons définitives, 80 % dans les cas moyens, 12 % pour des cas très avancés[35] ». Ève rappelle que de 1919 à 1935, soit avant même la création de l'hôpital, la fondation Curie, dotée de quatre-vingts lits, a soigné 8 319 malades.

Ces arguments s'avèrent utiles puisque, très vite, la Ville de Paris intervient, tout comme le ministre de la Santé publique d'alors. L'Institut Curie est sauvé. Aujourd'hui, il représente un ensemble hospitalier de pointe en cancérologie regroupé sur trois sites, Paris, Orsay et Saint-Cloud. C'est aussi l'un des plus prestigieux centres de recherche sur le cancer dans le monde avec quatre-vingt-huit équipes de recherche. Ensemble, Ève et Irène ont atteint leur objectif.

*

Voici donc Irène désespérée de l'attitude de la gauche française face à la guerre d'Espagne. Cette neutralité, sous la pression de la Grande-Bretagne, ni Irène ni Frédéric ne peuvent la comprendre. Léon Blum les a déçus. En Allemagne, Hitler, lui, a apporté un soutien militaire aux troupes nationalistes espagnoles de Franco. Le fascisme continue de se répandre et de nombreux juifs d'Allemagne, d'Autriche, fuient l'Europe. Sigmund Freud se réfugie de justesse à Londres grâce à l'aide de la princesse Marie Bonaparte. La France ne fait rien, Irène et Ève s'inquiètent. La Pologne a une frontière avec l'Allemagne nazie. Et si le pays de leur mère et de ses ancêtres était de nouveau envahi ? Un soir, elles apprennent la nouvelle. À Munich, Édouard Daladier, alors président du Conseil, a signé les accords avec Hitler l'autorisant à intégrer les Sudètes, les minorités germanophones allemandes de Tchécoslovaquie, au sein du Troisième Reich, contrairement à ce qui avait été acté dans le traité de Versailles. Céder devant Hitler paraît inconcevable aux filles Curie. Toutes deux s'interrogent. Après les Sudètes, quelle sera sa prochaine exigence ?

Ève est atterrée. Dans son appartement de la rue des Vignes, sur la rive droite de la Seine loin du Quartier latin, elle partage à présent sa vie avec un journaliste politique, fils de Maurice Barrès, Philippe Barrès. L'homme au regard perçant est de retour d'un an comme correspondant à Berlin, où il a rencontré les dirigeants nazis dont Hitler. Il est revenu stupéfait de la connaissance par l'entourage du chancelier de la pensée militaire française et des idées novatrices du colonel Charles de Gaulle, dont les Français, eux, ignorent le nom. Il s'inquiète du réarmement moral et matériel de l'Allemagne tandis que la France ne se consacre qu'à une vision défensive qui va engouffrer des sommes gigantesques dans la ligne Maginot que les troupes allemandes contourneront.

Ève et Irène ne sont pas au bout de leurs déconvenues politiques. À l'été 1939, elles apprennent une nouvelle qui les accable. Joseph Staline, l'homme qui symbolisait aux yeux d'Irène et de Frédéric la lutte contre le fascisme, vient de signer un accord de non-agression entre l'Allemagne nazie et l'URSS. La vision optimiste d'Irène à l'égard de Staline et du communisme vole en éclats. Cette fois, elle ne se range pas derrière la doctrine du parti communiste, publie dans les journaux *L'Œuvre* et *Le Temps* une déclaration le 30 août 1939, s'inquiétant de nouveau pour la souveraineté de la Pologne[36]. Le 1er septembre, leurs craintes sont confirmées. Hitler envahit la Pologne avec la complicité de l'URSS. Deux semaines plus tard, le 17 septembre, l'invasion soviétique de la Pologne orientale commence. Confrontée à une attaque sur deux fronts, l'armée polonaise se replie sur la Roumanie. Le 6 octobre, Hitler et Staline réussissent à mettre fin à la République polonaise. Ève et Irène sont accablées et, une fois encore, inquiètes pour leur famille restée à Varsovie.

Que va devenir l'Institut du radium, dirigé par Bronia jusqu'à son dernier souffle, en avril 1939 ? Du moins leur tante, décédée quelques mois plus tôt, n'aura pas eu la douleur de vivre une nouvelle occupation de la Pologne. Tandis que l'Allemagne annexe la Pologne occidentale et l'ancienne ville de Dantzig, l'URSS incorpore les territoires conquis à l'Ukraine et à la Biélorussie. Des Polonais s'enfuient par milliers, et Varsovie déplore de nombreux morts sous l'effet de la violence des combats. Le monde de leur mère, de leurs ancêtres, s'écroule de nouveau.

7

IRÈNE ET ÈVE SÉPARÉES DANS LA TOURMENTE DE LA SECONDE GUERRE MONDIALE

Pour Ève et pour Irène, c'est un déchirement. La cadette y voit la confirmation que dans la lutte contre le nazisme, on ne peut faire confiance aux communistes. Irène en est également persuadée, et indignée par le double crime commis contre la Pologne de sa mère. L'aînée s'inquiète des faiblesses des démocraties face aux régimes totalitaires, se désole de la neutralité et du non-engagement de certains pays contre le fascisme. À Missy Meloney, devenue une confidente, Irène écrit : « Je ne peux pas m'empêcher d'éprouver une grande amertume. Les évènements de l'an passé ont clairement démontré que fascisme et communisme sont internationaux. Les fascistes des différents pays s'entraident et les communistes en font autant. Si les démocraties n'élaborent pas un sentiment de solidarité internationale, elles seront certainement détruites[1]. »

Alors, que faire ? L'année précédente, Ève a acquis une célébrité internationale qui pouvait être utile à la France. Elle discute volontiers avec son nouveau compagnon Philippe Barrès des réalités stratégiques, de l'entourage d'Hitler dont elle a compris les enjeux. Elle n'entend pas rester inactive, veut être utile. Habituée à donner des conférences, connue pour ses articles et pour la biographie de sa mère, elle dispose d'une visibilité rare pour une Française. Il faut qu'elle agisse et s'engage !

Déjà, en mars 1939, Ève a effectué une tournée triomphale à travers les États-Unis pour la promotion de *Madame Curie*. Escortée par des motards, elle a été saluée par le maire de New York, Fiorello La Guardia, à qui elle a offert un exemplaire de son livre. Quel accomplissement en moins d'une vingtaine d'années ! En 1921, elle accostait sur le même quai de New York, sous les acclamations en l'honneur de sa mère. Dix-huit ans plus tard, avec un peu moins de foule mais une ferveur réelle, c'est à son tour de recevoir une ovation. À cette ferveur s'ajoute la fascination du public, tant cette jeune femme incarne, par son élégance et ses vêtements finement coupés, l'élégance française. Elle traverse en train les États-Unis jusqu'à San Francisco, acclamée par la foule. Intervient à l'Exposition internationale du Golden Gate, serre deux mille mains en quelques jours. Rencontre Eleanor Roosevelt, la très aimée et très controversée épouse d'un président populaire, engagée pour les droits humains et les droits des femmes. La Première dame a lu *Madame Curie*, bien sûr. Entre les deux femmes, ce sera le début d'une amitié, d'une complicité. La guerre crée ainsi des liens imprévus. Pour l'heure, Ève est qualifiée par les médias de « l'une des cinq femmes les plus célèbres du monde », une autre étant Eleanor Roosevelt. À son arrivée, un orchestre joue pour elle *La Marseillaise* et c'est devant un public enthousiaste qu'elle effectue des conférences sur les « femmes et la science, les femmes et la santé ».

En France, les journaux relatent son périple américain, ses succès. Devenue une fierté nationale, elle rentre à Paris, auréolée de cette gloire américaine. Une foule l'attend au port du Havre. Le 14 juillet, elle est faite chevalier de la Légion d'honneur puis chevalier de l'ordre *Polonia Restitua*. La diplomatie française entend bien la solliciter. Elle est recrutée par le Quai d'Orsay, au commissariat général à l'Information dirigé par l'écrivain français Jean Giraudoux. Puisque ses conférences attirent du monde et que ses portraits sont reproduits dans les journaux, elle devra parler, intervenir à la radio dès que possible et écrire, écrire encore. Pas une journée à perdre. C'est la guerre. La voici déjà à la radio le 15 septembre, en train de raconter comment sa mère n'aurait jamais laissé tomber la Pologne alors anéantie et aurait continué à croire en la force de son pays. Elle insiste sur la résistance à laquelle Marie Curie fut habituée dès son enfance à l'école. Sa mère, selon la cadette, continuerait aujourd'hui de se battre pour la libération de son pays : « Comme en 1914, aussi, elle croirait en la victoire[2]. » « Ma mère a eu en 1919 l'immense joie de voir renaître la Pologne libre. Si elle était en vie elle serait déchirée devant la Pologne envahie et sanglante… mais elle n'hésiterait pas, comme en 1914, elle se jetterait dans la lutte et mettrait ses forces au service des deux patries[3]. »

*

Irène tient les mêmes propos que sa sœur. Dans l'ambiance sinistre de ce qu'on appelle la drôle de guerre, la protection du laboratoire est sa priorité. Elle effectue des travaux sur les isotopes du phosphore et radioactifs créés par les bombardements de neutrons dans les éléments lourds, thorium et uranium. Elle vient de découvrir, en janvier 1939, la fission du noyau de l'atome. Ses travaux avancent bien. Une autre priorité s'impose. Se protéger, elle. Sa santé décline, la fatigue l'envahit, elle doit soigner sa tuberculose et effectuer des séjours au sanatorium de Sancellemoz, celui où Mé est morte quelques années auparavant. Épreuves constantes, va-et-vient entre Paris et la Haute-Savoie, ce repos forcé est atténué par la beauté des paysages, la douceur des vallées, des arbres, des montagnes. Certes, ce ne sont pas les paysages de l'Arcouest, ce paradis breton où elle aime tant se ressourcer avec son mari et ses enfants, havre de paix, de douceur, où elle peut lire, écrire, réfléchir à ses recherches. Sa famille lui manque, mais les lettres apportent un peu de réconfort. Envers et contre tout, elle veut vivre, poursuivre sa passion.

Pas question de s'arrêter donc. Ève est invitée par le Quai d'Orsay et le commissariat général à l'Information à repartir aux États-Unis et à tenter d'infléchir les Américains dans l'espoir qu'un jour ils s'engageront aux côtés de la France. Le 18 janvier 1940, Ève, toujours élégante dans ses tenues de grands couturiers français qui fascinent le public américain, entame une nouvelle série de conférences sur « les femmes et la science ». En réalité, il s'agit de promouvoir à la fois l'histoire de sa mère avec son livre *Madame Curie*, encore sur la liste des best-sellers, mais surtout de défendre la cause des démocraties, face aux dictateurs qui règnent dans plusieurs pays européens, notamment Franco en Espagne, Mussolini en Italie, Staline en Russie, et bien sûr Hitler en Allemagne. Les perspectives s'assombrissent de mois en mois en Europe.

Elle donne plusieurs conférences dans les endroits les plus chics de New York et un déjeuner de mille deux cents personnes est offert en son honneur à l'hôtel Astor. Le 2 février 1940, Ève est de nouveau l'hôte de la Maison

Blanche à l'invitation d'Eleanor et de Franklin Roosevelt. L'épouse du président américain rend hommage à Ève dans ses colonnes :

> Le Président a été très heureux de la voir de nouveau [...]. Elle se présente au mieux à chaque occasion, rencontre du monde, avec à l'esprit, j'en suis sûre, de ne pas se lier d'amitié avec des gens uniquement pour elle-même, mais pour son pays [...] les laissant avec un souvenir plus aimable et amical à l'égard de son pays qu'ils n'avaient auparavant. [...] La France a de la chance d'envoyer Mlle Curie, car elle gagne les cœurs de tous ceux qui l'approchent et les grandes réalisations scientifiques de sa mère posent les fondations d'un sentiment plus amical qui touche les femmes de notre pays[4].

Cet hommage n'est pas le seul. Dix jours plus tard, en pleine tournée, Ève découvre sa photo encadrée sur la couverture du célèbre hebdomadaire américain *Time*. C'est la consécration. Quelle reconnaissance d'être passée ainsi de l'ombre de sa mère à la plus impressionnante des lumières, celle d'un magazine lu dans le monde entier ! Moment historique où les trois femmes Curie sont appréciées, chacune pour leurs talents. Si Marie et Irène ont été photographiées avec de longs articles dans des journaux internationaux, aucune des deux n'aura réussi la prouesse d'être en couverture de ce prestigieux magazine américain.

Ève y publie un article sur « les Françaises au travail » alors que six millions de Français sont mobilisés. Tandis qu'elle effectue un tour de l'Amérique, Eleanor Roosevelt lui écrit avant son retour en France : « Je me rends compte que vous rentrez chez vous dans un contexte très malheureux et très déprimant. Mes pensées vont vers vous, et mes prières pour une fin rapide de cette situation horrible[5]. » Ève lui répond par une lettre que sa sœur, qui n'apprécie guère les formules de politesse, aurait bien été incapable de rédiger. Une lettre qui déborde de compliments et aussi d'inquiétude : « J'espère que mon pays sortira vainqueur, parce que, si ce n'est pas le cas, la vie deviendra très difficile pour les personnes qui ont encore une conception du bien et du mal [...]. En Amérique, il se trouve que le meilleur homme du pays, le plus noble et le plus intelligent, est au pouvoir. C'est une chance que très peu de pays ont[6]. »

Et elle achève son tour qui la conduit à Houston, Fort Worth, Tulsa, La Nouvelle-Orléans, Toledo, Atlanta, Cincinnati, New York, Washington, notamment. Au retour, Paul Reynaud, président du Conseil, la félicite. Franklin et Eleanor Roosevelt ont souhaité évoquer son voyage à l'ambassadeur de France à Washington et louer son action. Un travail, en réalité, diplomatique et de nature stratégique sous couvert d'une initiative personnelle et non du gouvernement français. Une opération politique qui, espère-t-on, portera ses fruits. Ève est engagée dans la défense de son pays. Lutter, lutter encore, agir, comme sa mère, sa sœur, en 1914-1918.

*

Le 10 mai 1940 commence la véritable offensive allemande contre la France. Les Panzerdivisions, divisions blindées de l'armée allemande, percent le front des Ardennes. Irène et Ève se trouvent à Paris lorsque les soldats allemands entrent dans la capitale le 14 juin 1940, hissent la croix gammée sur la tour Eiffel avant de défiler sur les Champs-Élysées. Les militaires ont toutefois reçu ordre d'Hitler de contourner l'Arc de Triomphe, pour ne pas marcher sur la tombe du Soldat inconnu.

C'est un affront terrible. L'armée française, qui avait vaincu en 1918 l'Allemagne, s'est effondrée devant l'audace et la préparation de l'armée nazie. Ève, dans un article, lance un appel au secours aux États-Unis. L'Amérique ne réagira pas. Alors, que faire ? Résister ? Partir et s'engager depuis l'étranger ? La cadette ne dispose pour arme que de son stylo, de sa machine à écrire qui ne la quitte jamais et de son talent d'oratrice bilingue. Elle sait que la censure va bientôt bâillonner la presse. Où aller pour publier librement ? La première bataille contre l'Allemagne est perdue.

Ève embarque le 18 juin 1940 depuis Bordeaux sur un cargo britannique surchargé, le *Madura*, avec 1 300 autres réfugiés dont son ex-amant Henry Bernstein et Pierre Cot, ancien ministre de l'Air. Elle dormira dehors plusieurs nuits, sur un banc, comme tant d'autres. Tandis qu'ils naviguent vers les côtes anglaises, un jeune matelot leur annonce qu'un général a lancé un appel à la radio ; le général de Gaulle, l'officier dont Philippe Barrès a entendu l'entourage d'Hitler louer la clairvoyance tactique pendant son année de correspondant à Berlin. Elle n'a pas entendu l'appel, mais elle sait qu'elle veut rejoindre son état-major. Le 23 juin, après un voyage en mer pénible et dangereux, elle arrive à Londres et parvient enfin au quartier général de la France Libre. Dans le couloir étroit, elle s'immobilise. L'appel du 18 juin est rediffusé par la BBC dans la salle d'attente. L'émotion l'étreint. Elle a eu raison de partir. Sa voie est là, dans l'aventure d'une guerre où elle va jouer un rôle dont elle n'imagine pas encore l'importance.

Le général de Gaulle, lui, a besoin de personnalités pour accroître sa crédibilité. Or la plupart des hauts fonctionnaires, magistrats, diplomates, notamment, prêtent serment au maréchal Pétain. La carrière avant tout ! De nombreux juifs, poursuivis par Hitler, tentent de s'enfuir d'Europe. Ève se met au travail, prend la parole sur Radio Londres, rédige des articles pour le *New York Herald Tribune*. Cela ne lui suffit plus. Peut-être l'homme de la France Libre lui confiera-t-il une nouvelle tâche ? Elle l'espère. S'impatiente. Être utile, comme l'ont été sa mère et sa sœur lors de la Grande Guerre. Chez les femmes Curie, la Seconde Guerre mondiale sera *sa* guerre.

*

À Paris, Irène est inquiète, débordée et à bout de forces. Il faut sauver l'Institut du radium, avant que les recherches ne tombent entre les mains des Allemands. De son côté, Frédéric Joliot-Curie doit protéger les travaux sur la radioactivité et l'énergie atomique du Collège de France et préserver le stock d'eau lourde et de radium. Le 17 juin 1940, alors qu'Ève embarque sur le cargo vers l'Angleterre, Frédéric et Irène partent en voiture jusqu'à Bordeaux. Mais le voyage épuise Irène qui vient d'avoir une deuxième attaque de tuberculose et se reposera dans un petit sanatorium de Dordogne, près de Périgueux, à Clairvivre[7]. Elle y restera tout l'été.

L'aînée des sœurs Curie ne rentre à Paris qu'en septembre 1940. Les enfants, Hélène et Pierre, sont réfugiés à l'Arcouest, en Bretagne. Les Joliot-Curie sont séparés, mais vivants. Frédéric revient dans Paris occupée. Son laboratoire a déjà été fouillé par les soldats allemands accompagnés d'un de leurs éminents scientifiques. Walter

Brothe, qui connaît Frédéric Joliot-Curie, a déjà récupéré dans le laboratoire les informations sur le cyclotron qui se trouvait au sous-sol. Une découverte importante pour les Allemands, qui n'en disposaient pas. Dès son retour à Paris, Frédéric est interrogé par un général allemand, toujours en présence du physicien Walter Brothe. Le scientifique français n'hésite pas à mentir. L'eau lourde serait peut-être en route sur un cargo vers l'Angleterre. Sur quel cargo ? Il donne deux noms de bateaux qui ont été coulés. L'uranium ? Envoyé à une destination inconnue par le ministère des Armements. Les Allemands décident d'adopter une attitude prudente à l'égard du mari d'Irène, un scientifique trop important pour eux et qu'ils espèrent inciter à collaborer. Ce n'est pas ainsi que l'entend Frédéric Joliot-Curie. Sauver les sciences françaises en ne divulguant rien aux Allemands est un exercice périlleux, pour lequel le savant risque la déportation. Lorsqu'il fait redémarrer les travaux, il veille à ce que ceux sur la fission et la réaction en chaîne soient interrompus. Cela signifie, et il le sait, qu'Irène et lui, leurs collègues français, vont perdre leur place prépondérante dans le monde scientifique mondial. Une place qu'ils ne sont pas sûrs de pouvoir un jour reconquérir. Mais il entend continuer et attendre le moment où le pays sera libéré : « Joliot, écrit Michel Pinault, mène donc une double ou triple vie, épuisante et dangereuse – les laboratoires où sont les Allemands, la vie de l'université et de la recherche, les industriels et les hauts fonctionnaires, la Résistance – activisme, réseaux, fonctions dirigeantes – où se joue, à condition qu'il y survive, la conquête de son statut de "leader" de la communauté scientifique[8]. » Sauver la recherche française dicte et dictera sa conduite. Le général de Gaulle s'en souviendra aux premiers jours de la libération de Paris, en août 1944 et lui accordera sa confiance ainsi que le poste le plus stratégique dans la reconstruction de la recherche scientifique française.

*

À Londres, dans la nuit du 7 septembre 1940, des centaines de bombardiers allemands, les Heinkel, jettent des bombes à un rythme incessant. Maisons détruites, centaines de morts, mais les Anglais ne lâchent pas prise. Le 15 septembre, Hitler envoie deux cents bombardiers, des centaines d'avions de combat, dans une opération des plus meurtrières, qui aurait pu mettre la Grande-Bretagne à genoux. C'est sans compter sur la résistance des Anglais. La Royal Air Force réagit avec la même vigueur. Il ne peut être question de laisser la suprématie aérienne aux Allemands. Hitler adopte une autre tactique, celle de bombarder de nuit, encore et encore, le plus de villes possible. Ève restera six mois sous les bombardements, dans la ville détruite, sous les feux, ce qui ne l'empêchera pas d'écrire, d'intervenir à la BBC, de rencontrer Churchill et de Gaulle, ainsi que de nombreux Polonais réfugiés en Angleterre.

Comme évoqué plus tôt, de Gaulle a besoin de porte-paroles pour sa diplomatie d'influence, de noms prestigieux pour tenter d'influencer l'opinion publique américaine, sans laquelle il sera difficile au président américain de se rallier à la cause de la France Libre et de la Grande-Bretagne. Un travail ardu, de longue haleine. Ève sait séduire les foules et parler aux officiels, comme elle l'a fait à plusieurs reprises. De Gaulle la mandate officiellement pour devenir l'une des voix de la France Libre. En janvier 1941, elle quitte Londres détruite pour une tournée de conférences aux États-Unis et au Canada. Interviews, rencontres, déclarations devant des milliers de personnes. Son charisme et son intelligence fascinent. Et *Madame Curie* continue de se vendre en Amérique, après avoir été un best-seller sur la liste du *New York Times* pendant un an. Sa notoriété, toujours actuelle, peut donc servir.

À Vichy, les collaborateurs de Pétain sont furieux. Son influence est prise au sérieux, inquiète. Il faut détruire sa réputation. Elle est alors accusée par la presse et la radio, toutes deux soumises à Vichy, de fuir la faim et le froid dont souffrent les Français. Mais Ève sait se défendre et critique leur collaboration avec l'occupant allemand. Aux États-Unis, elle bénéficie d'une couverture médiatique exceptionnelle. Le nom de Curie invite au respect. Elle tient à n'oublier aucune région des États-Unis. Elle se rend donc dans le Middle West et, devant des salles bondées, raconte les combats qui se déroulent de l'autre côté de l'Atlantique pour la survie des démocraties. De retour sur la côte Est, elle est de nouveau logée à la Maison-Blanche. Eleanor Roosevelt présente son portrait une fois encore dans sa rubrique lue par des millions d'Américains, *My Day* :

> Durant sa visite chez nous, Mlle Curie a été dans le Middle West, et très bientôt elle va entamer une longue tournée de conférences qui va l'emmener sur toute la côte Ouest… Elle a vécu en Angleterre depuis qu'elle a quitté la France et je pense qu'il doit y avoir des moments où l'état d'esprit de notre pays doit lui sembler comme un rêve irréel. Ce n'est pas la peine de nier que lorsque vous voyez des bombes tomber, même si elles ne vous atteignent pas physiquement, celles-ci vous mettent dans une perspective différente. Ce qui

m'impressionne en parlant avec Ève Curie est la minutie de l'organisation nécessaire sous des conditions difficiles dans lesquelles vivent tant de Britanniques. En particulier dans les villes industrielles[9].

En mai 1941, de retour à la Maison-Blanche, Ève, pour une fois, n'ose pas converser avec Franklin Roosevelt. En silence, elle lui tend un télégramme qu'elle vient de recevoir. La fille de Pierre et Marie Curie vient, en même temps que le général de Gaulle, d'être destituée de la nationalité française. Elle attend, debout, immobile, bien droite, impeccable dans son tailleur chic acheté jadis en France, la réaction du président américain. Celui-ci, assis, le lit, pâlit et le lui rend. Sans un mot. Ève attend encore, espère un mot de réconfort. Roosevelt se tourne vers d'autres invités. Il ne lui témoignera pas publiquement son soutien dans cette épreuve, en dépit de leur relation amicale. Washington entretient encore des relations avec le gouvernement français. Avec Pétain, donc. Au même moment, se trouve d'ailleurs un ambassadeur des États-Unis en poste à Vichy accrédité auprès du maréchal Pétain.

Et après tout, n'est-ce pas un honneur d'être destituée de la nationalité française en même temps que le chef de la France Libre ? Ève, bouleversée, garde son sang-froid durant toute la soirée. Mais elle se doute de ce qui l'attend en France. Bientôt, son appartement de la rue des Vignes sera saccagé, ses biens saisis et vendus par les autorités de Vichy. Sa famille pourra racheter, de justesse, quelques petits souvenirs. La jeune femme est désemparée. Les espions allemands et les Français proches de Pétain sont nombreux et actifs dans les milieux dirigeants de Washington. Elle le sent, le danger rôde autour d'elle.

Et si elle était enlevée et renvoyée en France pour être jugée, torturée, fusillée ? Après tout, le général de Gaulle n'a-t-il pas été condamné à mort par la justice française qui a prêté serment au maréchal Pétain ?

Mais Eleanor Roosevelt veille. Lui rend hommage, une fois encore. La protection de la Première dame, qui loge Ève à la Maison-Blanche, un honneur rare, oblige les autorités de Vichy à calmer leurs attaques. Cependant, ses papiers d'identité et son passeport français ne sont plus valables. Churchill remédie très vite à cette carence. Elle continuera la guerre sous le passeport de *British protected person* qu'elle conservera jusqu'en 1949. En France, au palais Berlitz à Paris, de septembre 1941 à janvier 1942, Ève est visible dans une exposition raciste et antisémite « Le Juif et la France ». Le portrait d'Ève y est visible, peint sur un panneau derrière celui d'Henry Bernstein, décrite comme « demi-juive », à cause de ses liens avec le dramaturge. Sur le panneau, un titre : « Perversion du goût et de l'esprit français. » Les instituteurs et institutrices ont obligation d'amener les enfants découvrir cette exposition nauséabonde.

Mais effectuer le tour des États-Unis, parcourir le pays pour effectuer du lobbying en faveur de la France Libre ne suffit plus à la cadette des sœurs Curie. Et d'ailleurs, Franklin Roosevelt est conscient qu'Ève pourrait agir autrement, avec son sens critique, son style, apporter des sommes d'informations sur ce qui se passe sur le terrain. Elle est engagée comme correspondante de guerre par deux syndicats très puissants de journaux, le *Herald Tribune Syndicate* et le britannique *Allied Newspapers* pour effectuer des reportages de guerre. Le 10 novembre 1941, en pleine nuit, elle monte discrètement dans le Clippers transatlantique de la Pan Am, seule femme et journaliste autorisée à voyager parmi ces mécaniciens américains qui vont, en réalité, discrètement aider les armées alliées sur le terrain. Elle part voir ceux qu'elle nommera dans ses Mémoires « les guerriers » sur les champs de bataille et écrire sur leur quotidien. Munie du document de *British protected person*, sa seule pièce d'identité, et de plusieurs lettres de recommandation d'Eleanor et de Franklin D. Roosevelt, elle va parcourir les théâtres d'opérations depuis l'Afrique du Nord jusqu'à l'Asie pour informer le grand public des réalités de la guerre. Partager les combats, certes, et, discrètement, transmettre aux dirigeants alliés avec lesquels elle garde le contact, Roosevelt, Churchill, de Gaulle, ses analyses. Après les cargos, bateaux, il est temps de voyager autrement. En avion.

*

La situation est compliquée en cette année 1941 pour Frédéric et sa femme. En dépit de ses soucis de santé, Irène est revenue vivre dans leur maison d'Antony, aux abords du parc de Sceaux. Frédéric continue de travailler à son laboratoire du Collège de France, surveillé de près par des scientifiques allemands. Certains scientifiques s'interrogent. Pourquoi sont-ils restés en France et n'ont-ils pas fui aux États-Unis ? Ève, avant de s'envoler vers les champs de bataille, avait pourtant tenté de les persuader de la rejoindre aux États-Unis, tout comme Missy Meloney. Sans succès. Pas question de quitter l'Institut du radium, ses recherches, ni pour Frédéric son laboratoire du Collège de France. Tant qu'ils peuvent sauver leurs découvertes et surveiller les actions des scientifiques allemands, ils se sentent utiles.

Pressentant une guerre proche avec les Allemands, le physicien avait déposé trois brevets secrets en 1939 dont le principe d'un réacteur nucléaire et le perfectionnement des charges explosives. Dans cette optique, l'eau lourde était nécessaire pour ralentir les neutrons lors de la réaction en chaîne. Un élément vital. En février 1940, le mari d'Irène avait obtenu le soutien du gouvernement français pour récupérer en Norvège le stock mondial d'eau lourde. Lors de l'invasion de la France par l'Allemagne, ce stock a pu, après de multiples aventures et en dépit des espions allemands, être exfiltré vers la Grande-Bretagne et ainsi ne pas tomber dans les mains nazies. Frédéric Joliot-Curie a aussi fait envoyer les réserves d'uranium françaises dans une mine au Maroc. Des scientifiques français proches du physicien vont ainsi participer jusqu'en 1944 aux travaux atomiques anglais à Cambridge[10]. Le mari d'Irène est soulagé. Avec d'autres, il a réussi les deux premières prouesses de la Résistance française. Face aux Allemands, le physicien joue l'innocence, ruse. Irène peut être fière de lui. Son obstination et son courage rejoignent les engagements des femmes Curie.

*

En décembre 1941, les kilomètres filent parmi les soldats, dans le vent, le sable, la chaleur accablante. L'Afrique orientale, le Tchad, le Nigeria, puis la Libye, Ève avale les kilomètres dans la jeep que le fils de Churchill a mise à sa disposition, mais dans laquelle une partie de ses affaires sont volées en une nuit. Ève s'endort, épuisée, à même les sièges de la voiture, et au matin n'a droit qu'à une tasse d'eau pour se laver. Elle étouffe sous la chaleur, mais sur sa machine qui ne la quitte jamais, sa compagne de guerre de jour comme de nuit, elle écrit, réussit à envoyer ses reportages pour la presse américaine et anglaise. Ils seront lus par des millions d'Américains. La rubrique « Miss Curie says » est lue aussitôt, dès le matin. Partout, les militaires alliés insistent pour recevoir plus de matériel militaire américain, faisant valoir que l'Allemagne dispose de plus d'avions, de chars qu'eux. La situation sur certains fronts semble désespérée. Et la journaliste ne manque pas d'en témoigner. Ève n'oublie pas de rendre hommage, en des termes obséquieux, à celui qu'elle qualifie de plus grand président de tous, Franklin D. Roosevelt. Chaque fois qu'elle le peut, elle souligne la chance du peuple américain d'avoir un tel homme à sa tête. Alors que la France occupée, épuisée, n'a que Pétain… Chaque reportage sert d'occasion pour tenter d'infléchir les Américains à s'investir davantage, mais non, les États-Unis ne déclarent toujours pas la guerre à l'Allemagne et à ses alliés…

À présent, en route vers l'Égypte. Un choc l'attend à Alexandrie qu'elle ne revivra pas de sitôt. Loin de la France occupée, elle découvre des navires de guerre français ! Elle n'ose y croire. Ils sont neufs, superbes et portent des noms de l'histoire de France, cette histoire que les nazis aimeraient gommer. Moment d'émotion qui lui redonne un semblant d'espoir, même si les nouvelles des fronts ne sont guère encourageantes. Elle file au Caire, subit une crise de paludisme aigu, doit s'aliter. Dans la nuit, on frappe à la porte. De grands coups. Des cris. Ce n'est pas une attaque, mais une annonce. Les Japonais ont bombardé Hawaï, la base navale de Pearl Harbor. Les Américains ont subi des pertes terribles. Navires, hommes, femmes, matériels de guerre, c'est la pire catastrophe militaire américaine dans l'histoire des États-Unis. Deux vagues successives d'avions bombardiers se sont abattues sur Pearl Harbor, coulant notamment cinq cuirassés, et ont endommagé une dizaine d'autres navires de guerre. Succès immédiat certes, puisque l'objectif était de détruire le maximum de navires et d'avions, coupant de facto l'influence américaine dans le Pacifique. Mais Ève, comme tant d'autres, comprend que le rapport de force jusque-là favorable à l'Allemagne et à ses alliés va changer. Dans la nuit, elle rejoint des officiers anglais. Tous sont stupéfaits et pleins d'espoir. Franklin Roosevelt n'a pas d'autre choix que de déclarer la guerre au Japon et à l'Allemagne. Enfin ! Ce pour quoi Ève s'est battue depuis 1940 va se produire ! Cette fois, elle ne doute pas que le peuple américain, dans sa colère, appuiera son président.

L'amiral Yamamoto, de la marine nationale japonaise, qui a organisé de main de maître l'attaque contre Pearl Harbor, déclarera à ses officiers : « Nous avons réveillé un géant, il nous faut gagner la guerre en six mois, sinon[11]... » L'offensive japonaise ne fait que commencer. Les bases américaines dans le Pacifique sont anéanties les unes après les autres en quelques jours. En février 1942, deux mois après Pearl Harbor, les forces japonaises occupent les Indes orientales néerlandaises. Le Japon peut bénéficier des réserves stratégiques de pétrole et de caoutchouc. Une double défaite pour l'Amérique et les Alliés. Mais Ève, comme tant d'autres, garde confiance. Un jour, pense-t-elle, la France finira par être libérée. Pour l'heure, la flotte de combat est réduite, il faudra du temps aux Alliés pour reprendre des forces face aux pays de l'Axe.

Liban, Syrie, Iran. Ève reprend son périple de reporter de guerre mais aussi d'agent de renseignement et d'influence. Ses rencontres à Beyrouth avec le général Catroux et les officiers français la consternent. Deux France s'affrontent, se tirent dessus, les gaullistes et les pétainistes. En Iran, elle n'est guère plus rassurée. Invisibles, les Allemands sont présents partout, leurs produits en vente dans les bazars. Les Iraniens admirent Hitler, un homme fort, un vrai antisémite, un vainqueur auquel aucune armée ne résiste. Ses victoires en font un héros dans tout le Moyen-Orient tant il est vrai que ce sont les vainqueurs qui écrivent l'Histoire. Le dirigeant nazi incarne, en 1941, le vainqueur invincible. Cette force qui fascine les peuples du Proche et du Moyen-Orient. Ève est inquiète. Le shah d'Iran, jeune chef d'État de vingt-deux ans qui tente de moderniser son pays, lui tient un discours courtois et aseptisé qui ne la rassure pas. Il semble un peu perdu dans cet Orient qu'il aimerait occidentaliser. Sans expérience, si jeune, sera-t-il en mesure de tenir tête à ces géants de la politique mondiale, Staline, Churchill, Roosevelt, et bien sûr Hitler ? Elle en doute. Mais la place du Proche et Moyen-Orient est stratégique, rappelle-t-elle. Si le pétrole tombe entre les mains des troupes allemandes, la lutte contre Hitler deviendra incertaine. C'est ce qu'elle ressentira avec force lorsqu'elle arrive à Bakou, que les troupes allemandes entendent conquérir.

Il lui faudra des jours d'attente pour obtenir le visa des autorités soviétiques. Elle quitte enfin Téhéran pour l'URSS. Elle a hâte de découvrir ce pays communiste pour lequel sa sœur a de la sympathie et qui fascine son beau-frère, mais dont elle se méfie. Des rapports de journalistes et d'écrivains français, parmi lesquels André Gide, l'ont alertée sur la condition du peuple russe et la dictature instaurée par Staline. Le peuple manquait de tout avant-guerre, elle s'attend donc à une situation plus difficile encore. Elle entend se faire une idée par elle-même, même si elle sait que la propagande sera à la manœuvre pour lui cacher la réalité des misères qui accablent les citoyens soviétiques.

Il fait un froid glacial, comme celui qui obligea les soldats de Napoléon à faire demi-tour lors de la fameuse retraite de Russie où tant d'entre eux périrent de froid. Une température qui autorise les Russes à espérer. L'hiver russe, allié fidèle, ennemi des conquérants, devrait venir à bout de l'armée allemande, tout au moins la ralentir. Comme en Afrique du Nord, mais cette fois sous un climat différent, Ève a le privilège de s'approcher des lignes de front. Elle découvre des hommes et des femmes combattifs, acharnés, têtus, résolus à chasser l'envahisseur. Dans les échanges, ils lui crient leur amour de la patrie. Devant les policiers du NKVD, certes. Mais une volonté farouche transparaît, une fierté d'appartenir au peuple de « la constellation des Kremlins[12] », bâtis sur tout le territoire pour résister aux envahisseurs.

Cependant ce patriotisme l'interpelle. Car elle ne peut oublier que les communistes français étaient prêts, lors du pacte germano-soviétique, à trahir leur pays et à saboter les outils de production militaire français. Une attitude scandaleuse que sa sœur ne semblait pas remettre en question ! Ou était-ce de la part d'Irène, dont Ève ne nie pas l'intégrité, une part d'inconscience et d'aveuglement ? Chez les Russes, elle reconnaît la même fierté que chez les Anglaises, méthodiques et déterminées, efficaces et têtues. Ces femmes font honneur à leur pays, à leur peuple. Ironie de l'histoire, elle repense à sa mère, son enfance sous l'occupation russe. Que de sentiments mêlés surgissent en elle ! Mais l'heure n'est pas à la critique de la dictature stalinienne. Il s'agit de contenir, vaille que vaille, la formidable machine de guerre allemande.

Ève n'oublie pas les intérêts de la France, et elle sait que son reportage sera lu par les lecteurs et lectrices américains anticommunistes. Sa plume oscille donc dans un jeu permanent entre le sous-entendu et l'éloge débarrassé d'idéologie, l'hymne au courage de chacun et de chacune. Sa journée du 19 janvier 1942 lui offre un beau reportage. Quelques heures auparavant, après des combats acharnés, la propriété de l'écrivain Léon Tolstoï a été libérée. Un symbole fort pour le peuple russe, et aussi pour Ève. Elle ne manque pas de noter que l'auteur de *Guerre et paix* et sa mère, Marie, ont eu un point en commun. Ils se sentaient privilégiés parmi tous les pauvres qu'ils ont côtoyés. Tolstoï enseigna à des enfants illettrés, tandis que la jeune Marie, encore Sklodowska, pauvre elle-même, moins cependant que les paysans polonais aux alentours, créa une école clandestine pour les jeunes du village où elle était gouvernante.

Ève quitte l'URSS émue après un périple long et dangereux. Grâce à Tolstoï, elle a retrouvé l'âme de sa mère. Elle appréhende mieux celle des Russes, avides de littérature française. Émile Zola, Honoré de Balzac, Victor Hugo sont sur les lèvres de ces combattants. Elle a aussi vu leurs conditions de vie misérables. Si ses déplacements font l'objet d'une surveillance constante de la sinistre police de Staline et servent la propagande du régime, elle joue le jeu dans l'intérêt du camp allié. Plus tard, elle s'en souviendra. Pour l'heure, elle imagine la conversation qu'elle aura peut-être un jour avec sa sœur. Elle lui demandera pourquoi les communistes français n'affichent pas leur patriotisme comme ceux de Russie et pourquoi ils reçoivent leurs ordres de Moscou. D'un pays étranger. Mais les Japonais avancent à travers l'Asie. Elle prépare ses bagages pour se rendre sur les champs de bataille où elle pourrait risquer la mort ou, pis, être capturée. Sans nouvelles de sa famille, elle va tenter de rester en vie pour témoigner.

*

En France, Irène vit, plus mal encore que de nombreux Parisiens, l'Occupation. Depuis 1930, sa santé se détériore et elle n'en a cure. La recherche scientifique agit comme un remède contre la fatigue, telle une drogue lui procurant du réconfort. Mais la maladie devient plus insidieuse, renforcée par l'absence de vitamines en cette période de disette. La sous-alimentation aggrave sa fragile condition. Irène, comme sa mère, ne se plaint pas et fait front. Mais elle s'inquiète, pour ses enfants et pour son mari, dont elle connaît les engagements dans la Résistance et avec lequel elle ne peut pas toujours communiquer. Entre 1942 et 1944, alors qu'elle n'a pas de nouvelles d'Ève, elle est obligée de quitter la France, de se réfugier en Suisse pour reprendre des forces. Ces allers et retours entre Paris et le sanatorium suisse la fatiguent et l'angoissent. Et si son mari était arrêté et fusillé ? Que deviendrait l'institut qu'elle ne se sent plus en état de diriger ? Frédéric, toujours à Paris, reçoit des invitations discrètes pour rejoindre les États-Unis, fuir la France et l'Occupation. Il ne le veut pas, même si Irène aurait sans doute pu être soignée dans de meilleures conditions en Amérique. Il faut essayer de sauver ce qu'il est possible des instruments de recherche français. Le physicien se sent bien seul, loin d'Irène qui souffre d'une bronchite constante, en réalité une tuberculose agressive et douloureuse. Elle est finalement mieux traitée en Savoie qu'à Paris, où elle était privée de chauffage en cet hiver glacial, et où l'alimentation rudimentaire qui lui était pourvue ne faisait qu'aggraver son cas[13]. La vie de son mari prend alors un tournant, avec son adhésion, secrète, au parti communiste français, en 1942. Frédéric Joliot-Curie se lance dans une activité débordante pour unifier les groupes communistes universitaires dans la Résistance. Son ancien professeur et ami Paul Langevin, qui l'aura introduit auprès de Marie Curie, y adhère aussi en réaction à la mort de l'un de leurs collègues. Le dynamisme de Frédéric, sa capacité à entraîner hommes et femmes, fait entrer la Résistance au sein même du Collège de France et dans plusieurs universités. Une aventure qui va le conduire à jouer un rôle moteur dans la Libération de Paris en 1944.

*

Épuisée et seule femme dans l'hydravion qui va la conduire jusqu'en Inde, Ève ne se réveille qu'à l'escale à Bahreïn où les tenues lui rappellent ses soirées mondaines d'avant-guerre. Un monde qui lui semble révolu et lointain. Encore une escale à Dubaï et c'est enfin l'arrivée à Karachi. Un peu de répit, croit-elle. Elle se trompe. Aussitôt, une bande de journalistes tambourine à sa porte, exige de la rencontrer. Elle finit par accepter en craignant de s'endormir net. Elle n'en aura pas l'occasion. Excités, ils hurlent face à elle contre l'occupant britannique. Lorsqu'elle leur pose des questions sur leur inquiétude quant à l'avancée des Japonais, ils clament leur souhait que l'Angleterre soit bientôt vaincue et humiliée ! Non, ils ne soutiendront pas les Alliés contre Hitler car, à leurs yeux, rien n'est pire que cet empire colonial britannique qui opprime et humilie les Indiens. Le chancelier du Reich représente pour eux un allié.

À l'aube, Ève va enfin pouvoir dormir, mais son inquiétude pour l'avenir des combats en Orient et la solidité du front des Alliés grandit. Elle doit partir en Birmanie que menacent les Japonais. Elle rejoint, avec l'aide des officiers britanniques, Mandalay, l'ancienne capitale royale aux 730 pagodes, pour rejoindre Rangoun. Quel spectacle ! Tandis qu'elle se rapproche du front, elle croise des Birmans qui s'enfuient. Elle ne cède pas à la panique. Et pourtant, la ville s'effondre comme un monument de sable balayé par les vents. Elle rejoint des troupes britanniques, dont certains membres ont lu sa biographie *Madame Curie*. Les soldats anglais ne cachent pas leur désarroi. La guerre en Asie risque d'être plus ardue encore que ne l'imaginent Londres et Washington. À elle, la fille de Pierre et Marie Curie, d'en persuader Franklin Roosevelt et Churchill qu'elle connaît tous deux si bien. Et la chute de la Birmanie, avec ses réserves de matières premières, argent, zinc, plomb, étain, or, cuivre, rubis, tungstène, bismuth, soufre, gisements pétroliers, serait une perte terrible pour les Alliés.

Elle décide d'alerter les dirigeants occidentaux et passe la nuit à taper des articles sur sa machine à écrire. Le sommeil sera pour plus tard. En Amérique, en Angleterre, on attend avec impatience ses reportages et, bien sûr, ses rapports. Juste avant son départ, la Birmanie s'effondre sous les coups de l'empire du Soleil levant. Il lui faut à présent se rendre en Chine, elle aussi objet de luttes féroces avec les forces japonaises. L'empire du Milieu est partiellement encerclé. Les grands ports ont été pris par les Japonais qui contrôlent les lignes de chemin de fer. Tous les points stratégiques. Impossible de ravitailler l'immense population chinoise.

Ève va devoir ruser, avec ses contacts anglais, français et chinois. Elle quitte la Birmanie de nuit dans un avion tous feux éteints, pour ne pas attirer l'attention des Japonais. Comme les mondanités parisiennes et l'Institut du radium lui semblent loin ! Que penserait sa mère de sa cadette qui rêvait d'une carrière internationale de pianiste et dont les reportages sur les combats sanglants sont à présent lus par des millions d'Américains ? Ne serait-elle pas fière, à défaut d'être rassurée ? Ève trouve sa voie dans l'action, dans la défense de son pays, tout comme sa mère et sa sœur aînée vingt ans auparavant. Pour autant, elle est confrontée à un monde en feu. Première escale à Kunming, puis Tchoung-King, ville verticale bâtie en espalier. Pour l'emmener vers les officiels, on la conduit en chaise à porteurs, les épaules en arrière, les jambes vers le haut. Curieuse géométrie, qu'elle décrit avec humour, imaginant le Tout-Paris d'avant-guerre la découvrant dans cette posture singulière, presque grotesque. Pas de photographe en vue, l'image ne fera pas le tour du monde. Les Chinois ont d'autres soucis en tête. Tant mieux. Les accords passés avec les États-Unis, la Grande-Bretagne et l'Inde devraient, la Chine l'espère, permettre à ses troupes qui battent en retraite vers le nord, loin des ports, de tenir face à l'offensive ennemie.

Elle découvre une réalité dont l'Europe ne se doute pas encore et qu'elle sera l'une des premières à comprendre et à transcrire : « Après les durs affronts qui lui ont été infligés par les Japonais [...] l'homme blanc a perdu beaucoup de son prestige en Orient. Pour employer l'expression consacrée en Chine, il a "perdu la face" pour toujours[14]. » Les officiers chinois qu'elle rencontre, et qui savent que leurs propos seront rapportés, réclament des avions américains. Mais de toutes ces conversations, elle arrive à la conclusion suivante : la Chine, pays pour le moment sous la tutelle des Occidentaux, deviendra une grande puissance avec laquelle il faudra compter. Comment ? Quand ? Elle ne peut l'affirmer. Mais elle sent la force de ce peuple, alors déchiré, pauvre et en grande partie analphabète.

En poursuivant son périple vers le nord de la Chine, elle est accablée. Les troupes chinoises sont exsangues, les avions vieillots et bons pour la casse. Dans la nuit, elle rejoint en secret la cachette d'un jeune général communiste chinois, inconnu du grand public en Occident, mais pas des services de renseignement occidentaux, loin de là : lorsqu'il était jeune étudiant, son séjour en France avec un autre ouvrier de dix-sept ans, Deng Xiaoping, et leurs manifestations et actions ont marqué la police et le contre-espionnage français. Le jeune Zhou Enlai sera plus tard l'un des hommes forts du régime communiste de Mao Tsé-Toung, son ministre des Affaires étrangères puis Premier ministre. Doté d'une culture internationale exceptionnelle, il a, très jeune, voyagé et observé les conditions des ouvriers en Allemagne, en Grande-Bretagne et en France. Négociateur talentueux, il rencontrera dès 1949 des chefs d'État et ministres étrangers qui comprendront très vite qu'ils ont affaire à une personnalité redoutable. Lors de sa rencontre avec Ève, le révolutionnaire insiste sur le déplacement par les communistes d'écoles et d'usines vers le nord depuis le sud, mais les soldats de l'Armée populaire manquent de tout. L'aide des Alliés est urgente. En même temps, caché parmi ces hommes, femmes et enfants, côtoyant la misère, Zhou Enlai ne peut s'empêcher d'être optimiste, et visionnaire : « L'Allemagne sera battue la première, parce que la lutte contre Hitler ne peut pas s'arrêter. C'est comme une machine sans freins[15]. »

En rapportant ses propos, Ève demeure prudente. Elle se doit de rassurer le public américain. Le communisme que préconisent Zhou Enlai et ses soutiens, dit-elle, ne ressemble pas à celui de l'URSS. Il apparaît beaucoup plus souple et démocratique. Cette propagande laisse songeur lorsque l'on sait avec quelle férocité Mao se maintiendra plus tard au pouvoir, au prix de millions de morts. Il ira même jusqu'à détruire la culture et l'histoire du pays.

Ève quitte les communistes pour rejoindre les nationalistes chinois, farouchement antimarxistes. En particulier Tchang Kaï-chek, qui sera plus tard président de la République de la Chine (Taiwan). L'homme est entouré de femmes très puissantes, trois sœurs, qu'elle décrit en détail. L'une d'elles a épousé Sun Yat-sen, le père de la République chinoise, une autre le banquier de la Chine, et la troisième Tchang Kaï-chek. Les approcher peut intimider. Ce ne sera pas le cas d'Ève. Elle a l'habitude des femmes au caractère exceptionnel, volontaires et intransigeantes. Ces trois Chinoises veulent, avec leurs maris, sortir la Chine de la féodalité et de la soumission aux puissances coloniales, pour en faire une nation puissante et moderne. Quel défi, face à une population aux trois quarts analphabète, un pays dont des régions entières sont aux mains des seigneurs de la guerre ! Ève a très vite saisi les enjeux stratégiques et les forces émergentes qui vont modifier les rapports de force aux XXe et XXIe siècles. Elle est l'une des premières à percevoir comment le pouvoir va basculer de l'Occident vers la Chine. Et les Alliés disposent avec Ève Curie d'informations de première main.

Il est temps de rejoindre l'Inde et de loger dans l'ancienne résidence du vice-roi des Indes. Tous les

Britanniques sont inquiets. Les Japonais avancent vers la frontière du Bengale tandis que l'armée des Indes semble prête à lâcher les Britanniques. Les Indiens refuseront d'appliquer la politique de la terre brûlée si le Bengale est occupé par les Japonais. Ils tiennent à garder leurs usines intactes, d'autant qu'ils croient en une indépendance de l'Inde prochaine. Et pour les Indiens, les États occidentaux semblent bien faibles face à la puissance d'un seul homme et de son armée, Hitler. Le monde change, et l'Occident, donc le Royaume-Uni, a perdu de son prestige.

La chaleur est étouffante et les ventilateurs n'y peuvent rien. L'humidité colle aux vêtements d'Ève. Jawaharlal Nehru, figure de proue de l'indépendance de l'Inde, lui, apparaît dans un costume impeccable. L'homme était en prison peu de temps auparavant pour avoir combattu le gouverneur des Indes, Lord Mountbatten. Nehru va marier dans quelques jours sa fille Indira, future Première ministre de l'Inde. Tandis qu'une légère brise souffle sur les rideaux transparents du salon, Ève se sent soudain seule ; la tristesse l'envahit. Nehru l'observe, étonné et distant. Cet homme brillant et séduisant a eu assez de force et de sens politique pour s'opposer à l'Angleterre. Proche de Gandhi, il ne cache pas sa colère envers le pays de la reine Victoria. L'Angleterre, selon lui, n'a pas, à la différence de la France dans ses colonies, contribué au développement de l'Inde, n'y a construit ni routes ni écoles, ayant en réalité pour seul objectif d'« instituer une véritable paix des cimetières ».

Nehru inquiète Ève plus encore lorsqu'il lui fait comprendre qu'il ne voit pas pourquoi, en cas d'invasion nippone, les Indiens devraient défendre les oppresseurs britanniques. L'homme proche de Gandhi a d'ailleurs déclaré devant le parti du Congrès, le 15 janvier 1942 : « Les Indes sujettes ne pourront offrir volontairement ou de bonne grâce leur aide à l'impérialisme arrogant qui ne se distingue en rien de l'autoritarisme fasciste[16]. » Cette colère indienne ne présage rien de bon en cas d'avancée des Japonais, et Ève, plus que quiconque, en mesure le danger. Les Alliés ne sont pas sûrs de gagner la guerre d'Extrême-Orient. Par ses articles, publiés dans la presse anglo-saxonne, elle tient à les alerter. Alors, il lui faut rencontrer l'autre opposant, Gandhi, le pacifiste, l'homme petit et malingre à la volonté de fer qui fascine les Occidentaux. Il est temps de faire entendre sa voix dans les médias, s'il veut bien consentir à la rencontrer. Va-t-il accepter ? Rencontrer Ève serait pour sa cause une belle opportunité.

Dans la douceur de la nuit, sous le regard du général Wavell qui commande les forces armées britanniques en Inde, Ève raccroche le combiné du téléphone. Esquisse enfin un sourire. Elle a obtenu un rendez-vous, le lendemain matin, avec celui que le représentant de l'Empire britannique n'a pas le droit de fréquenter. Gandhi, l'ennemi numéro un. Le général avoue à la fille de Marie Curie qu'il l'envie. La situation est grave, en ce mois de mars 1942, pour les Alliés. La débâcle, les morts de Pearl Harbor en décembre 1941, quelques mois auparavant, sont dans tous les esprits. Le même mois, le cuirassé *The Prince of Wales*, ses 90 canons et 1 521 hommes d'équipage ont été coulés en même temps que le croiseur de bataille *Repulse*. Les bombardiers et torpilleurs japonais ont eu raison de deux importants vaisseaux de guerre. Une débâcle anglaise après la défaite américaine. Ève, comme les Occidentaux, s'impatiente. La machine de guerre américaine tarde à se mettre en place. Pourtant elle maintient sa confiance en la détermination de ce président qu'elle a côtoyé à plusieurs reprises. Pour l'heure, les Alliés reculent dans le Pacifique, les troupes japonaises avancent sur les côtes de la mer de Chine et foncent vers la Birmanie.

Le général Wavell lui confie qu'il manque de tout. Or il ne peut y avoir de suprématie sur la mer s'il n'y a pas de suprématie dans les airs. Et pour tenir la mer, rappelle-t-elle dans ses articles, il faut tenir le ciel. Le général a besoin d'avions d'urgence. Les Japonais progressent en Birmanie et menacent de prendre l'Inde. Son entretien avec Nehru, entre deux emprisonnements, ne l'a pas rassurée. Au contraire. Les Indiens ne se battront pas pour les Britanniques qui les colonisent et les oppriment. L'entretien avec Gandhi s'annonce ardu.

Cette nuit-là, Ève dort peu. Ses questions sont prêtes et la rencontre ne l'intimide pas. Au contraire. Depuis sa jeunesse, elle a été habituée à ce que les amis de sa mère, tous et toutes de grands savants, souvent aux fortes personnalités, s'adressent à elles, discutent, la respectent. Elle sait les écouter, s'entretenir avec eux, et surtout elle a compris que derrière toute célébrité, aussi impressionnante soit-elle, il y a un être humain. À l'aube, elle songe à sa mère qui admirait ce petit homme tenant tête au successeur de la reine Victoria. D'ailleurs, Nehru lui a avoué être lui-même impressionné par la voix du Mahatma Gandhi « douce et aimable avec de l'acier quelque part[17] ». Marie n'aurait-elle pas été fière de sa cadette ? Levée à l'aube, elle se sent, plus que jamais, une Curie.

« Arrêtez-vous ! » ordonne-t-elle au chauffeur du général, à quelques centaines de mètres de la demeure de Gandhi. Elle entend achever le chemin à pied. Pas de voiture, pas de luxe ostentatoire. D'ailleurs, ne l'a-t-il pas invitée à partager sa promenade du matin ? Debout, elle prendra des notes comme elle le pourra, de toute façon les mots resteront gravés en elle, Ève le sait. Et Gandhi a exigé de relire l'entretien avant publication. Condition accordée. De l'autre côté de l'Atlantique, les journaux attendent, impatients.

Le petit homme, si fin, aux yeux encadrés par les montures rondes de ses lunettes, est devant elle et sourit. Presque complice. Le Mahatma maintient, envers et contre tout, sa politique de non-violence. Il a même encouragé les Anglais à se laisser envahir par les Allemands, déclaré que les États-Unis n'auraient jamais dû entrer en guerre contre le Japon, en dépit des morts de Pearl Harbor. Il le répète à Ève : « S'ils résistent tous aux Allemands par la non-violence, alors les Allemands composeront avec eux avant qu'ils ne meurent [...]. Croire qu'un pays puisse être libéré par les canons, c'est faire preuve d'une impatience trop grande. Pour vaincre les Allemands – ou les Japonais – il faut devenir plus fort qu'eux[18]. »

Ève s'immobilise. Suffoquée, elle lui fait face. Revit, en quelques instants, la résistance de sa mère à l'empire du tsar, la Pologne occupée, la France envahie en 1914 puis en 1940, sa sœur Irène qui, à dix-sept ans, sur les champs de bataille, non loin des tranchées, conseillait les chirurgiens obligés d'écouter la jeune fille. Grâce à la précision des radios, ils pouvaient opérer à l'endroit précis des blessures d'éclats d'obus et de balles. La guerre, ce n'est pas une affaire pacifiste, c'est une bataille entre deux ennemis. Et pour Ève, sa guerre, c'est celle qui se joue sur tous les continents, en ce moment même, dans le Pacifique. Alors, parce qu'elle n'a pas peur d'exprimer ce que l'expérience familiale lui a appris, il vaut mieux, écrit-elle, que ce défenseur de l'indépendance de l'Inde ne fasse pas partie d'un gouvernement en temps de guerre.

Durant la marche, Gandhi la qualifie de bourgeoise. Ève ne peut laisser passer une telle offense. Elle lui rappelle que sa mère, la jeune Marie Sklodowska, avait voyagé dans un train en quatrième classe pour se rendre à Paris, retrouver sa sœur Bronia, alors étudiante souvent affamée et sans un sou à la Sorbonne. Non, Gandhi est trop injuste à l'égard des souffrances des Européennes et des Européens. La rencontre s'achève sur une incompréhension. Deux points de vue irréconciliables se sont opposés. Ces entretiens avec Nehru et Gandhi laissent présager des batailles très dures avec les Japonais. Les forces armées hostiles à Hitler et à l'empereur Hirohito ne pourront pas compter sur un soutien du continent indien. Son reportage va-t-il aider Washington, Londres, à mesurer la nécessité de renforcer les armées du Pacifique ? Ève l'espère, mais n'en sait rien. Elle demeure trop loin des capitales pour mesurer l'impact de ses articles. Avec sa lourde machine à écrire, dont les touches, sous ses doigts, résonnent dans la nuit, elle poursuit son périple, consciente du danger. Pour les Alliés, et pour elle-même.

Un mois après leur rencontre avec Ève, Gandhi et Nehru seront de nouveau arrêtés et jetés en prison par les Anglais. Sur le chemin du retour vers l'Amérique, la jeune femme, malgré tout, garde espoir. Elle est devenue l'une des grands reporters les mieux renseignées du monde. Et aussi une politique. Car ses analyses, qu'elle retranscrira plus longuement en deux volumes, *Journey Among Warriors*[19] (*Voyage parmi les guerriers*), présenteront une vision géostratégique des points les plus sensibles de la Seconde Guerre mondiale, ainsi qu'une compréhension de leurs dirigeants, des mentalités, avec une prévision aiguë de l'avenir de pays que l'Occident sous-estimait, comme la Chine et l'Inde. En réalité, et Ève Curie le montre bien, les indépendances des colonies sont en route.

Dans l'avion, après Le Caire, Khartoum, le Liberia, un voyageur lui tend un exemplaire du *New York Herald Tribune*. Elle n'en a pas vu un seul lors de son périple, ne sait pas comment ses articles ont été présentés. Ce journal représente à ses yeux un trésor. Durant les heures de vol, elle a besoin, comme une faim subite, d'en lire chaque ligne, y compris les rubriques de sport et de mots croisés : c'est l'Amérique qui lui revient à travers chaque mot. Un bonheur, une émotion qu'elle ne peut partager avec les autres passagers, eux aussi absorbés dans des lectures qui leur font oublier leur guerre, les morts, les blessés, la chaleur insoutenable, le front. Aux États-Unis, Eleanor Roosevelt a lu ses reportages, suivi ses aventures, comme on lit un roman policier ou l'on regarde un western. L'épouse du président Roosevelt l'attend. Rien ne vaut une conversation en tête à tête. Ève a tant à raconter. Encore quelques escales dans ces avions bruyants mais chaque heure la rapproche de cette terre. Par le hublot, elle contemple le ciel, ses éclats de bleu, ses nuages, avec une infinie douceur.

*

Quel bonheur d'atterrir enfin aux États-Unis ! Il règne dans les rues de Washington une énergie, une vitalité qu'Ève n'a pas ressentie depuis si longtemps. Un air de printemps en ce mois de mai 1942. Quel contraste avec la France où sa sœur, son beau-frère et ses neveux subissent l'Occupation. Ève loge de nouveau à la Maison-Blanche.

Depuis sa chambre, toujours la même, elle contemple la ville, les jardins, les espaces. Dans quelques minutes, elle sera reçue par Eleanor Roosevelt. Le lendemain, la Première dame y reviendra dans sa colonne quotidienne *My Day* : « C'était extrêmement intéressant de recueillir auprès d'[Ève Curie] des impressions sur les différents pays où elle s'est rendue durant ce périple extraordinaire[20]... » Elle se déclare impressionnée par son sérieux, le sang-froid qu'elle a dû garder pendant les moments dangereux de son périple, et conclut : « Ève Curie fait honneur aux femmes[21]. »

Mme Roosevelt ne se limite pas à un compliment et a de longues conversations avec la fille de Pierre et de Marie. Elle tient à ce qu'Ève soit reçue, entendue. Depuis l'attaque des Japonais sur Pearl Harbor, les boys américains se battent au cœur de la guerre tandis que les Américaines font tourner usines et entreprises. Moins d'un mois plus tard, Ève est invitée par Eleanor Roosevelt à prendre la parole devant un parterre de quatre mille personnes à New York. La plus jeune des Curie trouve les mots pour défendre la France, lui redonner sa dignité : la France, remarque-t-elle devant un public silencieux « n'est pas devenue un petit paquebot. Elle demeure un grand paquebot – mais qui gît sur le flanc ». L'évènement sera rapporté dans la presse américaine, d'autant que la *First Lady* lui rend un hommage appuyé, louant son sérieux, sa finesse, son esprit d'analyse et son sang-froid, et conclut sur la cause des femmes : « En tant que femme, je suis toujours fière lorsque des femmes s'acquittent si bien de la mission qu'on a bien voulu leur conférer[22]. »

Ève apprécie que son action soit reconnue, mais en secret, elle s'interroge. Après avoir parcouru le monde et affronté les dangers, elle ne peut guère être plus utile au général de Gaulle de là où elle se trouve en Amérique qui, somme toute, n'est pas directement menacée par les bombes d'Hitler. En France, les résistants sont arrêtés, déportés, exécutés, torturés. Elle éprouve un besoin irrépressible d'action, une volonté farouche d'en faire plus. Il est temps de passer à un autre mode de lutte pour la libération des territoires. Elle ne voit qu'une solution : s'engager dans l'armée des Volontaires de la France Libre. Rejoindre de Gaulle à Londres. Porter un uniforme, se battre. Le chef de la France Libre lui adresse une lettre de remerciements. Un nom prestigieux dans ses troupes, une femme célèbre qu'il pourra mettre en valeur et citer en exemple. Quelle belle opportunité !

La voici dans un camp d'entraînement en Angleterre à conduire des camions, apprendre les opérations de camouflage, les transmissions radio, à devenir agent de renseignement. Elle ignore encore quelle sera sa tâche dans la reconquête de la France. Qu'importe. Elle déclare devant la correspondante à Londres du *New York Times*, qui réalise un portrait d'elle d'une page entière, combien elle est fière de faire partie de ce contingent de quatre cents engagées volontaires. Sur l'uniforme kaki qu'elle porte, une croix de Lorraine : « Nous devons être prêtes à aider les armées qui vont libérer la France. Le meilleur moyen est de se trouver, en temps de guerre, en uniforme sous commandement militaire [...] Nous devons être les interprètes entre le peuple français et les forces alliées[23]. » Ève ne le sait pas, mais le général de Gaulle reçoit des commentaires très élogieux sur la fille de Marie. Et elle sortira major de son entraînement militaire des officiers de liaison. Elle espère, bien sûr, participer au Débarquement dont on ne sait pas encore quand et où il aura lieu. Mais elle déchante vite. Le général de

Lattre de Tassigny demande au Général de lui donner un officier de liaison de valeur. Ce sera Ève, qui doit sans tarder rejoindre Alger. En janvier 1944, elle arrive à l'état-major. Les combats se rapprochent. Ce ne sera pas la Normandie, et elle en est déçue, mais d'autres aventures l'attendent. Elle l'espère. Participer à la libération de la France, voilà ce qui l'anime.

Dans cette Seconde Guerre mondiale comme dans la première, les femmes ont pris la place des hommes dans les usines et entreprises et démontrent qu'elles sont aussi compétentes que leurs compagnons pour assurer la productivité économique du pays. Les plus grands noms de femmes pilotes, dont certaines ont battu des records mondiaux, se portent volontaires pour conduire des avions civils ou militaires. Mais l'Amérique veut aussi distraire son public, inquiet et angoissé par la situation. Hollywood tourne à plein régime. Charlie Chaplin a finalement pu sortir son film *Le Dictateur*, très mal reçu par les conservateurs américains qui ont des échanges commerciaux avec l'Allemagne et espèrent qu'Hitler va délivrer le monde du bolchevisme. Pourtant, Churchill a exigé que ce film soit montré dans les caves de Londres et des autres villes anglaises. Plus qu'une distraction, il s'agit d'une arme de guerre.

La Metro-Goldwyn-Mayer annonce à Ève, en novembre 1942, son intention de réaliser un film sur la rencontre de sa mère avec Pierre Curie et sur l'histoire d'amour de ces deux scientifiques. Les producteurs sont certains que ce sera un succès, inspiré de la biographie d'Ève sur Marie. Le tournage devrait commencer un mois plus tard. Ils souhaitent que l'écrivaine valide le scénario et même prononce le texte. La voix de la propre fille de Marie Curie ajouterait tant au prestige du film !

Celle-ci est furieuse. Le déroulé de l'histoire de Marie est plein d'erreurs historiques, de stupidités et d'omissions. Et sa cadette n'a pas été consultée sur le choix des acteurs qui ne connaissent rien de la vie scientifique de leur mère. Dans ces conditions, fait-elle savoir aux producteurs, il ne lui est pas possible de participer au film. Et d'ailleurs, sa sœur ne l'approuverait pas. Les courriers se succéderont en 1942 et 1943. La MGM apporte quelques modifications au scénario, alors que le tournage est en cours. Fort de ces échanges, le réalisateur, Mervyn LeRoy, espère qu'Ève acceptera enfin d'endosser la narration. Nouveau refus d'Ève, qui lui demande de bien spécifier que ce film est seulement « inspiré de la biographie *Madame Curie* ». Un mois plus tard, nouvel effort du producteur pour qu'Ève accepte de voir les rushs et change d'avis. C'est mal la connaître. Elle refuse. Comment soutenir un film dont le script n'accorde pas un mot, pas une image au prix Nobel que Pierre et Marie ont reçu ensemble en 1903 ni à celui que Marie décroche seule en 1911 ?

Le film sort en décembre 1943, loué par la critique américaine, et remporte un succès tel qu'il reçoit une dizaine de nominations à Hollywood, y compris pour les acteurs qui jouent les rôles de Pierre et de Marie. Finalement, aucun Oscar ne leur sera attribué. Ève en est soulagée, tant ce film l'indispose. Un autre problème surgira plus tard, à la Libération. Irène n'aurait pas été informée qu'Ève avait vendu les droits de reproduction cinématographique de sa biographie sur leur mère. Elle en aurait été peinée, mais aucune trace de cette déception ne figure dans leurs échanges épistolaires.

*

Un autre rêve auquel ni Irène ni Ève ne vont participer est celui de la libération de Paris. Ève est loin, dans les Forces Françaises Libres. Irène, toujours fragilisée, a quitté Paris pour le village du Russey près de Besançon. La jeune lycéenne Hélène prépare ainsi son baccalauréat dans une école française. Mais les combats se rapprochent de Paris, Irène et ses enfants ne se sentent plus en sécurité. Il n'y a plus une minute à perdre pour que, à l'aide de maquisards, ils tentent de rejoindre la Suisse. La date choisie par les résistants pour franchir les derniers kilomètres avant la frontière suisse leur porte chance : le 6 juin 1944, les soldats allemands sont troublés par l'annonce du Débarquement et ne se préoccupent pas des passants français à pied. Mais les Suisses se méfient de cette famille. Irène, Pierre et Hélène se retrouvent enfermés par les autorités helvétiques avec d'autres migrants jugés suspects. Irène est pourtant une Prix Nobel, et bientôt la nouvelle de son identité et de sa renommée scientifique leur permet de partir se réfugier à Lausanne[24]. Ils y passeront trois mois, loin de Paris où Frédéric Joliot-Curie s'active, quand bien même sa vie est en danger. Les communistes, avec le colonel Henry Tanguy, sont les plus nombreux à préparer le soulèvement. De Gaulle s'inquiète d'ailleurs de la mainmise des communistes sur Paris et ainsi sur la France. Ève Curie, de son côté, n'a aucun contact avec sa famille et ne peut donc obtenir le moindre renseignement sur ce qui se trame. Le chef de la France Libre envoie Jacques Chaban-Delmas, jeune général de vingt-neuf ans, futur président de l'Assemblée nationale, évaluer les troupes de résistants à Paris. Nombre d'entre eux n'ont aucune formation militaire alors que la ville compte vingt mille soldats allemands entraînés.

Le 19 août 1944, lorsque l'appel au soulèvement est lancé par le colonel Henri Tanguy, il est l'heure pour Frédéric Joliot-Curie d'apporter, dans la chaleur moite d'août, deux valises pleines d'explosifs à la préfecture de police de Paris où les policiers comptent se soulever. Depuis plusieurs jours, le mari d'Irène fait sécher secrètement dans les salles supérieures du Collège de France deux cents kilos de coton-poudre, explosif puissant. Des tirs éclatent. Or ces particules de poudre peuvent exploser dans l'air et tuer les résistants et lui avec. Le drame est évité de justesse. Il est temps de porter toutes les fournitures pour la Résistance qu'il a entreposées depuis plus d'un an au Collège de France, d'autant que les Allemands occupent une autre partie du bâtiment sans se douter que ce prestigieux établissement sert aussi de base et de transfert à la Résistance. Un coup habile[25]. Après avoir réussi au début de la Seconde Guerre mondiale le déplacement du stock d'eau lourde vers la Norvège, Frédéric Joliot-Curie devient un échelon majeur dans le soulèvement de la préfecture de police de Paris. Dans la cave moite, il fait vider les bouteilles d'alcool et préparer dans chacune ce qui restera dans les mémoires comme les cocktails « Joliot-Curie », à l'effet dévastateur sur les chars allemands. Ceux-ci sont composés d'éléments qui n'ont pas besoin d'être enflammés pour détruire. Deux mille policiers s'emparent de la préfecture et font flotter le drapeau français sur Notre-Dame, de l'autre côté de la place où se trouve l'état de siège. Irène suivra les combats de loin et avec retard, craignant pour la vie de son mari. Mais si les sœurs Curie sont absentes de Paris, Frédéric Joliot-Curie aura été fidèle à l'esprit de cette famille de résistance. Et dès le 26 août 1944, soit le jour où le général de Gaulle et le général Leclerc descendent les Champs-Élysées sous les acclamations de la foule, le mari d'Irène est nommé directeur du CNRS par le commissaire provisoire à l'Éducation nationale, avant de devenir le haut-commissaire au Commissariat à l'énergie atomique, un an et demi plus tard.

La France se remet en marche très vite, et Irène va pouvoir, elle aussi, contribuer. Mais elle est inquiète, tout comme Frédéric. Pendant ces cinq années de guerre, les recherches scientifiques des Anglo-Saxons ont avancé. Affaiblie, la France est très en retard, et Irène ne sait pas quels sont les résultats de ces recherches. C'est un travail de reconstruction gigantesque qui l'attend avec son mari, et en même temps un défi où elle peut se sentir utile.

*

Le 6 juin 1944, Ève se trouve loin de la Normandie où elle aurait tant aimé participer aux combats. Car, officier entraîné, elle veut combattre. Elle est déjà active dans la campagne de reconquête de l'Italie comme officier de liaison. Quelques jours plus tard, non loin de Rome, la jeep dans laquelle elle se trouve fonce et heurte un char Sherman américain. La jeep est détruite, le chauffeur grièvement atteint. Ève est blessée : visage tuméfié, hématomes, lèvres enflées, une jambe infectée. Vite, on la transporte à Rome, par chance tout juste libérée, dans une clinique tenue par des sœurs dévouées et patientes. Elles tentent de calmer la jeune militaire qui piaffe, veut rejoindre le front, se battre.

Peu à peu elle reprend des forces et bientôt se prépare à un autre débarquement, celui de Provence. Les officiers généraux ont compris qu'il ne fallait pas la coller dans un bureau. L'action physique sur le champ de bataille, c'est ce qu'elle veut. La voilà affectée à un état-major, celui-là même du général Diego Brosset, l'un de ceux qui commandent les Forces Françaises Libres du Midi, qui remontera vers Lyon et vers l'Alsace et auprès de qui elle devient officier. Diego Brosset est un personnage chaleureux, humain, doué d'un profond sens stratégique, aimé de ses troupes. Il a rejoint le général de Gaulle dès le 27 juin 1940, soit une semaine après Ève Curie. Ses états de guerre sont impressionnants. Ève le suit pendant le débarquement de Provence, puis durant la remontée vers le nord et la Libération, plus rapide que prévu, les 3 et 4 septembre 1944, et enfin le 8 septembre à Autun. Vite, elle écrit une lettre à sa sœur avec laquelle elle n'a pu correspondre pendant plusieurs années. Elle lui résume, de son écriture ample et claire, ses quatre années auprès de la France Libre, aux États-Unis, ses combats sur le front d'Asie, sans en détailler l'histoire pourtant pleine d'aventures ni ses relations avec les personnalités clefs de la Seconde Guerre mondiale : Churchill, Roosevelt, de Gaulle, Zhou Enlai et tant d'autres. Elle n'a que peu de temps pour lui adresser cette missive. Action, il est l'heure de repartir, de remonter vers le nord ! C'est alors que le général Brosset confie à Ève Curie une mission historique. Après avoir traversé Dijon libéré dans sa jeep, sous les applaudissements de la foule, le général Brosset souhaite rendre visite à une de ses tantes, d'origine lyonnaise. Il donne instruction à Ève d'assurer la jonction des deux armées, celle qui vient de libérer la Provence et Lyon, avec la deuxième DB, dirigée par le général Leclerc, qui vient de libérer Paris.

Quelle confiance, quel honneur ! Des officiers la reconnaissent, la photographient. Elle s'entretient avec eux, veut qu'ils lui racontent le débarquement en Normandie et la libération de Paris. Avec humilité et professionnalisme, elle rédige son rapport d'officier de liaison. Et poursuit les combats auprès du général. Mais fin septembre, Diego Brosset reçoit un courrier qui le déçoit. Ève Curie doit quitter ses fonctions car elle est affectée auprès de l'état-major des armées à Paris, un honneur et une responsabilité militaire. Il ne peut s'empêcher de le regretter et écrit au cabinet du ministère de la Guerre : « Mon cher Masson, le départ du lieutenant Curie est un coup dur pour mon 3e Bureau [...]. Je sais bien qu'elle peut paraître utile ailleurs [...]. Pour moi qui l'apprécie, je sais combien elle était chez moi à sa place car il n'est pas facile de trouver des officiers à la fois intelligents, calmes, méthodiques et consciencieux[26]. »

Pendant les années d'occupation allemande, Irène et Ève n'ont guère reçu de nouvelles de Varsovie et peut-être est-ce mieux ainsi. La guerre y fait rage et l'Institut du radium ne sera pas épargné. En août 1944, une centaine de soldats SS pénètrent dans l'institut, raconte Natacha Henry : « À l'intérieur, quatre-vingt-dix malades et quatre-vingts membres du personnel ou des familles [...]. Les SS brisent, souillent, frappent, violent. Lorsqu'ils découvrent que certains sont cachés dans la cave et les cheminées, ils mettent le feu à l'institut que Bronia avait conçu avec tant d'ardeur. Sur cent soixante-dix personnes, il y aura trois survivants[27]. » Le gramme de radium que Marie avait rapporté de son second voyage aux États-Unis en 1929 est sauvé. Mais lorsqu'Irène et Ève apprendront cette destruction, après-guerre, elles mettront leur énergie à soutenir sa reconstruction. En dépit des épreuves, elles ne s'arrêteront pas. D'une génération à l'autre, construire et reconstruire sera la devise des femmes Curie.

8

UNE FAMILLE DÉCHIRÉE PAR LE CONFLIT DE LA GUERRE FROIDE

Dans Paris, qu'elle traverse en jeep, Ève goûte à la liberté si chèrement conquise. Ce fut une vraie guerre, autant que celle de sa mère et de sa sœur qui ont sauvé tant de vies en 1914-1918. Tandis que la voiture défile des Invalides vers le Trocadéro, Ève redécouvre dans un éclair de lumière la tour Eiffel, celle-là même où Hitler avait tenu à se faire photographier pour mieux humilier la France. Quelques rues abîmées plus loin, dans une ville en désolation, elle descend l'avenue Mozart, tourne à gauche, et soudain se trouve devant son immeuble de la rue des Vignes. Vite, elle met pied à terre et sent son cœur battre fort. Avec appréhension, elle glisse la clef dans la serrure, mais sa porte a été forcée par les Allemands. L'appartement est dévasté. Les meubles enlevés et vendus par les nazis. Ses affaires ont disparu. Songe-t-elle alors à la maison de Tolstoï en Russie, où les Allemands avaient fait de sa chambre un casino avec des feux de bois à même le plancher ? Elle s'était préparée à ce choc, du moins le croit-elle. Mais elle en ressent la violence dans sa chair. Comme elle a eu raison de se battre ! Et bientôt la France et l'Europe seront libérées du joug nazi.

Ève n'a plus d'emploi, vit dans l'incertitude. Que faire à présent ? Dès novembre 1944, elle crée avec son ami Philippe Barrès un journal gaulliste, *Paris Presse*. Ève revient ainsi dans l'actualité avec un titre prestigieux. Le 18 juin 1945, elle est invitée à la radio, non pas depuis Londres, mais sur Radio France, pour raconter son retour au quartier général de la France Libre à Londres. Les archives ont en effet disparu dans un bateau coulé par un sous-marin allemand.

D'autres épreuves attendent les deux sœurs. Le 6 et 9 août 1945, deux bombes atomiques sont larguées sur Hiroshima et Nagasaki. Irène et Ève ont la même pensée : leur mère n'aura pas vécu cette tragédie, fort heureusement. Ève déclarera même à la presse que l'énergie nucléaire avait pour objectif de sauver des vies humaines et non de tuer. Le monde de la recherche de leurs parents au début du XXe siècle semble alors tellement loin…

*

Si elle n'a pas vu sa sœur depuis longtemps, plusieurs années, elle sait que celle-ci est aujourd'hui encore plus proche des communistes. Renseignée par ses amis gaullistes, elle a appris qu'Irène a rejoint l'Union des femmes françaises, issue des comités féminins communistes de la Résistance et créée par un congrès le 21 décembre 1944, à l'initiative du parti communiste français. Forte de 180 000 membres en novembre 1944, elle en affiche 627 000 en septembre 1945. À la tête de l'Union, Jeannette Vermeersch, compagne et mère des enfants de Maurice Thorez, le secrétaire général du parti communiste. Lui-même n'est pas un modèle de résistance puisqu'il a préféré se réfugier à Moscou durant la guerre afin de rester fidèle au pacte germano-soviétique de non-agression entre Hitler et Staline. Alors qu'Hitler rompt le pacte en 1941 et que certains communistes entrent dans la Résistance, Maurice Thorez demeure en URSS pendant toute la guerre.

À la Libération, soutenu par Staline, le parti communiste remporte 26 % aux élections et peut peser sur le gouvernement provisoire constitué par le général de Gaulle, obligé pour la paix sociale de laisser entrer au gouvernement quatre communistes. Jeannette Vermeersch reprend de l'influence et devient une figure centrale dans les débats, en particulier sur la question des droits des femmes. L'association compte également parmi ses fondatrices l'amie des Joliot, Eugénie Cotton, qui deviendra présidente de la Fédération démocratique internationale des femmes à sa création en 1945 et vice-présidente du Conseil mondial de la paix. Les communistes ont en effet très habilement créé des groupes de pression et de propagande prosoviétique et procommuniste, tels qu'ils existent alors en URSS. Mais Ève s'inquiète. Irène semble être sous influence. Sa sœur aînée se rend à Moscou en 1945 et écrit ses « Impressions d'URSS », aussitôt publiées en septembre 1945 dans la revue communiste *Femmes françaises*. Elle est impressionnée par les actions de ce pays en faveur de l'émancipation et de l'égalité des femmes, leur accès à tous les métiers, y compris physiques et intellectuels. De nombreuses femmes sont médecins, cas plus rare dans les pays occidentaux après-guerre. Enfin, elle est bercée par l'illusion que, puisque l'égalité a bien été atteinte en URSS, la lutte féministe n'y a plus lieu d'être. Lorsque l'on sait que les femmes soviétiques manquent de tout, ses propos semblent d'une grande naïveté – naïveté alors partagée par une large majorité d'intellectuels français séduits par une propagande pleine de discours théoriques.

Irène déclare au congrès de l'Union des femmes françaises du 18 novembre 1944 : « Il faut que toutes les femmes soient éduquées, préparées à la vie politique, car elles possèdent de la finesse, de la générosité, du bon sens[1]. » Éducation qui lui semble d'autant plus fondamentale qu'elle sait que c'est la raison pour laquelle les Allemandes ont adhéré en masse aux théories nazies et antisémites. De même, elle s'appuiera sur l'exemple de sa mère pour justifier, des années plus tard, ses positions féministes. Dans l'article « Marie Curie, ma mère », publié en décembre 1954, elle écrit : « Il y avait des questions sur lesquelles ma mère avait des opinions d'une intransigeance absolue. Par exemple, elle estimait que les femmes devaient avoir les mêmes droits, et d'ailleurs les mêmes devoirs que les hommes[2] [...]. » Et dans un article *d'Heures claires* publié en mai 1954, elle déclarera : « Pour que la femme conquière l'égalité avec les hommes, il est nécessaire, indispensable, qu'elle ait le droit à participer à la vie politique du pays. » Par son statut de Prix Nobel, certes, mais également d'épouse et de mère, elle rassure les communistes. Elle estime aussi que l'égalité obtenue en URSS pour les femmes doit être une inspiration pour les femmes françaises, notamment « les petites-bourgeoises ». En revanche, l'aînée des sœurs Curie s'éloignera les dernières années de sa vie des positions communistes sur les droits des femmes lorsque Jeannette Vermeersch s'opposera à l'accès aux moyens contraceptifs. Irène, au contraire, soutiendra les droits à la santé sexuelle et reproductive.

Ève, pour sa part, demeure sceptique quant à ces déclarations qu'elle considère comme de la propagande, et inquiète de l'engouement de sa sœur et de son beau-frère pour la dictature stalinienne. Elle n'oublie certes pas le courage des femmes soviétiques pendant l'effroyable siège de Leningrad – aujourd'hui Saint-Pétersbourg – et durant la campagne de Russie. Mais elle sait par des diplomates français en poste à Moscou que les femmes russes manquent de tout, à commencer par les produits d'hygiène élémentaires, savons, serviettes hygiéniques, médicaments, sans parler d'une absence totale de produits ménagers, de lessive, eau chaude, salle de bains. Les postes clefs ne sont pas tenus par des femmes, mais par des hommes qui les contrôlent. Les jeunes filles sont enrôlées et leur statut de future mère est mis en valeur, comme symbole de la Terre mère. Sous les discours révolutionnaires, très peu de choses ont changé en faveur des femmes et l'actuelle Russie reste, somme toute, conservatrice.

*

La cadette s'inquiète. L'engagement de sa sœur si proche du parti communiste, et de son beau-frère membre du parti pro-bolchevique, pourrait-il nuire à sa carrière auprès d'officiels gaullistes ou proches des États-Unis ? Elle n'occupe pas de fonctions universitaires, doit se construire un emploi dans le privé, sans doute incertain. Et alors qu'Ève se trouve à Philadelphie pour une conférence en l'honneur du travail de sa mère et de sa sœur, voici qu'Irène, elle aussi, se rend aux États-Unis. En son for intérieur, la cadette s'inquiète. Que vient faire son aînée dans un pays qu'elle rejette, elle qui se sent si proche de l'URSS où règne Staline ?

Sous un ciel gris et frais, en ce mois de mars 1948, Irène, à New York, descend de l'avion à l'aéroport La Guardia. L'aînée des filles Curie est attendue. Pas seulement par le comité d'aide aux réfugiés antifascistes, dont le président d'honneur est Pablo Picasso, espagnol, communiste et peintre de *Guernica*. Des personnalités de gauche, proches du parti communiste américain, sont venues l'accueillir. Elles ne sont pas seules. Des agents de la douane l'attendent. Alors qu'elle dispose d'un visa de quinze jours accordé par l'ambassade des États-Unis à Paris, l'entrée sur le territoire américain lui est refusée. Interrogatoire, vérification d'identité et du mobile de sa venue, la Prix Nobel a sans doute oublié qu'à la tête du FBI se tient Edgar J. Hoover qui mène la chasse aux communistes. Et le président Harry Truman n'éprouve pas la même sympathie que Franklin et Eleanor Roosevelt à l'égard de la famille Curie. Irène est stupéfaite. Elle est emmenée, telle une personnalité dangereuse pour la sécurité des États-Unis, à Ellis Island, île proche de la statue de la Liberté et sas d'entrée de millions d'immigrés pendant la première moitié du XXe siècle. Quel lieu étrange pour une femme Prix Nobel, au nom prestigieux, habituée à la reconnaissance et aux acclamations à travers le monde !

Mais les services de renseignement américain, depuis plusieurs années, la considèrent comme inféodée aux communistes et donc dangereuse. Au FBI, Edgar Hoover suit le dossier. Comment Irène Joliot-Curie ose-t-elle venir rencontrer des membres d'une association considérée comme subversive ? Au même moment, les États-Unis entretiennent les meilleures relations avec le régime fasciste de Franco. Heureusement, un diplomate français de la représentation permanente de la France auprès des Nations unies, venu pour l'accueillir, alerte aussitôt l'ambassadeur de France à Washington. Le lendemain matin, à la suite de son intervention diplomatique, Irène est libérée.

À Philadelphie, Ève se sent perdue. Cette arrestation risque de détruire sa réputation d'amie de l'Amérique qui lui a valu le soutien des Roosevelt. Alors qu'elle doit participer à un hommage à sa mère, elle s'inquiète. Et si les journalistes lui posaient des questions embarrassantes sur sa sœur ? Alors qu'elle a affronté avec sang-froid les dangers physiques de la Seconde Guerre mondiale, la voilà qui panique. Elle adresse une lettre à l'une de ses amies, une femme de presse reconnue qui a œuvré pour promouvoir d'autres femmes journalistes. À Helen Rogers Reid, elle ne cache pas la réalité :

> Mes vraies relations avec ma sœur et son mari ne sont pas bonnes et se sont considérablement détériorées : nous nous voyons deux, trois fois par an, j'évite de discuter politique avec eux, et je sais, par d'autres sources, que mon beau-frère répète partout que mon journal a été « acheté par l'Amérique ». Cependant, ce ne sont pas des éléments qui devraient être rendus publics, et spécialement pas sur une terre étrangère où ma sœur se retrouve elle-même en difficulté. Mon cœur saigne quand je pense à ma pauvre mère dont la mémoire est entraînée dans tout cela[3].

Ève est prête à se défendre, à rappeler combien elle s'est opposée au communisme et a soutenu l'Amérique, et ce depuis toujours, comme le souligne s'il en était besoin son engagement auprès des Alliés pendant les combats. Elle entreprend ce voyage à Philadelphie dans un but non partisan, pour parler de l'œuvre de sa mère. Et, de fait, elle va devoir se justifier, tant les journalistes sont intrigués. Elle rappelle que les deux sœurs se partagent les évènements officiels, souvent nombreux, et qu'elles y vont séparément.

À New York, dès sa libération, Irène s'avance, calme, vers les journalistes américains et étrangers. D'une voix claire elle explique qu'elle a été bien traitée dans ce centre sinistre de Ellis Island, mais n'hésite pas à critiquer la politique américaine qui, selon ses dires, protège plus les fascistes que les antifascistes. En dépit de ces propos critiques envers les autorités américaines, pourtant très susceptibles en pleine guerre froide, elle est autorisée à effectuer une tournée de conférences à travers le pays. Auparavant, Irène rejoint Albert Einstein à Princeton, l'élégante ville universitaire située au sud de New York, dans sa maison blanche de Mercer Street. Leur photo côte à côte pendant cette soirée fait le tour du monde. Elle ne sera plus inquiétée, même si certains journalistes la considéreront avec suspicion.

Depuis Philadelphie, Ève rentre à Paris, inquiète. Entre les deux sœurs, la rupture est consommée. Elles n'ont plus rien à se dire. Elle songe alors à son neveu et à sa nièce. Elle ne pourra pas entretenir une relation affectueuse avec eux, faute de se rencontrer régulièrement. Ève se sent triste. Sans enfants, elle aurait aimé mieux connaître Pierre et Hélène. Les impliquer dans sa propre vie, les cajoler, leur apporter tendresse et soutien. Ce rêve s'éloigne. L'année 1948 lui semble difficile.

Et inquiétante. Aux États-Unis, fin septembre, le résultat des élections françaises suscite la consternation. Les communistes remportent 30 % des sièges de députés à l'Assemblée nationale. Le parti de Maurice Thorez, affilié aux Soviétiques, devient le premier parti politique de

France. Les dirigeants américains, le président Truman en tête, estiment qu'il n'est plus possible de transmettre la moindre information à Frédéric et Irène Joliot-Curie, craignant la création d'une bombe atomique française. Ceux-ci seraient capables de transmettre des secrets scientifiques aux Soviétiques. La plus grande méfiance s'impose donc à leur égard.

À Paris, les résultats des élections plongent Ève dans la perplexité. La victoire du parti communiste, qui représente l'opposé de ses convictions gaulliennes et pro-américaines, risque de mettre en danger le tirage de son journal gaulliste. Sans carrière universitaire ou fonctionnaire, l'avenir de sa vie civile s'annonce plus qu'incertain. Célibataire, elle vit dans l'insécurité. Vers qui se tourner ? Vers quelle orientation professionnelle ? Elle ne sait plus.

*

De son côté, Irène vit une situation professionnelle à la mesure de son talent après-guerre. Enfin. Certes, depuis 1937, suite à l'élection de son mari comme professeur au Collège de France, elle a été promue maître de conférences au poste libéré par son mari. En 1945, nouvelle promotion : Irène est enfin nommée professeure titulaire à la faculté des sciences de Paris, ce qui aurait dû avoir lieu dix ans auparavant, puisque l'université française a toujours eu pour coutume d'accorder très vite un poste de professeur d'université à tout Français lauréat d'un prix Nobel. Enfin, en 1946, André-Louis Debierne prend sa retraite de la direction de l'Institut du radium et elle lui succède donc.

Sur le plan privé, dans l'intimité familiale, Irène doit affronter une réalité qu'elle n'est pas près d'oublier. La porte s'ouvre dans la maison d'Antony, aux abords du parc de Sceaux où déjà de nombreux convives sont rassemblés. Entre une invitée de marque dont elle craint la présence lors de cette réception. Pourtant la dame âgée qui pénètre dans la maison d'Irène et de Frédéric Joliot-Curie sourit, échange des politesses et s'assied délicatement. Lentement, Irène s'en approche, le cœur battant. Elle qui ne supporte pas le mensonge, l'hypocrisie, aura-t-elle la force d'user de diplomatie ?

La vieille dame garde son sang-froid, c'est aussi pour elle un moment difficile. Se font face, entourées des autres convives tétanisés, Irène Curie et la veuve de Paul Langevin, celle-là même qui a détruit la réputation de Marie Curie en 1911 dans les médias. La femme qui a humilié Marie et terrorisé Irène, alors jeune adolescente, obligée de s'enfuir de leur maison sous les huées de badauds dénonçant « la Polonaise » voleuse d'un mari français. Mais pourquoi donc inviter Jeanne Langevin chez les Joliot-Curie ? Cette personne, somme toute d'une parfaite éducation, est la grand-mère de Michel Langevin, qui épouse ce jour-là de novembre 1948 Hélène Joliot-Curie. Il n'aurait pas été décent de ne pas l'inviter. Irène est pourtant déchirée. Recevoir cette personne sous son toit, n'est-ce pas trahir la mémoire de Marie ? Après quelques heures sans esclandre, Irène accompagne Jeanne Langevin jusqu'à la grille de la maison, la vieille dame s'éclipse dans un sourire et avec élégance. La porte refermée, Irène, selon les souvenirs de sa propre fille Hélène, poussera un soupir de soulagement. Soudain, elle se mettra à rire, plaisanter, entourer ses invités, se réjouir de ce mariage. Redevenir elle-même. Enfin.

Un mariage scientifique, un de plus, l'esprit de famille perdure. Hélène, physicienne, a en effet rencontré Michel

Langevin lors de ses études à l'École supérieure de physique et de chimie industrielles de la Ville de Paris. École dont son père, Frédéric Joliot-Curie, était diplômé et où ses grands-parents, Pierre et Marie, découvrirent le radium. Hélène sort de cette école major l'année suivante. Elle soutient sa thèse de doctorat d'État en 1956, dirige la division de physique nucléaire de l'institut de physique nucléaire d'Orsay, préside la commission de physique nucléaire de 1981 à 1985. Une génération Curie après l'autre qui se consacre aux sciences, à la recherche. Avec passion et bonheur. Car, comme l'écrira plus tard Pierre Joliot, le frère d'Hélène, la recherche scientifique, c'est avant tout un plaisir. Même Ève, si éloignée de ce monde, le comprendra.

*

Des fleurs, encore des fleurs, un bouquet magnifique. Depuis sa suite à l'hôtel Crillon place de la Concorde, juste en face de l'ambassade des États-Unis, Eleanor Roosevelt sourit. La carte de visite d'Ève Curie ne la surprend pas. Ne l'a-t-elle pas reçue à plusieurs reprises à la Maison-Blanche pendant le deuxième conflit mondial ? Ne l'a-t-elle pas invitée à intervenir devant des milliers d'Américains pour défendre la cause de la France Libre et solliciter l'intervention des États-Unis dans le conflit face à Hitler ? N'a-t-elle pas été sensible à sa biographie sur sa mère publiée en anglais avant-guerre ? Tout dans la famille Curie plaît à la veuve du président Roosevelt. La mère et les deux filles. Ces femmes se sont construites par elles-mêmes, ont accompli et même dépassé leurs rêves. Ont montré que les femmes pouvaient être à la fois scientifiques, mères et engagées.

L'ancienne *First Lady* s'approche de la baie vitrée d'où elle distingue, au loin, de l'autre côté de la Seine, l'Assemblée nationale et, à sa droite, le pont Alexandre III ainsi que la tour Eiffel. Mais elle ne s'attarde pas. Un vent vif souffle, glacial. En ce mois de décembre 1948, Eleanor Roosevelt est émue. Le lendemain, le 10 décembre, elle va faire adopter par les quelques États membres des Nations unies la Déclaration universelle des droits de l'Homme, appelée ainsi alors que les droits des femmes sont aussi concernés. Mais l'homme reste l'ultime référence. La rédaction de cette déclaration fut longue et fastidieuse. En tant que présidente du comité de rédaction de la déclaration, elle a dû s'imposer de nombreuses réunions par le monde, lutter pour que les femmes ne soient pas les grandes oubliées du texte et soient clairement mentionnées. Elle songe à une autre femme qu'elle va retrouver, une personnalité marquante de l'histoire de l'indépendance de l'Inde, à présent oubliée et gommée par son pays. Seuls en effet comptent Nehru et Gandhi, ces deux grandes figures qui ont certes marqué, par leur ténacité, leur courage et leurs emprisonnements, l'histoire de l'Inde. Mais, à leurs côtés, une femme, Hansa Mehta, aussi courageuse et engagée qu'eux, s'est battue, a elle aussi été arrêtée par les Britanniques, et présidera le comité de rédaction de la nouvelle Constitution de l'Inde. Hansa Mehta, un nom que les femmes du monde entier devraient connaître.

Eleanor Roosevelt songe à cette femme qui a imposé dans le texte de la Déclaration la formulation « tous les êtres humains » au lieu de celle de « tous les hommes ». Sans cela, les hommes indiens auraient déclaré que cette déclaration ne concernait pas les femmes indiennes. Il aura fallu près d'un an de négociations supplémentaires pour faire adopter ces nouveaux termes ! Les femmes du monde entier n'apprendront même pas ce qu'elles doivent à Hansa Mehta. Cette grande dame de l'indépendance de l'Inde et de la Déclaration universelle demeure l'une des figures oubliées de l'histoire de l'humanité. Aujourd'hui, même les jeunes Indiens et Indiennes ne connaissent pas son vécu…

Eleanor Roosevelt sait bien que l'histoire ne retient que les noms des hommes. Faire adopter le 10 décembre 1948 cette déclaration devant la tour Eiffel, là où Hitler avait été photographié en juin 1940, représente un beau symbole du retour des démocraties sur la scène internationale. Les sœurs Curie sont à Paris mais n'assistent pas à la conférence des Nations unies. Ève entretiendra une relation épistolaire avec Eleanor Roosevelt jusqu'à la mort de cette dernière en novembre 1962. Dès que ceci lui sera possible, dans ses conférences et entretiens, la cadette lui rendra hommage.

*

Irène, de son côté, en dépit de la maladie, sournoise et épuisante, entend poursuivre ses activités professionnelles. La construction du CEA est en jeu, mais aussi de nouvelles expériences au sein de l'Institut du radium. Elle a, depuis 1946, pris la succession d'André-Louis Debierne à la tête de cet institut qu'a créé et dirigé sa mère. Alors qu'importent les bronchites, les moments d'épuisement, sa raison de vivre est le travail. Et parce qu'elle sent que ses jours sont comptés, qu'un sursaut plus insidieux de la maladie pourrait la terrasser, elle veut avancer. Poursuivre la recherche nucléaire aussi vite que possible. Mais elle prend le temps de discuter avec chaque membre de l'institut sur ses recherches. Ses anciennes équipes ont toutes raconté sa disponibilité, sa bienveillance en dépit d'une apparence froide au premier abord.

Toujours sensible à la cause des femmes, en particulier à l'accès équitable au métier de leur choix, Irène est alors l'une des six commissaires du nouveau Commissariat à l'énergie atomique créé par de Gaulle lorsqu'éclate un scandale qui fera date dans la conquête pour l'égalité des femmes en France. Au printemps 1949, dans les librairies et les cafés, la parution d'un livre alimente les conversations. Le premier tome du *Deuxième Sexe*, de Simone de Beauvoir, paraît et secoue l'opinion publique, les partis politiques et l'Église de France. Comment oser mettre en doute le caractère naturellement soumis et discret des femmes ? Comment oser dénoncer les avortements clandestins qui, chaque année en France, ont des conséquences désastreuses sur la santé de celles-ci, notamment de celles en emploi précaire, dont des ouvrières, agricultrices mais aussi de celles qui travaillent dans le tertiaire ? Comment oser définir le mariage comme seconde soumission d'une femme à un homme après celle au père ? Alors que les journalistes prétendent que l'égalité des sexes est un problème désormais réglé, cette philosophe, dont l'union libre avec Jean-Paul Sartre suscite autant la répulsion que la fascination, pointe du doigt une condition aliénante. Simone de Beauvoir écrit des heures durant dans sa petite chambre de l'hôtel Louisiane, rue de Buci, près du marché bariolé. Elle n'a que quelques dizaines de mètres à traverser pour rejoindre les terrasses des cafés du Flore et des Deux-Magots. Assise sur les banquettes de cuir des Deux-Magots, sous la statue du mandarin chinois, Simone de Beauvoir annote, corrige la version définitive de cet essai qu'elle appelle dans ses lettres à son amant américain Nelson Algren « un petit livre sur les femmes ». Petit livre qui va devenir l'un des essais les plus traduits dans le monde et continue, soixante-dix ans plus tard, à être publié dans de nouvelles langues, en Asie notamment.

La publication de cet ouvrage déplaît autant à l'Église, aux Français catholiques, aux autres écrivains et intellectuels français tel Albert Camus – « Vous avez ridiculisé le mâle français » – qu'aux communistes. « La droite ne pouvait que détester mon livre… J'espérais qu'il serait bien accueilli par l'extrême gauche[4]. » Funeste erreur ! Sur plusieurs points, en 1949, la morale communiste rejoint la morale catholique. Le mot même d'avortement est tabou, alors que tant d'ouvrières apparentées au parti communiste en subissent clandestinement. On estime le nombre d'avortements clandestins par an en France à plusieurs centaines de milliers, si ce n'est plus. Simone de Beauvoir ose critiquer le mariage, ce que Maurice Thorez et Jeannette Vermeersch auraient pu comprendre, ayant eu trois enfants sans avoir officialisé leur union. Jeannette Colombel, qui s'appelait encore Jeannette Prenant, fille de l'un des anciens dirigeants communistes français, attaque pourtant l'essai, se référant à Lénine avec hargne : « Analyser les réactions de la petite-bourgeoisie à travers les miroirs déformants d'une philosophie de la nausée… »

Mais c'est surtout cette mise en question du prétendu devoir de maternité de toute femme qui met le parti communiste hors de lui, alors même que la femme est avant tout mère. Point qui a sans doute pu heurter Irène Joliot-Curie. Comme Marie, la Prix Nobel de chimie estime qu'il est important d'assurer un équilibre entre la vie de mère et son activité professionnelle. Simone de Beauvoir présente le tort de n'être ni mariée au philosophe Jean-Paul Sartre ni mère, et ose revendiquer le droit de ne pas avoir envie d'enfanter. Pour les communistes, « cela manifeste à quel point l'existentialiste, recroquevillée dans un individualisme monstrueux, est incapable de connaître le sentiment le plus naturel à toutes les femmes[5] ». Ces deux grandes féministes françaises du XXe siècle, Irène Joliot-Curie et Simone de Beauvoir, n'auront pas eu l'occasion de se croiser ni d'échanger. Dommage.

*

Alors que l'URSS et les États-Unis préparent un potentiel affrontement avec la mise en route de programmes nucléaires avancés, les peuples rêvent avant tout de paix. Un mot qui résonne dans les cœurs, dans les foyers, que tout le monde comprend. Un mot qui rappelle que la Seconde Guerre mondiale, si douloureuse, est encore un passé récent. Enfin, pour Irène, une guerre où les bombes atomiques américaines lâchées sur Nagasaki et Hiroshima ont fait des milliers de morts de civils, semé destruction et désolation. Le nucléaire a tué, détruit. Irène songe aux déclarations de son père lors de la remise de leur prix Nobel de physique, à lui et à Marie, en 1903. Pourvu que ces nouvelles découvertes scientifiques ne tombent pas aux mains des marchands de mort.

Depuis Moscou, Staline, auréolé de sa victoire sur Hitler et qui règne en maître et en dictateur, sait agir en stratège. Tandis qu'il développe les programmes nucléaires et militaires soviétiques à toute allure et donne aux scientifiques russes des moyens financiers considérables pour les accomplir, et alors que la première bombe atomique soviétique a éclaté le 29 août 1949, l'homme fort du Kremlin fait lancer, par l'entremise des partis communistes des pays européens occidentaux, une campagne de désinformation à l'échelle mondiale pour prétendre que l'URSS ne veut que la paix. Et c'est ainsi que, dès 1945, d'année en année, sont montées des organisations mondiales « pour la paix », en réalité pour discréditer les États-Unis et les pays occidentaux qui remontaient, eux aussi, leurs programmes militaires afin de ne pas se retrouver un jour sous la tutelle soviétique. La guerre froide bat son plein.

Irène se sent donc concernée par la campagne des communistes « pour la paix », d'autant que Frédéric agit en France. Il intervient au Congrès mondial pour la paix à Paris en avril 1949. Mais surtout, rappelle Louis-Pascal Jacquemond, 1950 est « pour les Joliot-Curie, la grande année du pacifisme ». Afin de déstabiliser les États-Unis et les pays occidentaux, le Mouvement mondial des partisans de la paix se réunit en mars 1950 à Stockholm où, en présence de Frédéric Joliot-Curie, et appuyé notamment par Pablo Picasso, le Conseil mondial de la paix lance « l'appel de Stockholm », qui exige « l'interdiction absolue de l'arme atomique ». Le premier signataire en est Frédéric Joliot-Curie et Irène va suivre. C'est un coup de tonnerre car des millions d'hommes et de femmes, communistes pour la plupart, mais aussi idéalistes, vont le signer et lui donner une immense publicité. De nombreuses personnalités y apposeront leur nom, comme Louis Aragon, Marc Chagall, Duke Ellington, Yves Montand, Édith Piaf, mais aussi les jeunes Jacques Chirac et Lionel Jospin... La situation internationale risque même de déclencher un nouveau conflit mondial, car, deux mois plus tard, en juin, éclate la guerre de Corée. La tension est à son paroxysme.

Fort du succès de ce manifeste, Irène envoie un message à Albert Einstein pour qu'il le signe. Âgé de plus de soixante-dix ans, le physicien, depuis sa maison de Mercer

Street à Princeton, a connu deux guerres mondiales, l'antisémitisme, la fuite vers les États-Unis, les menaces de mort et tant d'autres épreuves. Les dictateurs, il n'en veut pas. Il a eu le temps dans sa vie d'analyser la force de la manipulation des peuples par le langage détourné de sa vraie signification, la désinformation, l'incitation à la haine. Il suit avec attention la montée en puissance des conflits entre les États-Unis et l'URSS et a, lui, compris comment le mot « paix » était détourné de son vrai sens au profit du seul réarmement de l'URSS.

Avec courtoisie et finesse, Albert Einstein refuse d'apposer sa signature à ce manifeste. Selon lui, les communistes sont les vrais initiateurs de ce mouvement. Lui qui a fui une dictature, antisémite de surcroît, se méfie de tout régime totalitaire, en particulier celui de l'URSS[6]. Il considère qu'Irène, dont il apprécie l'intégrité, est victime de sa propre naïveté. Son refus tombe à pic, car, au même moment, le FBI enquête sur le physicien et sur son entourage. Edgar Hoover, encore lui, se méfie de ce savant, juif d'origine allemande de surcroît, ami de Charlie Chaplin, et le soupçonne d'être un dangereux communiste. Les actions du sénateur McCarthy à partir de 1950 déchaînent une campagne contre le prétendu « communiste Einstein », alors que de son côté le directeur de l'Institut, le physicien Robert Oppenheimer, fait l'objet d'attaques sournoises puis directes et publiques qui vont bientôt s'amplifier.

À Paris, Irène et Frédéric Joliot-Curie suivent cette chasse aux sorcières ainsi que les décisions du président des États-Unis Harry Truman de relancer la course aux armements. Cette tension entre l'Est et l'Ouest aura-t-elle des conséquences au sein de la vie scientifique française ? Irène le craint.

*

Une neige poudreuse recouvre les pistes de Courchevel en ce jour de Noël 1950. Irène se prépare à passer la soirée en famille, à la montagne, avec Hélène et ses enfants – un moment convivial comme elle les aime. Irène connaît chaque piste du domaine de Courchevel, en apprécie chaque recoin, s'y sent sereine. Mais il arrive que la maladie, la fatigue la surprennent. Elle vient à peine de fêter ses cinquante-trois ans et se sent parfois épuisée, lasse. La vie politique et scientifique a pris le dessus dans leur vie de couple. Frédéric, quelques mois plus tôt, a vécu le moment le plus douloureux de sa carrière, un soufflet dur à encaisser dont il n'est toujours pas remis. En raison de son appartenance au parti communiste français, proche du Kremlin et donc de Staline, le gouvernement français lui a retiré ses fonctions de haut-commissaire à l'Énergie atomique, le CEA. Irène découvre son mari, habituellement si vif, blessé. Elle-même occupe toujours la fonction prestigieuse de commissaire du CEA, seule femme bien sûr parmi d'autres commissaires. Certes, elle n'est pas inscrite au PCF. Mais elle participe à de nombreux évènements organisés par cette tendance politique. Que va-t-il lui arriver ?

À peine de retour à Paris, en ce froid janvier 1951, la nouvelle tombe. Son mandat au CEA n'est pas renouvelé. Une page importante de leur vie et de leur carrière se tourne. Comment oublier les efforts du couple, en particulier de Frédéric, pour éviter que l'eau lourde ne soit récupérée par les nazis ? Irène ressent, comme son mari, l'ingratitude des politiques français à leur égard. Les communistes, de leur côté, s'insurgent, la soutiennent. L'amie fidèle de la famille, Eugénie Cotton, renvoyée par Vichy de son poste de directrice de l'École normale supérieure de jeunes filles de Sèvres sous l'Occupation, rappelle le parcours et de Frédéric et d'Irène pour que l'atome soit utilisé à des fins pacifiques :

> Avec leur découverte de la radioactivité artificielle, Irène et Frédéric Joliot-Curie avaient conservé à la France une place d'avant-garde dans le domaine des recherches atomiques. Grands patriotes, ils avaient pu cacher aux Allemands en 1940 leurs plus récentes découvertes, et, sitôt la guerre terminée, lui, haut-commissaire à l'Énergie atomique, elle, commissaire dans ce même organisme directeur, ils avaient formé une équipe de chercheurs décidés, eux aussi, à travailler pour les applications pacifiques de l'énergie nucléaire. Le gouvernement français les en avait vivement félicités et leur avait exprimé sa reconnaissance pour le don généreux fait aux laboratoires de Châtillon de leurs brevets et de l'uranium qu'ils possédaient en propre [...]. Ainsi, les deux seuls savants français vivants ayant le prix Nobel pour des travaux de physique nucléaire sont actuellement exclus de l'organisme qui dirige en France les recherches dans ce domaine[7] !

Ève, de son côté, s'inquiète. Son journal gaulliste *Paris Presse* subit la concurrence du récent *France-Soir*, racheté par le groupe Hachette. *L'Intransigeant* gagne de plus en plus de lecteurs. Pour éviter la mise à pied de leurs journalistes, Ève et Philippe Barrès démissionnent. Elle déclare dans une lettre à Irène se trouver « au chômage » et que les démocraties sont en danger. Elle ne sait que faire, vers où s'orienter pour trouver un travail, parle d'écrire un livre, mais ne sait sur quel sujet. Dans cette incertitude, la situation internationale n'est guère rassurante. Staline impose une dictature à plusieurs pays d'Europe centrale et orientale, dont la Pologne. En 1946, suite à l'installation de barbelés électrifiés surveillés par des miradors et des soldats des pays communistes prêts à tirer, Winston Churchill avait rappelé dans une formule devenue historique que Staline avait fait ériger entre l'Europe de l'Ouest et l'Europe sous tutelle communiste un « rideau de fer ». En réalité, ce « rideau » avait pour vrai objectif d'éviter que les populations européennes du camp soviétique ne cherchent à passer à l'Ouest. Des négociations diplomatiques intenses ont abouti le 4 avril 1949 à la création, à Washington, de l'Organisation du traité de l'Atlantique nord (OTAN), qui constitue une alliance militaire défensive entre dix États d'Europe de l'Ouest[8], dont la France et le Royaum-Uni, avec le Canada et les États-Unis. Compte tenu de la fragilité des économies et des armées européennes après-guerre, l'Union soviétique est à l'apogée de sa puissance. Les États-Unis étant alors les seuls à disposer de l'arme nucléaire, ce traité revient, de facto, à s'assurer qu'ils protégeront les pays européens occidentaux de toute attaque éventuelle des pays communistes.

Quelques semaines avant la signature de ce traité, Ève se trouve à Washington, une fois encore, pour effectuer une tournée de conférences sur sa mère et sur les femmes scientifiques. Elle s'attache à rendre hommage à Marie et à Irène, mais aussi à mettre sur le devant de la scène des femmes scientifiques remarquables gommées par l'histoire. En effet, l'exemple de sa famille ne l'a que trop confirmé, les femmes chercheuses qui ont accompli des découvertes, nombreuses par le monde, sont très souvent invisibilisées, effacées de l'histoire des sciences. Seuls les savants de sexe masculin sont mis en valeur dans la presse, à la radio et dans les ouvrages historiques, donnant ainsi l'impression que seul le premier sexe a contribué à l'avancée de l'humanité. Bien que ne se déclarant pas féministe, son attitude témoigne d'une volonté de soutenir les mêmes causes que sa mère et sa sœur Irène pour les droits des femmes. Et sa carrière, alors qu'elle ne s'y attend pas, va prendre un nouveau virage.

Avec la création de l'OTAN, s'ouvrent des postes diplomatiques, militaires et stratégiques pour les représentants des dix pays. Le premier secrétaire général de l'Organisation n'est autre que Lord Ismay, général et diplomate britannique. Ève le connaît bien. Pendant la Seconde Guerre mondiale, celui-ci a été le directeur de cabinet militaire de Churchill. Il effectuait le lien entre les militaires et le Premier ministre britannique, et l'accompagnait dans ses déplacements pour s'entretenir avec Franklin Roosevelt notamment. Un homme de talent qui sait faire travailler diplomates et militaires ensemble. Mais en 1949, ni Lord Ismay ni Ève ne peuvent être assurés que celui-ci occupera bientôt cette fonction stratégique. Le diplomate anglais ne reviendra en effet aux affaires politiques que lorsque Churchill redeviendra Premier ministre en 1951. Entretemps, la cadette des sœurs Curie cherche une position. La création de l'OTAN redonne espoir au monde libre. Ève ne manque pas de rendre hommage à la nouvelle organisation et s'inquiète publiquement de l'avancée des communistes dans le monde avec, en particulier, l'arrivée des communistes Mao Tsé-Toung et Zhou Enlai au pouvoir en octobre 1949 en Chine. Ses interventions dans la presse, et les contacts qu'elle maintient avec de nombreux responsables britanniques, américains et français, en particulier le général de Gaulle, permettent à plusieurs diplomates français et étrangers de penser à elle pour rejoindre l'équipe qui constituera l'OTAN.

*

C'est une soirée comme tant d'autres à Paris, en pleine guerre froide. Pendant que sa sœur et Frédéric poursuivent leurs travaux scientifiques, écartés du pouvoir et des prises de décision, Ève est invitée aux dîners donnés à l'ambassade des États-Unis. Elle n'est pas présente seulement pour son nom et sa réputation, ni pour avoir participé au combat contre les forces nazies entre 1940 et 1945. Pour avoir, à l'instar de sa mère, côtoyé les dictatures, elle s'inquiète. Les tensions entre les deux blocs sont à leur apogée. Et si une crise éclatait entre les grandes puissances ? En URSS, Staline est toujours aux commandes.

Bientôt, dans Paris, une rumeur circule. Ève Curie devrait accéder à l'un des postes stratégiques dans la défense du monde libre. Et même, murmure-t-on, un poste de confiance auquel jamais une femme n'a pu prétendre. La voilà assise, un soir, dans un dîner élégant, à côté d'un diplomate américain de l'ambassade des États-Unis. Un homme souriant, beau, et dont la voix la charme. Quelle coïncidence ! Henry Labouisse est en charge de la mise en application en France du plan Marshall, celui-là même que les communistes vouent aux gémonies, accusant les États-Unis d'entreprendre une politique impérialiste à l'égard de la France. Un projet que les compagnons politiques de sa sœur et de son beau-frère critiquent avec vigueur. Et pourtant, ce plan de prêts permet de redresser l'économie exsangue de l'Europe, de reconstruire les villes et les installations bombardées pendant la guerre. Le plan Marshall permettra la modernisation des outils de production. En échange, les prêts seront utilisés pour importer des produits américains, souvent de qualité.

Pour reconstruire la France, c'est un arrangement qui se révélera efficace.

Entre 1948 et 1951, en effet, le PNB de l'Europe de l'Ouest fait un bond de 32 %, la production agricole de 11 %, et la production industrielle d'environ 40 %. La France peut ainsi moderniser toutes ses locomotives et son tracé ferroviaire. Les agriculteurs français ont accès à des tracteurs modernes qui n'existaient pas avant-guerre. Cette réussite rend furieux les Soviétiques et, bien sûr, Staline. On peut considérer que ce fut un élément majeur de la guerre froide et un levier pour le succès occidental face aux dictatures communistes.

Henry Labouisse est heureux de cette réussite. Et est ému d'être, ce soir-là, assis à côté d'Ève. Ils ont tant à échanger sur leurs vies, leurs carrières, les aventures diplomatiques. Et ils ont le même âge. Né à La Nouvelle-Orléans en 1904, le diplomate américain originaire d'une famille de Louisiane doit son nom à ses ancêtres cajuns. Ce bel homme, au sourire immense qui inonde son visage, doté de larges mains prêtes à saisir la vie, cache en lui un chagrin dont il fait discrètement part à Ève. Dix ans auparavant, son épouse est décédée très jeune d'un cancer. Il est donc veuf. Et libre. Aurait-elle une école à lui conseiller pour sa fille dont il s'occupe seul ? Ève est stupéfaite. Pourquoi la solliciter sur un tel sujet alors qu'elle n'a pas d'enfant, dira-t-elle plus tard à Anne Joliot, sa confidente et sa nièce, épouse de Pierre Joliot. Ève n'a pas encore deviné, ou peut-être n'ose-t-elle pas se l'avouer. Cette soirée a comme une saveur spéciale pour lui, comme s'il reprenait goût à dîner avec une femme avec laquelle, il le sent, il aurait tant à partager. Et la recherche d'une école pour sa fille, quelle excuse pour la revoir… Cette fois, en tête à tête. Tête-à-tête qui, il l'espère, ne s'arrêtera plus jusqu'à sa mort.

Henry Labouisse est tombé amoureux. Ève, de son côté, s'est séparée de Philippe Barrès qui s'est aussitôt marié. Pour l'heure, elle espère un poste à l'OTAN. Pourvu, se dit-elle, que l'attitude de sa sœur et de son beau-frère, alignés sur les instructions de Staline et du parti communiste, n'influence pas les gouvernements occidentaux dans leur choix. Cette fonction, elle le sent, pourrait être la consécration de tout ce pour quoi elle s'est battue, la liberté et la démocratie. Et si cela doit signifier avoir moins de contact avec Irène et sa famille, qu'importe. De toute façon, elle ne les rencontre qu'une ou deux fois par an, où l'on parle de tout, ou plutôt de rien, et surtout pas de politique.

Enfin, la nouvelle tombe. Lord Ismay décide de prendre Ève dans son cabinet sous le titre de conseillère spéciale du secrétaire général de l'OTAN. Quelle reconnaissance ! Et pour une femme de sa génération, née en 1904, dans les mondes diplomatique et militaire, quelle avancée et quelle promotion ! À quarante-cinq ans, la voici propulsée dans l'un des postes diplomatiques les plus stratégiques pour une Française ! Ève entend bien être à la hauteur de la confiance que les dix pays de l'OTAN et son secrétaire général lui accordent.

Objectif numéro un, protéger l'Europe occidentale d'une éventuelle invasion soviétique. Pour cela, il faut réfléchir à la stratégie à adopter. Ève l'écrit dans une de ses notes, en fait un programme d'action d'une trentaine de pages à Lord Ismay. L'OTAN, selon elle, est fragile et son unité n'est qu'apparente. Les peuples n'ont pas envie de réarmement mais de penser à la reconstruction de leurs pays martyrisés par la guerre, de retrouver un emploi et une maison, une vie plus douce. Il va donc être difficile de persuader le public de la nécessité de cette organisation militaire alors qu'en France la classe ouvrière vote en majorité pour le parti communiste qui, bien entendu, lance une campagne contre l'OTAN.

La stratégie de communication énoncée par Ève sera suivie par Lord Ismay et par les représentants des dix États membres. Elle a en effet analysé avec habileté comment contrer les tactiques soviétiques et communistes pour discréditer l'organisation. Ses idées, ses propositions, seront adoptées par les hommes, diplomates et militaires, qui participent à l'édification de cette organisation, véritable enjeu de survie pour le monde occidental de l'après-guerre. Lui en a-t-on été reconnaissant ? Son nom n'est pas évoqué dans les instances diplomatiques ayant trait à l'OTAN. Et à présent, son action stratégique dans ces années tendues de la guerre froide, démontrée par le contenu de ses archives, ne suscite qu'un intérêt poli, pour ne pas dire nul. Comment, en effet, imaginer qu'une femme ait pu avoir une influence et un sens de la stratégie dans l'OTAN, organisation à majorité masculine depuis des décennies ? Une fois encore, l'action déterminante d'une femme, par sa pensée, son intelligence et sa capacité de visionnaire, n'est pas reconnue, soixante-dix ans après la fondation de cette organisation.

*

Un matin, Ève éclate de colère. Cette sœur qu'elle tente de mettre de côté dans ses fonctions professionnelles, cette aînée si proche de tous les communistes qu'elle combat, l'indispose plus qu'elle ne peut le supporter. Comment, en effet, ose-t-elle mettre dans la bouche de leur mère des propos qu'elle n'a pas tenus ? Pour avoir travaillé sans relâche sur les archives de sa mère pour écrire *Madame Curie*, elle a à l'esprit ses discours et déclarations. Et puisque les deux sœurs ne se croisent plus, il ne reste qu'à lui écrire, apposer sur son élégant papier à lettres ce qu'elle considère comme une trahison :

> Je pense que le respect des morts consiste, entre autres choses, à s'interdire de leur attribuer des jugements ou opinions qu'ils n'avaient pas choisi d'exprimer eux-mêmes publiquement de leur vivant [...]. De même, Marie Curie s'est toujours gardée de prendre parti politiquement. Même remarque sur le vote des femmes. Elle lui était certainement favorable, mais, malgré de nombreuses pressions, elle a toujours refusé de s'associer à des manifestations féministes dans ce sens parce qu'elle désirait que son nom restât associé uniquement à son métier de savant[9].

Cette fois, elle ressent de la fureur, et elle accuse sa sœur d'avoir utilisé le nom de Marie à des fins politiques en dénonçant l'utilisation de la bombe atomique, alors qu'une campagne communiste allait dans ce sens pour éviter que les pays occidentaux ne s'arment et protègent ainsi leur territoire. Sa sœur doit, selon elle, corriger au plus vite ces inexactitudes. Peut-on, derrière ces écarts de vérité, supposer l'influence de Frédéric Joliot-Curie ? L'éventualité paraît insupportable à Ève, alors qu'au même moment elle a accès à des notes secrètes sur l'offensive communiste et ses dangers pour l'Occident.

En ce qui concerne les droits des femmes et le féminisme de Marie, Irène semble en effet avoir un peu insisté. Il n'empêche. L'aînée de la famille n'a pas oublié son séjour en Angleterre auprès des féministes anglaises, en présence de sa mère. Elle sait bien qu'au fond, sans le déclarer pour ne pas oblitérer son travail de savante, sa mère était féministe. En cette première moitié du XXe siècle, le terme est en lui-même très péjoratif pour le grand public, tout comme il l'est resté pendant plus de cent ans et comme il le demeure encore souvent aujourd'hui. Ève achève sa lettre sur une note plus douce, pour lui annoncer l'entrée d'un homme dans sa vie.

*

Très vite, Henry Labouisse sait qu'il demandera à Ève de devenir son épouse, elle qui a connu plusieurs amours mais aucun mariage. Une femme restée libre de son cœur et de son corps, qui mène sa carrière professionnelle au service de ses convictions, une pionnière de talent, un exemple pour d'autres femmes. Mais il y a encore une réserve avant ce mariage. Sa fille Anne, jeune adolescente, inscrite dans un établissement chic de la côte Est qu'elle déteste, tant elle ne supporte pas les manières snobes et superficielles des jeunes filles de milieux huppés, doit être mise au courant. La fameuse « Miss Porter School » située à Farmington dans le Connecticut a eu comme élève Jackie Kennedy. Anne a détesté l'endroit aussitôt mais y restera, malgré tout, trois ans. Henry Labouisse l'enverra ensuite dans l'une des meilleures universités féminines des États-Unis, Smith College. Située à Northampton dans le Massachussetts, elle fait partie des *Seven Sisters*, les « Sept Sœurs ».

À quatorze ans, orpheline de mère très tôt, sans frère ni sœur, un père plongé dans ses obligations professionnelles, Anne se sent perdue au milieu de la très chic côte Est des États-Unis. Qui pourrait remplacer sa mère ? Elle ne le sait pas, ne l'espère plus. Une enfant n'a qu'une mère, et celle-ci est morte. Elle ne sait pas ce qu'elle va devenir. Une rebelle, certainement. Et voici que son père vient en urgence déjeuner avec elle. Que va-t-il lui annoncer ?

Au cours du repas, inquiet et presque tremblant, il lui demande la permission d'épouser Ève. La jeune fille est touchée qu'il sollicite ainsi son autorisation. Elle donne son accord. Henry Labouisse repart pour New York, soulagé. Il a le droit de s'engager, d'aimer, d'être heureux.

Pour Ève, il est donc l'heure d'en informer sa sœur par lettre : « Je suis venue me marier à New York pour que la fille de quinze ans de mon futur mari, qui est veuf depuis une dizaine d'années, puisse être présente [...]. Je suis encore étonnée moi-même d'avoir pris, si tard dans la vie, la décision de me marier. Mais je sais que je vais vers beaucoup de bonheur et de sérénité[10]. »

Alors qu'aucun d'eux n'a de conviction religieuse réelle, surtout pas Ève, ils s'unissent, à cinquante ans, devant un prêtre qui est un ami et un conseil. La jeune Anne est là, très entourée. Les parents de la première femme d'Henry, qui ont perdu leur fille d'un cancer, ont offert le déjeuner. Habillée d'un manteau élégant, de gants sombres et d'un sac à main, Ève symbolise Paris aux yeux des Américains, l'élégance française. Elle se tourne vers ceux qui ont la délicatesse de la recevoir, alors que leur propre fille n'est plus là. Ève, orpheline trop jeune pour avoir le moindre souvenir de son père, échange avec un homme qui aurait pu l'être, la traite comme telle alors que lui-même a perdu sa fille. Et les voici qui plaisantent, se parlent, comme s'ils se connaissaient depuis si longtemps.

Dès le premier jour, le mariage avec Henry Labouisse lui apporte un réconfort auquel elle ne pensait pas avoir droit. Et aussi cette sérénité qu'elle a évoquée dans la lettre à Irène. Ève peut alors se prendre à espérer. Henry Labouisse lui apportera-t-il d'autres bonheurs ? Elle l'espère. Et elle n'entend pas rester inactive. L'action diplomatique, elle connaît, la stratégie d'influence aussi. N'a-t-elle pas, de son vivant, à cinquante ans, été la femme qui a côtoyé, discuté avec le plus de chefs d'État, Premiers ministres, hommes de guerre et de pouvoir ? Elle se sent prête à être utile et à partager son expérience avec son mari.

C'est entendu. Elle sera sa conseillère. Sans salaire. Mais elle entend être à ses côtés. Et pour Labouisse, cela sonne aussi comme une évidence. L'avenir s'annonce déjà. Départ pour Beyrouth. Ce seront deux années au Proche et au Moyen-Orient, où ils seront basés dans la capitale libanaise. Son mari est nommé, sur un signe de confiance des Nations unies mais aussi de pression des autorités américaines, en charge de l'Office des Nations unies pour les réfugiés de Palestine dans le Proche-Orient (dit UNWRA), financé en grande partie par les USA et la Grande-Bretagne. Le mandat britannique sur la Palestine a pris fin en février 1947 et une résolution adoptée par les États membres des Nations unies prévoyait un plan de partage entre un État juif et un État arabe. Les deux parties le refusent, s'ensuit un déplacement des populations arabes, que leurs confrères ne vont pas aider. Henry Labouisse, à travers l'UNWRA, est chargé de coordonner l'aide aux personnes déplacées. Il prend de nombreux contacts avec les dirigeants arabes de la région que connaît Ève pour les avoir déjà rencontrés pendant son périple lors de la Seconde Guerre mondiale. Elle participe donc aux entretiens, visite avec lui les camps de réfugiés au Liban, en Jordanie et en Syrie. La population y survit dans des conditions effroyables et Labouisse fait construire tentes, services médicaux, latrines, vite détruits. Plus tard, des enquêtes révèlent que tous ces éléments de survie ont été sabotés par les chefs d'État arabes pour inciter les Palestiniens à quitter les camps et leur pays. Ils poursuivront leur action envers et contre tout. Et ce travail ardu, ingrat, semé d'embûches est suivi en particulier à Washington.

Anne Peretz, alors lycéenne sur la côte Est des États-Unis, vient les rejoindre pour Noël. La relation est, là aussi, tendue. Entre Paris, New York et Beyrouth, Ève découvre le rôle de belle-mère d'une adolescente rebelle. Comment s'y prendre ? Elle n'en a pas la moindre idée. Elle a si peu vu grandir ses propres neveux, Pierre et Hélène. Elle ne dînait avec eux qu'une ou deux fois par an, les comblait alors de cadeaux, sans devenir proche d'eux pour autant. Enfants de sa sœur, ils n'étaient que des neveux lointains. Et, à présent, l'aînée est mariée, a des enfants, ses petits-neveux qu'elle ne connaît guère plus.

Troublée par ces nouvelles fonctions de belle-mère, Ève se braque face à Anne, cite en exemple l'éducation de sa propre mère. Comme si une adolescente orpheline et perdue pouvait supporter le poids moral d'une Marie Curie comme idéal. Une maladresse qui fait souffrir plus encore la jeune fille en quête de tendresse et affection. Ève se questionne avec inquiétude. Aura-t-elle un jour une relation proche avec un enfant de sa famille parisienne et de sa famille américaine ? Elle ressent comme un sentiment de découragement. Pour l'heure, elle se concentre sur sa relation avec son mari.

*

À Paris, Irène a d'autres soucis. Le laboratoire demeure sa priorité même si elle sent ses forces s'amenuiser. Elle ne veut pas que l'on mentionne ses problèmes de santé, cette fatigue chronique, accompagnée parfois d'épuisement et de rechute. En famille non plus, pas question de l'évoquer. Depuis 1930, elle présente des signes de faiblesse, parfois d'évanouissement. Mais continue. S'investit aussi dans la construction du centre de Saclay. Pour Frédéric et elle, l'un des objectifs majeurs est de donner à la France des nouveaux centres de recherche, notamment le CEA. Pierre Joliot se souvient d'avoir entendu ses parents « s'inquiéter du fait, même avant-guerre, que les équipes de recherche se sentaient à l'étroit dans les laboratoires de l'université de Paris et qu'il n'y avait plus de place disponible pour y installer de nouveaux équipements. Le problème s'est particulièrement manifesté dans le domaine de la physique nucléaire. À partir des années 1950, ma mère s'est donc mise en quête de nouveaux terrains […]. Ma mère continua sa prospection, m'utilisant comme chauffeur[11] ».

Des terrains, ils vont en découvrir dans tout le sud de Paris, y compris celui d'un château à vendre – Irène, d'un ton sec, ordonne à son fils de passer par-dessus la grille au risque de se blesser. Lui obéit à sa mère, sans broncher. Sans succès. Ce sera finalement un terrain près de la gare d'Orsay qui sera retenu. L'aventure scientifique française continue et s'ouvre à un avenir plus prometteur. Irène l'espère.

*

Dans la chaleur moite d'août qui envahit Paris, des badauds et anonymes défilent devant le cercueil de

Colette posé dans les jardins du Palais-Royal, face à ses fenêtres d'où elle pouvait observer les Parisiens. Son œuvre avait enchanté les femmes Curie, qui aimaient commenter chacun de ses livres. Ève, surtout, est triste. Elle se souvient de la lettre chaleureuse et drôle que celle-ci lui avait adressée après avoir lu *Madame Curie*. 1954 représentera une année particulière pour les femmes créatrices. Quelques mois plus tard, la philosophe et romancière Simone de Beauvoir sera lauréate du prix Goncourt pour son roman *Les Mandarins*. Au Mexique, l'artiste peintre mexicaine Frida Kahlo succombe, elle, aux blessures d'un grave accident de bus. Ainsi, des femmes s'approprient le domaine de l'art sur le plan international, tandis que le monde se divise entre le bloc communiste sous férule soviétique, et le bloc dit de l'Ouest. La déclaration de Churchill sur « le rideau de fer » du 5 mars 1946 à Fulton dans le Missouri se révèle prémonitoire. Le spectre d'une possible guerre nucléaire hante les esprits.

La Pologne, depuis 1948, vit de nouvelles heures douloureuses. Le monde a changé depuis la disparition de Marie Curie, vingt ans auparavant. Irène, en acceptant de se rendre à Varsovie, ne peut qu'en faire le constat. Marie n'aura connu ni la Seconde Guerre mondiale, ni ses millions de morts, ni le partage des peuples de l'Europe centrale et orientale à Yalta entre Roosevelt, Churchill et Staline. Ni, donc, la nouvelle occupation russe de la Pologne. Encore une ! La guerre froide coupe des familles, elle sépare les filles Curie pour des années. Au sortir du deuxième conflit mondial, Ève et Irène ne peuvent plus avoir confiance l'une en l'autre. Les antagonismes, les discours anticommunistes, les brimades contre Frédéric et Irène Joliot-Curie avec le CEA, ces multiples humiliations ont créé un rideau de fer familial. Comment pourraient-elles entreprendre une conversation qui risquerait de dégénérer ? Elles n'ont presque plus rien à se dire. Après la mort de Staline, l'année précédente, l'heure n'est pas encore à la déstalinisation, même si Nikita Khrouchtchev a pris le pouvoir en URSS après avoir éliminé Beria, l'homme des services secrets et des basses œuvres de l'ancien « petit père des peuples ». Pis, en 1954, la Pologne est officiellement déclarée « République populaire », ce qui signe sa soumission au grand ours soviétique. Nouvelle blessure, intolérable, que ressent Ève.

Pour Irène, pas question d'abandonner sa famille sur place, il faut continuer à rendre hommage à leur mère. Elle se rend, accompagnée de son fils Pierre, jeune étudiant en biologie, à Varsovie pour inaugurer le musée Curie, y retrouve les membres de sa famille, évite de critiquer le régime en place. N'en partage-t-elle pas les idéaux communistes même si, au contraire de son mari, elle ne sera jamais membre du parti communiste français ? Elle ne prononce pas un mot sur la mainmise russe, celle-là même qui, du temps du tsar, avait tant fait souffrir le père de Marie, chassé de son poste par les inspecteurs russes ! Irène songe-t-elle aux larmes de sa mère, petite fille, obligée de réciter devant la classe la vie et les louanges du tsar de toutes les Russies, en langue russe, bien sûr ? Sans doute. Ce musée honorant une savante est l'un des rares musées dans le monde consacré à une femme qui ne soit pas de sang royal. En soi, le geste est exceptionnel et donne une visibilité, une reconnaissance à une chercheuse. Irène et Ève le savent, c'est d'habitude l'œuvre des hommes de science que l'on rend visible à travers le monde.

*

L'année suivante, dès janvier 1955, alors qu'Ève, au loin, fête un Noël sinistre parmi les réfugiés des camps palestiniens, en France, Irène se sent de plus en plus lasse. Les effets des rayonnements deviennent particulièrement douloureux. Combien de fois a-t-elle dû arrêter ses travaux pour se reposer depuis une vingtaine d'années ? Elle ne sait plus, ne compte plus. Elle tente, pour la quatrième fois, d'être admise comme membre de l'Académie des sciences, honneur qui a été refusé à sa mère, double Prix Nobel. Or Irène ne va pas lâcher prise pour une reconnaissance qui lui semble due. En 1951, année si pénible de perte de son poste au CEA et de la fin des fonctions de son mari, elle avait déjà espéré être élue au fauteuil d'Aimé Cotton, ami politique et fidèle de sa mère, dont la femme Eugénie Cotton a connu Marie depuis sa jeunesse. Refusé.

Deux ans plus tard, en juin 1953, c'est un polytechnicien moins connu qu'elle qui l'emporte. Un affront. Un mois plus tard, en juillet 1953, Irène a vu l'un de ses amis d'enfance, Francis Perrin, ne pas hésiter à se présenter face à elle. Il l'a emporté et a été élu. Les hommes, ses anciens amis de jeunesse, n'hésitent pas à devenir ses rivaux et à se présenter contre elle. La course aux honneurs ne s'arrête jamais. Ni trêve ni élégance de la part de ceux qu'elle croyait ses amis. En novembre 1954, une fois encore candidate, elle manque de peu l'élection.

En ce printemps 1955, elle ne se résigne pas, mais n'est guère optimiste. Après sa mère, la voici de nouveau refoulée par le même mur de solidarités masculines. Irène se rappelle-t-elle alors que Colette n'avait pas été reçue à l'Académie française ? La fille aînée de Pierre et Marie est élue membre d'académies des sciences étrangères, en URSS bien sûr, en Pologne, mais pas en France… Et elle reçoit aussi des doctorats *honoris causa* de plusieurs universités étrangères dont Oslo, New Delhi, Cracovie. En France, il faudra attendre 1979 pour que la mathématicienne Yvonne Choquet-Bruhat devienne la première Française élue à l'Académie des sciences, soit soixante-huit ans après la première tentative d'élection de Marie Curie.

*

Depuis plusieurs années, faute de forces, Irène a abandonné les grandes promenades en forêt, les longues marches. Certes, l'arrivée de la pénicilline après-guerre a pu, de temps à autre, soulager ses douleurs. Elle a toujours ressenti bonheur et sérénité à échanger avec ses collaborateurs et collaboratrices, sans exercer sur eux une hiérarchie pesante. Mais elle se repose aussi, sur le divan de son bureau, qui devient son second lit. L'institut n'est-il pas la deuxième résidence d'Irène ? Frédéric, de son côté, ne se sent pas bien et elle s'inquiète de sa santé. Le médecin lui recommande de prendre l'air. Direction Courchevel, au chalet de la famille, où Irène tente de skier. Hélène, son mari Michel et leurs enfants sont présents. Soudain, Irène a de fortes fièvres, s'écroule. Elle rentre à Paris au bout de quelques jours qui ne lui ont rien apporté mais, au contraire, l'ont épuisée. Le diagnostic médical est sans détour : plus qu'une anémie, c'est une leucémie, les examens sont très inquiétants. Frédéric, tout juste sorti de l'hôpital, la retrouve enfin, pour apprendre que sa compagne est perdue. Il faut donc mentir, donner le change et abandonner l'espoir d'une guérison. Le 15 mars 1956, elle s'éteint, laissant Frédéric perclus de douleur. Hélène se sentira coupable et blessée de ne pas avoir compris à Courchevel que sa mère vivait sa dernière épreuve. Mais comment aurait-elle pu l'imaginer, alors qu'elle avait vu tant et tant de fois sa mère épuisée, alitée ?

Irène n'aura pas eu le temps d'apprendre que cette même année est créée en France, à l'initiative de la sociologue Évelyne Sullerot et de la gynécologue Marie-Andrée Lagroua Weill-Hallé, l'association « La maternité heureuse » dont l'objectif premier est de diffuser l'information sur le contrôle des naissances. Cette association jouera un rôle prépondérant dans l'accès des Françaises à la contraception et deviendra, en 1960, le Planning familial, sous l'inspiration du *Family Planning* créé en 1916 aux États-Unis par la militante américaine Margaret Sanger. Sans doute Irène se serait-elle réjouie d'une telle initiative.

Les obsèques de la Prix Nobel de chimie, dont la candidature a été cinq fois refusée à l'Académie des sciences, n'auront pas, elles, le caractère intime de celles de Marie. Certes, ceux qui s'interrogent sur l'importance à accorder à son décès, ceux qui ont le pouvoir de décision, sont tous des hommes. Aucune femme. Ils pensent surtout qu'ils devront accorder des obsèques de même taille à son mari Frédéric Joliot-Curie, membre du parti communiste français, alors que la guerre froide est à son apogée. La mort de Staline n'a en effet pas fait baisser la tension entre l'Est et l'Ouest. Au sein des autorités françaises, c'est un dilemme donc. Le PCF a encore du poids sur la scène française, et les travaux scientifiques d'Irène sont reconnus mondialement. Les médias évoquent son dévouement à la science, cause de ses soucis de santé depuis les années 1930. Celle qui vient de partir est devenue, comme sa mère, une figure mythique, un espoir pour les jeunes générations de femmes qui tentent de réaliser leur rêve, le métier de leur choix. Finalement, les obsèques nationales lui seront accordées, mais le pouvoir s'arrange pour que celles-ci ne soient pas trop imposantes. Et le président de la République, René Coty, tout comme le président du Conseil, ne s'y rendront pas.

Leur vœu d'obsèques sans trop de visibilité va être exaucé. Tout du moins le croient-ils. Frédéric, Hélène et Pierre leur facilitent la vie, en refusant les honneurs militaires que la femme scientifique pacifiste traumatisée par l'explosion en 1945 des deux bombes atomiques sur Hiroshima et Nagasaki n'aurait sans doute pas acceptés. De même, pas de service religieux, pas de cérémonie aux Invalides. Pas de messe. La seule religion d'Irène est son attachement aux sciences et à la recherche scientifique. Mais les officiels vont déchanter très vite. Le corps d'Irène est exposé deux jours dans le grand hall de la Sorbonne, gardé par des étudiantes, des chercheuses, des doctorantes qui se relaient. Parmi elles, se trouve Josiane Serre, sévrienne, agrégée de chimie qui achève alors son doctorat d'État et a croisé la fille de Marie. Elle avait, très jeune, subi un grave accident lors de l'explosion de produits chimiques dans les laboratoires de l'École normale supérieure, rue Lhomond, non loin de l'Institut Curie, alors qu'elle menait des expériences pour sa thèse de chimie. Elle avait perdu l'usage d'une main, déchiquetée par de minuscules éclats de verre. Mais ce soir-là, elle veut, comme d'autres femmes de science, se tenir droite quelques minutes à côté du cercueil, veiller le corps de cette grande dame qui a inspiré tant de chercheuses et de chercheurs, et dont la volonté de se battre pour les droits des femmes et pour la recherche scientifique s'était imposée comme une évidence. Josiane Serre deviendra plus tard directrice de l'École normale supérieure de jeunes filles (ex-Sèvres), où ont enseigné Marie et Irène.

Car si les officiels ont snobé l'enterrement, les anonymes, femmes, hommes, certains membres du parti communiste, d'autres simplement émus par tout ce qu'elle a accompli à travers sa vie, au péril de sa santé pour sauver d'autres vies, avec sa mère, puis seule à l'Institut du radium, ces gens, eux, ne l'oublient pas. Et lorsque le cortège s'ébranle, rue des Écoles, puis traverse Paris pour rejoindre Sceaux, c'est soudain, dans la brise qui souffle, des drapeaux qui flottent au vent, une foule vêtue de noir, fluide, tel un ballet à l'Opéra sans bruit mais fort d'émotion. Et sans doute la famille Curie mesure-t-elle alors combien Irène, comme Marie, a une place dans le cœur des Françaises et des Français. Sa mort leur a fait découvrir ce lien viscéral qui les attache à la famille Curie, aux femmes Curie. Ève est présente, mais arrivée trop tard pour la voir avant son décès. Elle est dans le corbillard pour la dernière promenade d'Irène qui se déroule dans une ambiance de tristesse, de douceur et de tendresse mêlées. Irène est la première scientifique à recevoir un tel hommage lors de ses funérailles, elle qui inspire encore en ce XXIe siècle, par sa vie et par la remise chaque année du prix Irène Joliot-Curie, créé en 2001 pour promouvoir la place des femmes dans la recherche et la technologie en France, et dont bénéficient de jeunes chercheuses, fortes de leurs découvertes, passionnées par la recherche scientifique. Comme elle l'a été elle-même dès sa première jeunesse. Il faudra attendre trente ans après la disparition d'Irène pour qu'une telle vague de sympathie et d'affection, de reconnaissance du public se forme à nouveau à Paris, pour des obsèques d'une femme, cette fois sans cérémonie officielle, lorsque des hommes et des femmes venus du monde entier accompagnèrent en 1986 Simone de Beauvoir, la philosophe féministe du *Deuxième Sexe*, jusqu'au cimetière Montparnasse où elle repose auprès de son compagnon le philosophe Jean-Paul Sartre.

9

ÈVE CURIE, UN ENGAGEMENT FIDÈLE À SES DISPARUES

Moins de trois ans après la disparition d'Irène, seul à présent dans la maison près du parc de Sceaux, Frédéric se sent perdu. Lui qui a soutenu Irène de son enthousiasme, de sa gaieté, de sa fougue sur les pistes de ski, dans les balades en Bretagne, en montagne, et lors des baignades dans les eaux de l'Arcouest, s'enfonce dans le chagrin. La maladie prend le dessus.

Quelques mois avant de mourir, déjà affaibli, le physicien a assisté à l'effondrement de la IVᵉ République et à l'arrivée au pouvoir du général de Gaulle. Son opposant politique certes, mais dont il respecte le parcours, le courage et l'intégrité. Il connaît en effet chaque détail de son histoire, son engagement pour sauver la France du désastre. En dépit des relations distanciées avec la sœur cadette d'Irène, il n'oublie pas qu'Ève, seule survivante du couple Pierre et Marie Curie, a été son envoyée spéciale aux États-Unis en tant que journaliste et grand reporter, puis sur les champs de bataille d'Afrique, du Proche et du Moyen-Orient, et d'Asie. Ce même général de Gaulle a tenu tête aux Américains et à Franklin Roosevelt, ce qui n'était pas pour déplaire au militant communiste qu'il est.

Le physicien a conservé pour l'ancien chef de la France Libre une estime profonde, et cela compte.

Le 14 août 1958, Frédéric Joliot-Curie s'éteint. Le général de Gaulle, à présent au pouvoir, décrète aussitôt des obsèques nationales, comme pour Irène quelques années auparavant. Ève et son mari accourent à la cérémonie depuis Washington. Elle se retrouve auprès de son neveu et de sa nièce. Avec Hélène, Pierre et leurs enfants, elle arpente l'Institut du radium. Cache son émotion. Ce lieu, d'abord celui de Marie puis d'Irène et de Frédéric, lui paraît à la fois familier et étranger. Elle le sent, elle y sera toujours la bienvenue, mais en invitée. Sa vie entre New York et Paris semble bien loin des soucis des chercheurs du laboratoire dans lequel elle n'a jamais touché une éprouvette ni posé ses mains de pianiste et de journaliste sur des flacons de chimie qui changent soudain de couleur au moindre mélange et risquent de vous éclater entre les doigts. Mais à présent qu'Irène et Frédéric ne sont plus là, ne peut-elle se laisser aller à l'émotion ? Elle-même n'a pas démérité et n'est pas restée inactive. N'a-t-elle pas travaillé sans discontinuer, les doigts meurtris par les touches de sa machine à écrire qu'elle a transportée, choyée, chahutée, bousculée à travers les continents ? La biographie de sa mère n'est-elle pas traduite dans le monde entier ? Et même si sa sœur et son beau-frère ont dû en être choqués, elle a fait ses preuves à l'OTAN comme première conseillère du premier secrétaire général, poste diplomatique le plus prestigieux occupé alors par une Française.

Parcourant le bureau austère de sa mère, elle se sent doublement orpheline, de Marie et de sa sœur. Seule survivante de sa génération. Accablée de chagrin, elle sent derrière elle la présence de son époux. Henry est là, attentif. Elle mesure le chemin parcouru en quelques années. Elle n'est plus seule. L'homme qu'elle a épousé la soutient envers et contre tout, la respecte, l'encourage. Il est, tout le monde le remarque, amoureux. Et il ne manque pas de s'adresser à Pierre et Hélène, qui ont perdu leurs deux parents, et quels parents ! Voilà que cet ambassadeur américain leur parle avec chaleur, s'intéresse à eux, tente de créer un lien inexistant du vivant d'Irène et de Frédéric.

Ève, en dépit du chagrin, sourit. Quel contraste après les années de froideur avec sa sœur et son beau-frère ! Pierre et Hélène bavardent avec Ève, soudain détendus. Après tout, leur tante représente la seule survivante dont ils sont les héritiers. Qui sait si un nouveau cocon ne pourra pas se constituer ? Le lien brisé par des années d'éloignement et par la politique pourra peut-être se renouer. Pour l'heure, Ève accompagne le cortège funéraire de son beau-frère dans une procession interminable, drapeaux rouges déployés, « Le Chant des partisans » et « L'Internationale », obsèques impressionnantes, avec un flot ininterrompu de communistes, hommes et femmes venus de toute la région parisienne, officiels et anonymes. Il faut arrêter, puis redémarrer le cortège enveloppé par la foule pour atteindre enfin le cimetière de Sceaux, recouvert de fleurs et d'arbres, où reposent déjà Pierre, Marie et Irène. Dans le caveau, il n'y a pas de place prévue pour Ève. Ce n'est pas grave, elle sait qu'elle reposera ailleurs, loin d'ici. Dans un mouvement imprévu qu'elle ne peut contrôler, elle prend par le coude son neveu et sa nièce, deux adultes qu'elle a si peu vus grandir, mais qui représentent le présent et l'avenir des Curie, les enfants qu'elle n'a pas eus. Ève se sent alors le droit de leur témoigner sa tendresse, son amour refoulé depuis si longtemps, par peur de déplaire à Irène. Enfin. Peut-être, à leur tour, lui témoigneront-ils un jour plus d'affection. Elle n'en est pas sûre, mais elle l'espère.

*

La mission à Beyrouth achevée, Ève et son mari sont rentrés aux États-Unis. En novembre 1960, un homme jeune, charismatique, John Fitzgerald Kennedy, est élu président des États-Unis. Henry Labouisse, actif au sein du parti démocrate, l'a croisé. Le couple Labouisse est même invité à dîner à la Maison-Blanche. Ève est émue d'y retourner, alors qu'elle y a dormi à maintes reprises, à l'invitation d'Eleanor Roosevelt. Les années ont passé depuis, plus de quinze ans, et aujourd'hui Jackie Kennedy observe Ève. La nouvelle *First Lady* des États-Unis, d'origine française, est très sensible au talent, à l'élégance des grands couturiers français, tout comme la fille cadette de Marie Curie. Plus âgée que Jackie, Ève continue cependant de symboliser l'élégance à la française. Ce soir-là, tandis que la Première dame s'assure que les préparatifs du dîner sont bien au point, elle conduit Ève et Henry vers la salle où se trouvent les vins qui seront servis. Il est l'heure d'en ouvrir les bouteilles. Jackie Kennedy se tourne vers Henry Labouisse et, avertie de sa réputation de fin connaisseur des vins français, lui demande d'en goûter un, de deviner le nom du cru et le millésime. Sous le regard d'Ève, un peu inquiète, il s'exécute. Et réussit l'examen de passage. Le dîner peut commencer…

John Kennedy a, lui, d'autres idées en tête que la gastronomie française. Aussitôt élu, il demande à Henry Labouisse de coordonner la coopération de l'International Cooperation Agency (ICA) et de fusionner tous les programmes de développement américain à travers le monde. Ève lui suggère alors de nommer cette nouvelle agence « US Aid » soit « l'Aide des États-Unis ». Il s'agit d'une formule simple, pratique, facile à retenir, et de bonne publicité. Henry Labouisse espère, après un travail de coordination loué par Kennedy, en devenir le directeur. C'est sans compter sur l'opposition des jeunes technocrates de la Maison-Blanche qui le trouvent trop mou, en réalité pas assez jeune… Quelques mois plus tard, Kennedy regrette d'avoir suivi ses conseillers, eux-mêmes parfois trop jeunes et sans expérience. Il supplie Labouisse d'en prendre finalement la direction. Le mari d'Ève a été humilié, il n'en est pas question. John Kennedy lui confie alors un poste stratégique pendant la guerre froide, celui d'ambassadeur des États-Unis en Grèce. Un pays proche de la Turquie, de la Bulgarie communiste et de l'URSS. Il s'agit de barrer l'accès des Soviétiques aux eaux de la Méditerranée et de donner plus de poids à ce pays membre de l'OTAN, organisation qu'Ève a quittée peu de temps auparavant et dont elle connaît parfaitement les enjeux stratégiques. Sa présence auprès d'Henry Labouisse à Athènes ne peut qu'être profitable pour la diplomatie américaine et occidentale.

Ève et son mari découvrent, à leur arrivée et à leur grande surprise, que les Grecs n'aiment pas cultiver la terre et confient ce travail aux Bulgares communistes qui essaient de soustraire les enfants grecs aux influences de l'Occident. Un soutien à la formation de ces jeunes enfants et adolescents, qui, en même temps, éviterait qu'ils ne se tournent vers une adhésion au communisme, semble important pour Ève et Henri Labouisse. Le couple Labouisse-Curie est impressionné – par les réalisations de la Ferme école, dite en anglais *The Farm School*, fondée par un Américain quaker, homme de foi. Lorsque l'école rouvrit après la Seconde Guerre mondiale, en 1945, les filles y furent enfin admises, à égalité avec les garçons. Les enfants y sont pour la plupart orphelins. Ève et son mari se sentent aussitôt proches des actions de cette école qui sauve des jeunes, leur offre une raison de vivre. Ils vont la soutenir jusqu'à leur disparition, offrir un terrain pour l'agrandir, suivre l'évolution scolaire puis la vie de ces jeunes, amenant même un jour Ève à déclarer, des années plus tard, que si elle est la seule des femmes Curie à ne pas avoir été lauréate d'un prix Nobel, son prix Nobel à elle est cette fameuse école. Jusqu'à son dernier jour, elle s'y rendra depuis New York, ne comptera pas les heures d'avion ni le décalage horaire. Un bâtiment porte à présent le nom d'Henry Labouisse. Et la cause des enfants, pour elle qui n'a pas connu la maternité, est ainsi entrée dans sa vie en Grèce, pour ne plus en ressortir… et même prendre, quelques années plus tard, une dimension internationale, dont elle ne se doute pas encore.

*

Dans un New York bruissant de vie, les feuilles des arbres de Central Park éclatent des couleurs de l'automne. Au petit matin, à l'appartement de Sutton Place, Henry Labouisse tend à son épouse le télégramme qu'il vient de recevoir d'Oslo. Tous deux sourient et tentent de reprendre leur souffle. Ève est émue. Les souvenirs de sa jeunesse rejaillissent d'un coup. S'il est vrai que l'UNICEF sera, dans quelques heures, en cette année 1965, lauréate du prix Nobel de la Paix, cette fois, Ève se rendra à la cérémonie du prix. Alors qu'elle n'a pu assister à aucune des remises des cinq prix Nobel décernés à sa famille, elle se tiendra auprès de son mari pour recevoir celui décerné à l'UNICEF.

Henry Labouisse rejoint en courant les locaux de l'UNICEF, alors installés tout près, sur quelques étages dans le bâtiment des Nations unies. Il donne ordre à ses collaborateurs et collaboratrices de ne pas diffuser la nouvelle qui n'est pas encore officielle. Peine perdue. La rumeur s'est déjà répandue dans les salles de rédaction. En quelques minutes, les journalistes accourent, et un du *New Yorker* parvient à s'infiltrer. Dans les éclats d'enthousiasme, les rires, les applaudissements, le mari d'Ève lui accorde un entretien. Plusieurs de ses collaborateurs également :

> Nous évoluons à l'UNICEF d'une organisation de secours d'urgence à une agence qui tente d'aider les nations à trouver et à développer leurs propres solutions plus globales. Il y a des pays où les ministres de l'Éducation et de la Santé, par exemple, ne communiquent pas entre eux ! Nous essayons, avant toute initiative et campagne de nutrition des enfants, que ces ministres se rencontrent. Notre travail ne consiste pas seulement à donner du lait à chaque enfant. Il vise à convaincre les politiciens locaux que l'enfant est une ressource aussi importante que le charbon et l'acier[1].

Pour le mari d'Ève, cette reconnaissance par le comité Nobel signifie que la condition des enfants dépasse les intérêts d'un seul pays, d'un seul régime politique, alors que la guerre froide bat son plein. Enfants du Tiers-Monde, enfants de pays sous-développés, de pays communistes ou capitalistes, l'UNICEF a montré qu'elle s'occupait de l'ensemble de ces jeunes garçons et filles en dépit des oppositions des chefs d'État. Un journaliste américain ne peut s'empêcher de critiquer Henry Labouisse. Pourquoi donc les États-Unis devraient-ils se préoccuper des enfants des pays communistes et des carences dont ils sont victimes ? Le directeur exécutif de l'UNICEF lui répond avec vigueur :

> C'est spécialement important de s'occuper de ces enfants-là. Après tout un enfant demeure un enfant, partout dans le monde [...]. Si j'ai accepté ce poste, c'est certes parce que d'une part les États membres voulaient un citoyen américain, d'autre part parce que Washington soutenait ma candidature, mais surtout parce que, ici dans ce pays, nous avons les ressources pour régler les problèmes alors que la plupart des pays ne les ont pas[2].

L'enjeu est en réalité gigantesque pour le mari d'Ève qui a pris récemment ses fonctions à la tête de l'organisation. L'UNICEF dispose, en 1965, d'un budget modeste, alors qu'il entend se rendre, Ève à ses côtés comme conseillère, dans de nombreux pays pour lancer des programmes indispensables, selon lui, pour sauver de nombreux enfants – dont beaucoup d'entre eux sont analphabètes et vivent dans des conditions d'hygiène déplorables. Lorsqu'il rentre, tard dans la nuit, retrouver Ève, tous deux savent qu'un immense enjeu les attend, celui de la cause des enfants. Un défi qui aurait plu aussi bien à Marie qu'à Irène. S'y serait ajoutée une pointe de nostalgie pour la Pologne, car le fondateur et premier directeur exécutif de l'UNICEF, Ludwik Rajchman, était un médecin et bactériologiste polonais. Il avait fondé le bureau d'hygiène de la Société des Nations alors que Marie travaillait, dans l'entre-deux-guerres, à construire avec Albert Einstein, Paul Langevin et d'autres les bases de ce qui deviendrait, après la Seconde Guerre mondiale, l'Unesco.

Le 10 décembre 1965, Ève est aux côtés de son mari à Oslo. Des trois femmes Curie, elle sera la seule à ne pas en avoir été lauréate, mais elle est déterminée à se lancer dans la bataille pour les enfants à travers le monde. Deux ans après l'assassinat de John Fitzgerald Kennedy et alors que les tensions sont sensibles entre l'Occident et les pays communistes, le défi vaut la peine d'être relevé. Ils s'occuperont aussi bien des enfants du Vietnam du Nord que du Sud-Vietnam, mettront, quelques années plus tard, leurs vies en danger dans le conflit du Biafra et du Nigeria où meurent de nombreux enfants affamés. À la suite de cette tragédie, les médecins de l'UNICEF mettront au point un mélange salin qui réhydrate et permet de sauver des vies. Ils lanceront une campagne mondiale pour « sauver les enfants du Biafra » et parviendront à remplir une partie de leur objectif. En 1980, décrétée « Année internationale de l'enfant » par les Nations unies, Henry Labouisse sera récompensé à titre personnel pour ses succès, bien au-delà de ce que le monde pouvait espérer sur le plan diplomatique. Grâce à sa capacité à réunir plutôt qu'à diviser, il réussit, au prix d'une centaine de déplacements internationaux et de rencontres avec des chefs d'État, tous en présence d'Ève Curie, à ce que l'UNICEF puisse dorénavant être présente partout dans le monde, quel que soit le régime politique.

Ève n'a-t-elle pas ainsi, par ses conseils, son expérience diplomatique, son sens de la stratégie auprès de son mari, poursuivi l'œuvre de sa mère qui voulait que ses découvertes appartiennent à tous ? La cadette se bat pour qu'aucun garçon, aucune fille ne soient exclus de l'éducation et de l'accès à la santé. À son tour, elle se sent un peu utile.

Lorsqu'Henry prend sa retraite, en 1979, après plus de quatorze ans à la tête de l'organisation, Ève entend bien continuer, avec lui, à s'occuper indirectement du musée Curie et de la *Farm School* de Grèce où, là aussi, sont créés des cours pour des jeunes filles grecques. Pour la cause de la liberté et de l'éducation, elle ne s'arrêtera pas.

*

« N'ayez pas peur ! » s'exclame en 1980 devant des milliers de fidèles le pape Jean-Paul II, premier pape polonais, Karol Wojtyla, ancien archevêque de Cracovie. Depuis New York, Ève et son mari Henry Labouisse sont stupéfaits. Se pourrait-il que la Pologne ose se rebeller contre l'occupant soviétique ? Le couple Curie-Labouisse, fort de ses voyages à travers le monde pour l'UNICEF, connaît la réalité de l'effondrement des économies communistes et de la perte de confiance des jeunes envers les dirigeants des pays proches de l'URSS. Déjà des émeutes contre la vie chère ont éclaté quatre ans auparavant, en 1976. Et voilà que le gouvernement polonais, pourtant aux abois, relève le prix de la viande, en juillet de cette même année. Des grèves éclatent, se répandent à travers le pays, jusqu'à la frontière soviétique, au risque d'entraîner une répression féroce ordonnée par le Kremlin. Cette révolte va-t-elle s'achever en bain de sang comme à Budapest en 1956 et à Prague en 1968 ? Le monde occidental s'est renforcé, le monde communiste, lui, s'est fragilisé avec des usines vétustes et une agriculture en perdition. Le pouvoir politique polonais panique, recule. Il accorde le 19 juillet 1980, soit moins de trois semaines après le début des émeutes, une augmentation de salaire aux ouvriers. À Moscou, le bureau central du PC respire, il est inutile de faire intervenir l'armée.

Quelle erreur d'appréciation du Kremlin ! À travers toute la Pologne, les ouvriers ont repris espoir en une vie moins pauvre. Et par maladresse, le directeur du chantier naval de Gdansk, qui croit que tout danger est évacué, licencie une militante des syndicats libres. Cette fois, c'en est trop. Les ouvriers se mettent en grève et, en dépit de la censure, font passer l'information à l'Ouest et jusqu'aux États membres de l'OTAN, dont les États-Unis et la France. Dix mille ouvriers élisent Lech Walesa, ouvrier syndicaliste, à leur tête et, aussitôt, les négociations commencent. En quelques jours les autres chantiers se mettent en grève. La situation devient explosive à travers le pays. Lech Walesa va négocier et obtenir satisfaction par un accord signé le 30 août[3]. En moins de deux mois, les travailleurs polonais ont réussi à créer un syndicat libre, *Solidarnosc*, Solidarité. Le Premier ministre démissionne. La peur a changé de camp.

Marie Curie n'aura pas vécu cette révolte, mais Ève, qui se souvient de son poste stratégique à l'OTAN pour contrecarrer le communisme, l'observe depuis l'Amérique et la voit comme un espoir. Une joie. Un baume. Elle le sait, les peuples finissent toujours par se révolter pour leur liberté. Ses voyages incessants en pleine guerre froide n'auront pas été inutiles. Il n'empêche. Elle et son mari demeurent prudents. La Pologne a connu tant de soubresauts, d'occupations, de libérations, de dictatures en moins d'un siècle. Si le régime communiste s'effrite, il n'est pas encore à terre.

*

Atteint d'un cancer, Henry Labouisse s'éteint le 25 mars 1987 à Manhattan. Cet Américain chaleureux qui a charmé la famille Joliot-Curie aura été le seul compagnon officiel de la vie d'Ève, celui qui lui aura permis de se rapprocher de son neveu et de sa nièce, de lui faire ressentir qu'elle était membre à part entière de la famille Curie. Après les obsèques de son mari à La Nouvelle-Orléans, Ève décide de rester vivre dans leur appartement de Sutton Place, bâtiment imposant et chic où tant de célébrités ont habité, à quelques encablures des Nations unies. Deux ans plus tard, alors qu'en France, François Mitterrand vient d'être réélu président de la République, elle suit de près les revendications des pays européens sous contrôle communiste. Et, plus que jamais, elle croit en la prophétie du général de Gaulle selon laquelle, un jour, les peuples retrouveront leur identité.

Lorsque le mur de Berlin s'effondre, en 1989, pour elle qui a suivi sa construction avec angoisse, il s'agit d'une victoire historique. Il aura fallu un peu moins de quarante ans depuis sa nomination à l'OTAN pour que des peuples d'Europe centrale et orientale retrouvent la liberté, dont sa chère Pologne. Quel bonheur à quatre-vingt-cinq ans ! Mais sa mère, sa sœur et son mari ne le sauront pas. En silence, elle se demande quelle aurait été la réaction d'Irène, si proche des communistes. Qu'importe, elle sait que la liberté a gagné. Une nouvelle Europe est en marche et, depuis les États-Unis, elle ne peut qu'espérer.

*

Une lumière douce tombe sur Paris. Pierre Joliot décroche le téléphone. Un appel de l'Élysée. Le président de la République, François Mitterrand, veut annoncer le lendemain, Journée internationale des femmes, qu'il a décidé de faire transférer le corps de Marie Curie au Panthéon. Sur le fronton, il est inscrit « Aux grands hommes la patrie reconnaissante ». Ce serait, pour une fois, un hommage « à une grande femme ». Pierre Joliot peut-il tout de suite donner son accord ? Le petit-fils de Marie Curie est stupéfait. Pourquoi s'adresser à lui et non à la fille de Marie Curie, Ève, toujours en vie ? À quatre-vingt-onze ans, elle voyage toujours d'un pas alerte entre New York, Paris et la Grèce. Elle nage, donne des conférences, s'assure que le musée Curie fonctionne, se rend en Pologne, déborde d'activité. Il n'est pas question de donner une réponse en quelques heures. La décision doit se prendre entre Ève, Pierre Joliot et sa sœur Hélène Langevin. En privé, Pierre Joliot déclarera ne pas avoir été étonné que l'on s'adresse à lui. Depuis le décès de son père Frédéric Joliot-Curie, il est le seul homme de la famille. Déjà, le général de Gaulle avait coutume de s'adresser à lui lorsqu'il voulait parler aux Joliot-Curie. Au sein de la société française, cette référence à l'homme comme chef de famille subsiste…

À l'Élysée, la réponse déçoit. Cette offre du président n'honore-t-elle pas la mémoire de la scientifique franco-polonaise ? Soit, mais il aurait fallu y penser plus tôt. La concertation à trois prendra du temps. Le 8 mars 1994, François Mitterrand revient cependant sur l'idée, exerçant ainsi sur la famille une pression : « Je pense qu'une femme comme Marie Curie doit aller au Panthéon si la famille y consent. Je vais le demander[4]. »

Certes, cette proposition rend hommage au talent d'une femme. Mais très vite, s'impose une évidence. Le couple Curie s'aimait, a travaillé, réalisé des découvertes ensemble. Il ne peut être question de les séparer. Ce seront donc les deux savants qui entreront au Panthéon, Pierre et Marie, en aucun cas Marie seule. L'Élysée doit interroger le chef de l'État. Silence. Pendant des semaines, pas de réaction. Soudain, Ève, Pierre et Hélène reçoivent l'accord et doivent préparer le transfert à la hâte.

Là aussi, nouvelles difficultés. Les corps des deux savants enterrés dans le cimetière de Sceaux seraient-ils irradiés ? Il ne peut être question de prendre des risques. Les examens seront rassurants. Quelques légères contaminations au radium 226, mais rien de dangereux[5]. Ensuite, les cercueils sont trop grands. Au Panthéon, la taille des sépultures est plus petite. Que de préparatifs pour aller vite, satisfaire l'impatience élyséenne ! On le chuchote, le président serait souffrant, un cancer sans doute. Mais c'est son idée. Il souhaite être présent, prononcer un discours, lui rendre hommage. Il est temps de quitter le cimetière tranquille de Sceaux, où reposent encore Irène et Frédéric, pour la rive gauche de Paris, près du Luxembourg et de ses jardins où des générations de femmes Curie se sont tant promenées. Marie y est venue, dès son arrivée en France, près de la Sorbonne, et jusqu'à ses derniers jours.

Aujourd'hui, en ce 20 avril 1995, ce sont les étudiants et étudiantes de l'université Pierre-et-Marie-Curie, la jeunesse, qui remontent la rue Soufflot, portent le cercueil au son d'une cantate de Bach. Deux cents élèves du lycée Marie-Curie de Sceaux portent les symboles chimiques des atomes : « En transférant les cendres de Pierre et Marie Curie dans le sanctuaire de notre mémoire collective, la France n'accomplit pas seulement une œuvre de reconnaissance », déclare François Mitterrand.

Pierre-Gilles de Gennes, Prix Nobel de physique, rappelle « le travail acharné d'un homme et d'une femme [qui] a mis le XXe siècle dans une situation dramatique de puissance et de responsabilité [...] ». Il conclut en insistant « pour que nous et nos enfants sachions répondre à ce défi en gardant à l'esprit l'exemple de ce couple qui a laissé sa santé et sa vie pour la recherche. [...] La cérémonie d'aujourd'hui prend un éclat particulier puisqu'entre au Panthéon la première femme de notre histoire honorée pour ses propres mérites ».

Ève, quatre-vingt-onze ans, se tient debout, droite, aux côtés de François Mitterrand et de Lech Walesa, alors président de la République polonaise. Hélène Langevin, Pierre, Anne Joliot et leurs enfants sont présents. Le président de la République souffre d'un cancer en phase terminale. Debout lui aussi, il cache sa douleur à la France alors que la famille Curie devine son état de santé. Ève regagne l'Institut Curie après la cérémonie, à pied, aux côtés de son neveu Pierre et de sa femme Anne : « Elle marchait du même pas que nous, vif, nous n'avons pas eu à ralentir le rythme », se souvient Pierre. Ève se félicite du discours de François Mitterrand « d'un niveau bien au-dessus de celui qu'un homme politique américain aurait prononcé[6] ».

Dans la nuit, Ève s'interroge. Ce transfert au Panthéon en valait-il la peine ? Elle se lève tôt, ne veut pas attendre ni songer à la fatigue de la cérémonie d'hier. Avec Anne Joliot, elle avance, de nouveau, d'un bon pas vers la rue Soufflot, s'infiltre dans la queue du public qui vient rendre un dernier hommage à ses parents. Elle écoute ces hommes et ces femmes, de toutes générations, qui semblent émus, respectueux. Quel chemin parcouru depuis l'arrivée de Marie à Paris, sa vie pauvre dans une petite chambre glacée à quelques pas de là ! Ève est émue et, surtout, rassurée. Elle a eu raison d'accepter que ses parents reposent dans ce temple laïque si solennel. Vite, elle s'éclipse de la foule. Il est temps. Quelques étudiants l'ont reconnue. Son passage à la télévision la veille a laissé une forte impression. À présent, se dit-elle, ses parents appartiennent à tout le monde. En dépit du musée Curie tout proche où elle se rendra maintes fois avant sa disparition, Ève ne retournera pas sur la tombe de ses parents. En revanche, elle ira se recueillir à Sceaux sur la tombe simple, entourée de fleurs, de cette sœur si différente d'elle, qui repose avec Frédéric dans un lieu doux, calme et serein. Pour sa part, elle sait déjà où elle sera enterrée. Mais elle n'y fait pas allusion. À quoi bon, elle est en vie. Et prête pour de nouveaux voyages entre Paris, New York, Athènes et le reste du monde.

*

La lumière qui tombe sur New York est belle. Le vent de la veille a chassé la pollution. Attablée, Ève finit, seule, son petit déjeuner. Déjà quatorze ans que son mari, Henry Labouisse, s'est éteint. Elle n'a rien changé à la décoration, comme s'il allait revenir. Dans le salon, quelques nouvelles photos ont été posées. Portraits joyeux d'Ann Labouisse-Peretz de ses enfants, qu'Ève a vu grandir et considère comme ses petits-enfants. Depuis qu'elle est veuve, sa famille américaine remarque qu'elle s'autorise à leur dire plus volontiers qu'elle les aime. Sa pudeur s'est estompée. Tous en sont heureux. Elle aussi. Oui, elle les aime.

Soudain, Ève entend un bruit, violent, relève la tête de sa lecture du *New York Times*. Par la fenêtre, des poussières s'élèvent, ainsi que des cris, des hurlements de sirènes. Que se passe-t-il ? Elle allume la télévision. La journée du 11 septembre 2001 vient de commencer. Un avion de ligne vient de s'encastrer dans l'une des Twin Towers. Quelques minutes plus tard, un deuxième avion s'écrase dans la seconde tour. Camions et voitures de pompiers dévalent Manhattan dans un vacarme de sirènes stridentes. Dans son appartement, Ève suit minute après minute les attentats. Elle découvre, horrifiée, dans les étages en hauteur, des hommes, des femmes, chassés par les flammes, aux fenêtres. Impossible de sauter du 98e étage. Pourtant, certains se jettent dans le vide depuis les plus hauts étages, se suicident. D'autres appellent au secours. Des pompiers courent, montent dans les tours, tous en route vers la mort. La première tour s'effondre dans une tempête de poussières toxiques. Puis la seconde. Le cauchemar la fait sursauter. Evgenia Peretz, la petite-fille de son mari, qu'elle considère comme sa propre petite-fille, aujourd'hui journaliste à *Vanity Fair*, habite à côté des Twin Towers avec son mari et leurs deux jeunes enfants, en bas de Manhattan. Et si leurs vies étaient en danger ?

Difficilement, elle parvient à les joindre : « Venez vite vous réfugier chez moi, vous risquez de respirer des vapeurs toxiques. Vous ne devriez pas rester dans votre appartement, c'est trop dangereux. » Dès qu'elle le peut, sa famille arrive, épuisée, dans la cohue de New York blessée. Et là, à la stupéfaction de la jeune génération, Ève s'exclame : « Cela me rappelle l'entrée des nazis dans Paris en 1940 ! » Et comme en 1940, quand elle a rejoint le général de Gaulle à Londres le 23 juin, elle veut agir. « Je pars », déclare-t-elle à Evgenia Peretz. La voilà, dans les rues de New York, se dirigeant vers la station de pompiers fourbus et débordés. Dans la panique, elle s'adresse, bien droite, d'une voix ferme, à l'homme de permanence tandis que les camions filent à vive allure vers le bas de Manhattan. Elle lui propose d'être utile, de conduire des véhicules de secours par exemple. L'homme écarquille les yeux. Les pompiers ont déjà assez de problèmes, merci beaucoup madame. Ève repart, déçue. À quatre-vingt-seize ans, elle ne peut plus se rendre utile ? Quelle idée… Il est vrai que les services de secours n'ont pas besoin d'un problème supplémentaire, le soutien d'une bénévole qui sera bientôt centenaire. De toute façon, elle a fort à faire dans l'appartement de Sutton Place. Elle s'inquiète de tous, s'assure des provisions, aide le couple et leurs très jeunes enfants à surmonter l'angoisse. Quand donc ce cauchemar finira-t-il ? Et s'il y avait d'autres attentats ?

Dans la ville confinée, les nouvelles tombent peu à peu. Le Pentagone est touché. D'autres avions sont projetés au sol avec leurs passagers. Ève est suffoquée. Elle ne pensait plus vivre cela. Après avoir appris l'attaque de Pearl Harbor qui avait entraîné l'entrée en guerre des États-Unis, elle aura donc vécu la deuxième attaque sur le sol américain, cette fois à New York même ! Mais sans possibilité pour elle d'agir sur le plan diplomatique ou militaire. Dans le brouhaha, elle soupire. Heureusement, son mari, sa mère et sa sœur auront échappé à cette nouvelle barbarie. Mais pas la jeune génération des Labouisse et des Curie. Ce terrorisme n'est qu'un préambule à de nouveaux conflits. Le 11 septembre 2001 au soir, le deuxième millénaire balbutiant a un goût de cendres.

*

Anne, la nièce, la fidèle, l'aimante prend l'avion, nouvelle traversée de l'Atlantique, pour préparer le centième anniversaire d'Ève. Comment s'étonner que le secrétaire général des Nations unies d'alors, le diplomate ghanéen Kofi Annan, se soit déplacé lui-même, pour venir saluer Ève à Sutton Place ? Des messages arrivent du monde entier, dont un télégramme du chef de l'État français, Jacques Chirac. L'Amérique et la France se réunissent en cette froide journée du 6 décembre 2004. Il n'aura donc pas fallu attendre sa disparition pour que son action soit saluée. Un hommage de son vivant, certes plus modeste que celui auquel eurent droit Irène puis Marie au Panthéon, mais une reconnaissance qu'elle ne réclame pas, tant, souligne Anne Joliot, elle se sent petite face aux accomplissements des autres Curie. Et lors du déjeuner en son honneur organisé par des Américaines, sur chaque table ronde de huit personnes, une photo d'Ève, à des âges différents à travers les aventures de sa vie, un siècle d'histoire, un regard toujours droit, vif et sans compromission, comme ceux de sa mère et sa sœur. Elle est, enfin, élevée au rang d'officier de la Légion d'honneur, récompense qu'elle méritait depuis déjà cinquante ans à la suite de ses actions courageuses durant la guerre. L'ambassadeur de France auprès des Nations unies, Jean-Marc Rochereau de La Sablière, la lui remet. À cent ans. La France prend son temps pour reconnaître les siens, ou plutôt les siennes. Les femmes ont été si souvent oubliées.

*

Deux années passent. Depuis le 11 septembre 2001, les entrées du bâtiment des Nations unies disposent de sécurité renforcée. Des files de délégués attendent de passer les contrôles. À quelques centaines de mètres de là, au premier étage de son immeuble élégant de Sutton Place, Ève, qui a écrit des milliers de pages et d'articles de journaux et conduit des négociations dans la langue d'Hemingway et de Virginia Woolf, soudain ne se souvient plus de l'anglais. Ne lui demeure plus que la langue française, celle de son enfance.

La France revient partout en elle, comme si elle ne l'avait jamais quittée. « Tu te rends compte, j'aurai vécu presque le double d'années de ma sœur », déclare-t-elle à Anne Joliot. Irène, si absente, si présente. Ève achève sa cent-troisième année. Elle se sent gênée, dit-elle à sa nièce, d'avoir survécu si longtemps aux autres femmes de la famille, coupable de ne pas avoir été irradiée comme elles deux, de ne pas avoir sacrifié sa santé à la science. Culpabilité qu'Anne tentera de calmer, mais Ève ne se laisse pas influencer. Et puisqu'à son tour elle souffre, elle ne voudra pas qu'on la plaigne.

Peu à peu, depuis sa centième année, elle perd la vue. Anne veut l'aider à traverser les avenues de New York où les voitures, bus, camions, défilent à vive allure. D'un haussement d'épaules, Ève refuse le bras amical que lui tend sa nièce, sa confidente. Pas question de s'apitoyer sur elle-même. Il convient de demeurer à la hauteur des autres femmes de la famille qui ont travaillé jusqu'à leur dernier souffle. Se souvient-elle alors comment elle tendait à Marie, opérée de la cataracte et les yeux bandés, une cuillère pour la nourrir ? Sa mère avait recours à des loupes pour distinguer les lettres, mots, fiches et courriers dans son institut. Persuadée que le personnel de son laboratoire ne remarquait pas son jeu.

Anne Joliot sait tout cela, mais n'en dit mot. À présent, de retour à Paris, elle doit répondre au téléphone à la femme de ménage sud-américaine qui appelle de New York, troublée, car elle ne comprend plus un mot des propos de « Mme Curie-Labouisse » qui s'adresse à elle dans la langue de Colette. Anne traduit encore et encore, avec patience tant elle aime Ève d'une affection filiale. Elle est consciente que ses propres parents, dont son père, le médecin, cancérologue et professeur à l'Institut Curie, Georges Gricouroff, et sa mère, la pédiatre Colette Gricouroff, ont connu enfant la fille cadette de Marie à l'Arcouest et l'ont vue grandir. Anne se sent donc une responsabilité à son égard, comme s'il s'agissait de sa propre mère, ou d'une tante, en tout cas d'une femme de son sang.

*

À Sutton Place, Ève a pris une décision depuis longtemps, comme une évidence. Son corps ne sera pas rapatrié en France. Pour se recueillir devant sa tombe, il faudra traverser l'océan Atlantique et le continent américain jusqu'à la ville francophone de La Nouvelle-Orléans, en Louisiane. Loin, très loin des recherches scientifiques de sa famille, loin du Panthéon, du musée Curie. Loin de la Pologne. Sa tombe sera sans doute la moins visitée de toutes celles des Curie. Ce n'est pas grave. Ève reposera auprès de son mari, ce compagnon qui lui a offert un soutien constant. Elle ne laisse pas une œuvre scientifique, mais un témoignage, une influence sur le siècle, le XXe. Son siècle.

La cadette des sœurs Curie s'endort dans son appartement new-yorkais, le 22 octobre 2007, six ans après les attentats du 11-Septembre, dix-huit ans après la chute du mur de Berlin, cinquante et un ans après sa sœur, vingt ans après son mari. Tant de ses proches sont décédés depuis si longtemps, mais les jeunes générations sont présentes. Elle n'est pas seule, entourée de sa famille française, Pierre et Anne Joliot, Hélène Langevin, et d'Anne Labouisse-Peretz, ses enfants et petits-enfants. Sa famille américaine, comme elle se plaisait à les appeler, aussi nombreuse que sa famille française. Un équilibre entre les deux continents où elle a agi et qu'elle a aimés sa vie durant.

À près de cent trois ans, elle laisse un don conséquent au musée Curie, près du Panthéon, dans l'ancien institut qu'elle a connu dans son enfance et qu'elle a vu s'agrandir, devenir un musée, face aux bâtiments du nouvel Institut Curie. Les travaux de rénovation vont durer plus longtemps que prévu. On y découvrira des meubles et papiers radioactifs. Sur son testament, un autre don est prévu au musée Marie-Sklodowska-Curie de Varsovie, car elle a, bien sûr, songé à la Pologne. Son autre pays de cœur, qu'elle a vu tour à tour libéré, occupé, libéré de nouveau après la chute du mur de Berlin. À travers ces soubresauts douloureux, chaque gouvernement polonais a tenu à conserver un hommage à sa mère, et elle entend que celui-ci se perpétue après sa propre disparition.

Son corps est porté jusqu'à La Nouvelle-Orléans, cette Louisiane chère à l'histoire de son mari. La voilà réunie avec Henry Labouisse au cimetière Metairie. Au loin, en France, la relève de la famille Curie est assurée. Parmi ses petits-neveux, l'aîné Marc Joliot est chercheur en neurosciences à Bordeaux. Le cadet, Alain Joliot, est biologiste au Collège de France. L'œuvre de ses parents, de sa sœur et de son beau-frère participe à la lutte contre le cancer à Paris et à Varsovie. Disparus, les Curie sauvent encore des vies. Dans cette Amérique qui a su si bien reconnaître tout au long du XXe siècle les talents des femmes Curie, Ève peut reposer en paix.

REMERCIEMENTS

Ma gratitude va en premier lieu aux membres de la famille Joliot-Curie et de la famille d'Anne Labouisse-Peretz qui m'ont permis de mieux comprendre ces personnalités.

Mes remerciements les plus chaleureux vont également à Philippe Robinet, directeur général des éditions Calmann-Lévy, à Marine Montégut, responsable éditoriale, à Flandrine Raab, assistante éditoriale, et à toute l'équipe du musée Curie ainsi qu'à la fondation Charles-de-Gaulle.

Les conservatrices de la bibliothèque Marguerite-Durand, lieu spécialisé sur l'histoire des femmes, du féminisme et du genre, m'ont été d'une grande aide et d'excellent conseil. Je les remercie de leurs contributions précieuses aux travaux sur l'histoire des femmes en France et à travers le monde.

Aux États-Unis, les responsables de la bibliothèque de l'université de Princeton, en particulier les conservateurs de la Seeley G. Mudd Manuscript Library, ont eu l'amabilité de mettre à ma disposition les archives d'Henry Richardson Labouisse, époux d'Ève Curie. Je leur en sais très gré.

Ma reconnaissance la plus vive s'adresse également aux membres de la direction des archives du ministère de l'Europe et des Affaires étrangères, d'une disponibilité à toute épreuve, en particulier aux anciens directeurs Mme Mireille Musso, M. Frédéric Baleine du Laurens, M. Jean Mendelson, M. Hervé Magro, et à l'actuel directeur des archives, M. Nicolas Chibaeff, ainsi qu'à Mme Isabelle Richefort, conservatrice générale du patrimoine.

Enfin, j'adresse mon affection et mon amitié à celles et ceux qui m'ont apporté leur soutien moral constant pendant la rédaction de cet ouvrage, en particulier à Bernard Besson, Augustine Blaisdell, Marie-Christine Delaunois, Anne-Lucie Chaigne-Oudin, Élodie et Laurent Piantoni, Patrick Pommier et Annie Richard. Alors que mon amie l'universitaire franco-américaine Liliane Lazar, ancienne secrétaire générale de The International Simone de Beauvoir Society, disparue trop tôt, aurait souhaité que nous écrivions ensemble cette biographie, mes affectueuses pensées vont vers son mari Ron Lazar et leurs enfants Glen, Monique et Sharon Lazar.

NOTES

I
De la Pologne à la France, la force de la volonté

1. Denis Brian, *The Curies : A Biography of the Most Controversial Family in Science*, John Wiley & Sons, Hoboken, New Jersey, 2005, p. 16.

2. Bronislawa comme sa mère, dite Bronia.

3. Ève Curie, *Madame Curie*, Gallimard, 1938, Folio n° 1336, p. 20.

4. *Ibid.*, p. 78

5. *Ibid.*, p. 74.

6. *Ibid.*, p. 86.

7. *Ibid.*, p. 100.

8. Lettre de Bronia à Marie, *ibid.*, p. 123.

9. *Ibid.*, p. 161.

10. Susan Quinn, *Marie Curie : A Life*, Da Capo Press, 1995, p. 104-105. En français : *Marie Curie. Une vie*, Odile Jacob, 1996.

11. Marie Curie, *Pierre Curie*, Payot, 1924, coll. « Les grands hommes de France », p. 47 ; repris par Hachette Livre et la BNF, 2018.

12. *Ibid.*, p. 24. Marie Curie explique que ce phénomène de piézo-électricité « consiste en une polarisation électrique produite par la compression ou la dilatation des cristaux dépourvus de centre de symétrie ».

13. « La balance de Curie », bibliothèque centrale de l'École polytechnique, site web polytechnique.edu

14. Marie Curie, *Pierre Curie*, *op. cit.*, p. 55-56.
15. Nathalie Huchette, *Balade parisienne avec Pierre et Marie Curie,* Les Carnets du musée Curie, Institut Curie, février 2008.
16. Henri Becquerel, « Sur les radiations invisibles émises par les sels d'uranium », *Comptes rendus hebdomadaires de l'Académie des sciences*, 23 mars 1896, t. 122, p. 693.
17. Ève Curie, *Madame Curie*, *op. cit.*, p. 228.
18. Nathalie Huchette, *Balade parisienne avec Pierre et Marie Curie*, *op. cit.*, p. 22.
19. Marie Curie, *Pierre Curie*, *op. cit.*, p. 105.
20. Nathalie Huchette, *Balade parisienne avec Pierre et Marie Curie*, *op. cit.*, p. 24.
21. Marie Curie, *Pierre Curie*, *op. cit.*, p. 72.
22. *Ibid.*, p. 23.
23. Natacha Henry, *Marie Curie et Bronia Dluska, Les sœurs savantes*, Librairie Vuibert, 2015.
24. *Ibid.*, p. 110-111.
25. Denis Brian, *The Curies…*, *op. cit.*, p. 75.
26. Natacha Henry, *Marie Curie et Bronia Dluska, Les sœurs savantes*, *op. cit.*, p. 115.
27. Loïc Barbo, *Pierre Curie, 1859-1906. Le rêve scientifique*, Belin, 1999, p. 260.
28. Ève Curie, *Madame Curie*, *op. cit.*, p. 293-294.
29. Frederic Golden, *The Worst and the Brighest*, sur time.com, *Time magazine*, 16 octobre 2000, repris sur Wikipédia, sur Alfred Nobel et Britannica.com 19 mars 2012, repris par Wikipédia.
30. Ève Curie, *Madame Curie*, *op. cit.*, p. 247.
31. Conférence de Pierre Curie à l'Académie des sciences de Suède pour la remise du prix Nobel de physique, Stockholm, 6 juin 1905.
32. Pierre Curie et Henri Becquerel, *Comptes rendus de l'Académie des sciences*, 1901, t. 132, p. 1291.
33. Henry Gidel, *Marie Curie*, Flammarion, coll. « Grandes biographies », 2008, p. 166-167.

II
Sciences et amour, espoirs et épreuves

1. Ève Curie, *Marie Curie*, Gallimard, 1938, Folio n° 1336, p. 345-346.

2. Ève Curie, *Madame Curie*, *op. cit.*, p. 366-367.

3. Denis Brian, *The Curies : A Biography of the Most Controversial Family in Science*, John Wiley &Sons, Hoboken, New Jersey, 2005, p. 116.

4. Ève Curie, *Madame Curie*, *op. cit.*, p. 370.

5. Elizabeth Crawford, *The Women's Suffrage Movement : A Reference Guide 1866-1928*, Routledge, Londres, 2001.

6. En français : Union sociale et politique des femmes.

7. Déclaration de Tom Wolfe, auteur d'un roman graphique *Suffrajitsu*, avec l'illustrateur Jao Vieiraune, trilogie de romans sur le sujet des suffragettes, à la BBC.

8. Lettre d'Irène à Marie.

9. Louis-Pascal Jacquemond, *Irène Joliot-Curie*, Odile Jacob, 1954, p. 97.

10. Henry Gidel, *Marie Curie*, Flammarion, coll. « Grandes biographies », 2008, p. 259-260.

11. *Ibid.*, p. 2.

« Au sujet de Madame Curie », dépêche du 7 décembre 1911 (pas de numéro) de M. Thiébaut, ministre de la République française à Stockholm, p. 1-2, carton 201, CPCOM, vol. 15, Suède, 1896-1916.

12. *Idem.*

13. Denis Brian, *Albert Einstein, le génie, l'homme*, Robert Laffont, 1996, p. 111.

14. *Idem.*

15. *Ibid.*, p. 112.

16. Ève Curie, *Madame Curie*, *op. cit.*, p. 385-386.

17. Entretien avec Hélène Langevin, fille aînée d'Irène et Frédéric Joliot-Curie, 2014.

18. Susan Quin, *Marie Curie : A Life*, De Capo Press, Boston, 1995, p. 332.

19. *Marie Curie et ses filles, Lettres*, lettre d'Irène à Marie, fin juin 1912, Pygmalion, 2011, p. 26-27.

20. *Ibid.*, lettre de Marie à Irène, de Thonon-les-Bains à Brunoy, 8 juillet 1912, p. 28-29.

21. *Hertha Ayrton*, Jewish Women's Archive sur jwa.org

22. Hertha Ayrton, « The origin and the growth of the Ripple Marks », titre de son article.

23. La Hughes Medal, baptisée du nom du physicien britannique David Edward Hughes, est décernée depuis 1902 par la Royal Society pour des découvertes importantes en sciences physiques.

24. « Admission of the First Women into the fellowship of the Royal Society in London », par Joan Manson, *The Royal Society*, vol. 46, n°2, pp.279-300, juillet 1992

25. « A Google Doodle Honors Scientist Hertha Marks Ayrton », sur Google.

26. « Gould, Barbara Bodichon Ayrton (1886-1950), suffragist and politician », par Serena Kelly, *Oxford Dictionary of National Biography* https://www.oxforddnb.com/view/10.1093/ref:odnb/9780198614128.001.0001/odnb-9780198614128-e-50046

27. Elizabeth Crawford, *The Democratic Plea for the Men's Political Union for Women's Enfranchisement*, *The Women's Suffrage Movement : A Reference Guide 1866-1928*, UCL Press, 1999.

28. Susan Quinn, *Marie Curie : A Life*, *op. cit.*, p. 340.

29. Denis Brian, *Albert Einstein, le génie, l'homme*, *op. cit.*, p. 117.

III
La Grande Guerre, Marie et Irène sur le front

1. Marie Curie, lettre à Irène du 29 juillet 1914, in *Correspondance*, Pygmalion, 2011, p. 51.

2. Lettre à Irène et Ève du 6 août 1914, fonds Marie Curie ; Ève Curie, *Madame Curie*, Gallimard, 1938, Folio n° 1336, p. 398.

3. Marie Curie, lettres à Irène du 2 août et du 6 août 1914, *in* Hélène Langevin-Joliot et Monique Bordry (dir.), *Marie Curie et ses filles*, Pygmalion, 2011, p. 57.

4. Irène Joliot-Curie, lettre à Marie Curie du 2 août 1914, fonds Irène et Frédéric Joliot-Curie.

5. Marie Curie, lettre à Irène du 6 septembre 1914, *in* Hélène Langevin-Joliot et Monique Bordry (dir.), *Marie Curie et ses filles*, *op. cit.*

6. Marie-Noëlle Humbert, *Marie Curie, Portrait d'une femme engagée, 1914-1918*, Actes Sud, 2014, p. 25.
7. Ève Curie, *Madame Curie*, *op. cit.*, p. 399.
8. *Ibid.*, p. 400.
9. Le général Gallieni sera nommé maréchal de France à titre posthume.
10. Ève Curie, *Madame Curie*, *op. cit.*, p. 405.
11. Ève Curie, *Madame Curie*, *op. cit.*, p. 406.
12. Marie-Noëlle Humbert, *Marie Curie...*, *op. cit.*, p. 65.
13. Marie-Noëlle Humbert, *Marie Curie...*, *op. cit.*, p. 408.
14. *Ibid.*, p. 421.
15. Lettre de Marie Curie à Bronia, 10 novembre 1920.
16. Louis-Pascal Jacquemond, *Irène Joliot-Curie*, Odile Jacob, 1954, p. 152-153.

IV
L'Amérique, une révélation plus forte qu'un rêve

1. Marie-Noëlle Humbert, *Marie Curie, Portrait d'une femme engagée, 1914-1918*, Actes Sud, 2014, p. 164.
2. Marie Curie, *Pierre Curie*, Odile Jacob, 1996, réimpression de Payot, 1923.
3. Marie-Noëlle Humbert, *op. cit.*
4. Natalie Pigeard-Micault, *Les Femmes du laboratoire de Marie Curie*, préface d'Hélène Langevin-Joliot, Glyphe, 2013, p. 18.
5. Susan Quinn, *Marie Curie : A Life*, De Capo Press, Boston, 1995, p. 384-385.
6. Ève Curie, *Madame Curie*, Gallimard, 1938, Folio n° 1336, p. 441.
7. *Ibid.*
8. Marie Curie, lettre à Henriette Perrin, épouse de Jean Perrin, 10 mai 1921, *in* Ève Curie, *Madame Curie*, *op. cit.*, p. 445.
9. *Ibid.*, p. 449.
10. L'ambassadeur restera à son poste à Washington vingt-deux ans – un record – et acquit la confiance de plusieurs présidents américains. Dès 1914, il avait agi avec habileté auprès de la Maison-Blanche

pour persuader le pouvoir isolationniste de s'engager dans la Grande Guerre, et avait été félicité par Georges Clemenceau.

11. Ève Curie, *Madame Curie, op. cit.*, p. 452.

12. Natacha Henry, *Marie Curie et Bronia Dluska, Les sœurs savantes,* Librairie Vauvert, 2015, p. 207-208.

13. Denis Brian, *The Curies : A Biography of the Most Controversial Family in Science*, John Wiley &Sons, Hoboken, New Jersey, 2005, p. 190.

14. Natacha Henry, *Marie Curie et Bronia Duska…*, *op. cit.*, p. 211.

15. *Ibid.*, p. 214.

16. Natalie Pigeard-Micault, *Marie Curie, la reconnaissance institutionnelle, des Nobels aux Académies*, Académie nationale de médecine, communication scientifique, séance du 21 novembre 2017.

17. Denis Brian, *Einstein, le génie, l'homme*, Robert Laffont, 1996, p. 183.

1. Louis-Pascal Jacquemond, *Irène Joliot-Curie*, Odile Jacob, 2014, p. 86.

2. *Ibid.*, p. 107.

3. « Entretien avec Irène Curie », *Le Quotidien*, 28 mars 1925, *in* Henry Gidel, *Marie Curie*, Flammarion, 2008, p. 338.

4. *Ibid.*

5. *Le Temps*, article sans titre de T. Lindenbaub, 24 novembre 1925.

6. *Le Temps*, article sans titre de T. Lindenbaub, 16 février 1926.

7. Lettre de Marie Curie à Ève Curie depuis le paquebot italien *Pincio*, Brésil, 7 juillet 1926, fonds Ève Curie.

8. *Idem.*

9. Ève Curie, *Madame Curie*, Gallimard, 1938, Folio n° 1336, p. 481.

10. Christine Bard, « Marie Curie et Irène Joliot-Curie, le féminisme arcouestien », *Revue de la BNF*, 2009/2, n° 32, p. 39.

11. *Ibid.*, 18 février 1928. Fonds Ève Curie.

12. Commission internationale de coopération intellectuelle, précurseur de l'Unesco.

13. Lettre de Marie à Ève, de Genève à l'Arcouest, 25 juillet 1929, in *Marie Curie et ses filles, Lettres*, Pygmalion, 2011, édition réalisée par Hélène Langevin-Joliot, petite-fille de Pierre et Marie Curie, et Monique Bordry, ancienne directrice du musée Curie.

14. Lettre de Marie à Ève, jeudi 10 octobre 1929, in *ibid.*, p. 303.

15. *Ibid.*, p. 304-305
16. *Idem.*
17. Lettre de Marie à Ève, du Private car adventurer à Paris, mardi 22 octobre 1929, in *ibid.*, p. 316.
18. Lettre de Marie à Ève depuis la Maison-Blanche, *in* Ève Curie, *Madame Curie*, *op. cit.*, p. 403.
19. Lettre de Marie à Ève, de New York à Paris, jeudi 31 octobre 1929, in *Marie Curie et ses filles*, *op. cit.*, p. 324.
20. Marc Chadourne, *Absence*, Plon, 1933, p. 238.
21. Lettre de Marie à Ève, Paris le 11 août 1932, in *Marie Curie et ses filles*, *op. cit.*, p. 374.

V
Rayonnement et crépuscule d'une savante

VI
Les sœurs Curie, de l'ombre à la lumière

1. Frédéric Joliot-Curie, « Réflexions sur la valeur humaine de la science », *La Nef*, janvier 1957, n° 2.
2. Claudine Monteil, *Ève Curie, l'autre fille de Pierre et Marie Curie*, Odile Jacob, 2016, p. 87.
3. Ève Curie, *Madame Curie*, Gallimard, 1938, Folio n° 1336, p. 523.
4. Ève Curie, lettre du 10 octobre 1936 adressée depuis Lausanne à sa sœur Irène Joliot-Curie, fonds Irène Joliot-Curie et fonds Ève Curie.
5. *Ibid.*
6. Mé est le surnom affectueux qu'Irène et Ève ont donné à leur mère.
7. Ève Curie, lettre du 8 septembre 1936 à sa sœur Irène Joliot-Curie, p. 1, fonds Ève Curie.
8. Claude Mauriac, *Le Temps immobile*, t. III : *Et comme l'espérance est violente*, Grasset, 1976.
9. *Ibid.*

10. *Ibid.*

11. « Mme Joliot-Curie a reçu le troisième prix Nobel de chimie », article, décembre 1935, archives de la bibliothèque Marguerite-Durand.

12. *Ibid.*

13. « M. et Mme Joliot-Curie fêtés à Stockholm », Stockholm, 14 décembre 1935, coupure de presse non signée, archives Irène Joliot-Curie de la bibliothèque Marguerite-Durand.

14. Irène Joliot-Curie, « Madame Joliot-Curie, prix Nobel, et le droit des femmes au travail », *La Française*, 23 novembre 1935, archives de la bibliothèque Marguerite-Durand.

15. Irène Joliot-Curie, « Science et économie », *Femmes dans l'action mondiale*, mars 1936.

16. Antoine Tarrago, *Léon Blum et l'émancipation des femmes*, préface de Christine Bard, Taillandier/Jean Jaurès, 2019, p. 153.

17. *Ibid.*, p. 139.

18. *Ibid.*, p. 156.

19. Terme qu'employait ensuite volontiers Simone de Beauvoir à propos d'elle-même quand elle était mise en avant. « Je suis consciente que je suis une femme-alibi », me disait-elle volontiers.

20. Ève Curie, « Irène Joliot-Curie », *Marianne*, 1936, précédé de la note suivante du journal : « On parle de Madame Irène Joliot-Curie comme savante, comme titulaire du prix Nobel et même comme une secrétaire d'État éventuelle. *Marianne* est fière de publier le portrait que trace d'elle sa sœur ». Cet article est repris dans les *Souvenirs et documents publiés par l'Association Frédéric et Irène Joliot-Curie*, p. 15.

21. *Idem.*

22. *Ibid.*, p. 16.

23. Entretien avec Pierre Joliot-Curie.

24. Louis-Pascal Jacquemond, *Irène Joliot-Curie*, Biographie, *op. cit.* p. 158.

25. Josiane Serre, « Un instrument de promotion féminine : l'École normale supérieure de jeunes filles (ex-Sèvres), Aperçu historique sur l'enseignement féminin en France », *Perspectives universitaires*, vol. III, n° 1-2, p. 50-58. Pour mémoire Josiane Serre est la dernière directrice de l'ENSJF de 1974 à 1987, puis codirectrice de l'ENS Ulm. C'est sous son impulsion que l'ENSJF fusionne avec l'École normale supérieure de la rue d'Ulm dont elle deviendra directrice après le décès de Georges Poitou. Par ailleurs, Josiane Serre est ma mère (note de l'auteure de cet ouvrage).

26. *Ibid.* p. 51.
27. *Idem.*
28. *Ibid.*, p. 52.
29. Irène Joliot-Curie, *Hommage à Eugénie Cotton*, archives de la bibliothèque Marguerite-Durand.
30. Institute for Advanced Study, Princeton, New Jersey, États-Unis.
31. « Mme Irène Joliot-Curie souffrante, vient d'abandonner ses fonctions », *La Française*, 3 octobre 1936, article non signé, archives de la bibliothèque Marguerite-Durand.
32. Ève Curie, lettre du 10 octobre 1936 à Irène Joliot-Curie adressée depuis Lausanne, fonds Ève Curie.
33. Irène Joliot-Curie, *Lettre à Léon Blum*, 27 juin 1937, archives Irène Joliot-Curie, musée Curie.
34. « Il faut sauver la fondation Curie, Je pense à l'angoisse de ma mère si son hôpital disparaissait nous dit Mme Ève Curie », 24 mars 1938, archives d'Ève Curie.
35. *Ibid.*
36. Louis-Pascal Jacquemond, *Irène Joliot-Curie*, *op. cit.*, p. 162.

VII
Irène et Ève séparées dans la tourmente de la Seconde Guerre mondiale

1. Lettre d'Irène Curie à Missy Meloney, 12 mai 1940, citée par Louis-Pascal Jacquemond, *Irène Joliot-Curie, Biographie*, Odile Jacob, 2014, p. 163.
2. Eve Curie « Mme Curie, la Pologne et la France », intervention à la radio le 15 septembre 1939, archives de la famille Joliot-Curie reprise dans *Presse Tunis*.
3. « Ève Curie explique pourquoi la Pologne a survécu à toutes les persécutions », *Presse Tunis*, 15 et 17 septembre 1939, archives de la famille Joliot-Curie.
4. *My Day*, Newspaper column, Eleanor Roosevelt, 3 février 1940, référence sur Internet www2.gwu.edu, traduction du texte d'Eleanor Roosevelt par mes soins. Eleanor Roosevelt tenait une rubrique

quotidienne six jours par semaine dans les journaux, racontant ses journées, ses rencontres.

5. Lettre à Ève Curie, Eleanor Roosevelt, lettre du 18 avril 1940, fonds Ève Curie.

6. Lettre à Eleanor Roosevelt, Ève Curie, lettre du 22 avril 1940, fonds Ève Curie.

7. Louis-Pascal Jacquemond, *Irène Joliot-Curie, Biographie*, *op. cit.*, p. 164.

8. Michel Pinault, *Frédéric Joliot-Curie*, Odile Jacob, 2000, p. 206.

9. *My Day*, Eleanor Roosevelt, *The Eleanor Roosevelt Papers, Digital Edition*, 18 février 1941, site Web www2.gwu.edu.

10. Dominique Mongin, « Joliot et l'aventure de l'eau lourde française », *L'Histoire*, octobre 2017, www.lhistoire.fr

11. Phrase de l'amiral Isoroku Yamamoto, citée par www.dicocitations.lemonde.fr

12. Expression de l'écrivain Daniel Rondeau, alors ambassadeur de France auprès de l'Unesco, à Saint-Pétersbourg, au comité du patrimoine mondial de l'Unesco, juillet 1995, pour officialiser le soutien de la France à l'inscription des Kremlins au patrimoine mondial de l'Unesco. Daniel Rondeau a, depuis, été élu à l'Académie française en 2019.

13. Michel Pinault, *Frédéric Joliot-Curie*, *op. cit.*, p. 237.

14. Ève Curie, *Voyage parmi les guerriers*, t. II, Éditions de la Maison française, 1944, p. 96.

15. *Ibid.*, p. 153.

16. *Ibid.*, p. 220.

17. *Ibid.*, p. 250.

18. *Ibid.*, p. 256.

19. Son journal, *Voyage parmi les guerriers*, sera publié par les éditions Double Day aux États-Unis en 1943.

20. *My Day*, Eleanor Roosevelt, *The Eleanor Roosevelt Papers, Digital Edition*, 25 mai 1942, www2.gwu.edu. Elle commente là sa réception d'Ève Curie à la Maison-Blanche.

21. *My Day*, Eleanor Roosevelt, *The Eleanor Roosevelt Papers, Digital Edition,* 17 juin 1942, www2.gwu.ed

22. *Ibid.*

23. Marjory Avory, « Pvt Ève Curie sounds a call to arms », *The New York Times*, 28 novembre 1943. « Pvt » renvoie au terme en

anglais de « private », simple soldat, qui était alors le grade d'Ève Curie dans les Forces Françaises Libres. Elle deviendra officier.

24. Raconté à Claudine Monteil par Hélène Langevin et Pierre Joliot.

25. « On faisait sécher 200 kilos d'explosif » par Édouard Launet, *Libération*, 25 août 2004.

26. Lettre du général Diego Brosset au colonel Masson, cabinet du ministre de la Guerre du 4 octobre 1944, fonds Ève Curie, sous-chemise intitulée par Ève Curie « Radio-France, 18 juin 1945 (retraçant les évènements de 1940 à 1945) ».

27. Natacha Henry, *Marie Curie et Sonia Bluska, Les sœurs savantes*, Librairie Vauvert, 2015, p. 252-253.

VIII
Une famille déchirée par le conflit de la guerre froide

1. Louis-Pascal Jacquemond, « Irène Joliot-Curie, une féministe engagée ? », *Genre et Histoire*, n° 11, automne 2012.

2. Irène Joliot-Curie, « Marie Curie, ma mère », *Europe*, n° 108, décembre 1954, p. 89-121.

3. Ève Curie, lettre à Helen Rogers Reid du 22 mars 1948, fonds Ève Curie, traduction de l'anglais par mes soins.

4. Simone de Beauvoir, *La Force des Choses*, Gallimard, 1963, p. 453.

5. Ingrid Galster, « Le scandale du *Deuxième Sexe* », *Mensuel 232*, mai 1999.

6. Denis Brian, *Einstein, le génie d'un homme*, Flammarion, 1997, p. 432.

7. Eugénie Cotton, *Après Frédéric Joliot-Curie, Irène Joliot-Curie est exclue du Commissariat à l'énergie atomique*, 1952, archives Eugénie Cotton, bibliothèque Marguerite-Durand.

8. Les dix pays européens à signer le traité de l'Atlantique nord (OTAN) en 1949 sont la Belgique, le Danemark, la France, l'Islande, l'Italie, le Luxembourg, la Norvège, les Pays-Bas, le Portugal et le Royaume-Uni.

9. Ève Curie, lettre à Irène Joliot-Curie du 15 novembre 1954, fonds Irène Joliot-Curie et fonds Ève Curie.

10. *Ibid.*, p. 1.

11. « Souvenirs d'Irène et de Frédéric Joliot-Curie », entretien de l'auteure avec Pierre Joliot, 3/3, *Paris-Saclay Le Média*, 12 septembre 2018.

IX
Ève Curie, un engagement fidèle à ses disparues

1. « The talk of the town », *The New Yorker*, 6 novembre 1965, p. 45-47, article non signé.

2. *Ibid.*

3. Maurice Vaïsse et Hervé Magro (dir.), *Dans les archives secrètes du Quai d'Orsay, de 1945 à nos jours*, L'Iconoclaste, série « Histoire », 2019, *cf.* le chapitre « L'espoir se lève à l'Est », p. 533-534.

4. Entretien de M. François Mitterrand, président de la République, accordé à France 2, le 8 mars 1994.

5. Jean-Luc Pasquier, blog 6ruedemessine, 28 décembre 2011.

6. Entretien de Pierre Joliot avec l'auteure, mai 2013.

BIBLIOGRAPHIE NON EXHAUSTIVE

1/ Bibliographie non exhaustive des ouvrages de référence sur Marie, Irène et Ève Curie

BRIAN Denis, *The Curies : A Biography of the Most Controversial Family in Science*, John Wiley & Sons, Honoken, New Jersey, 2005.

BERNSTEIN GUMBER Georges et MAURIN Gilbert, *Bernstein le Magnifique*, Éditions Jean-Claude Lattès, 1988.

COTTON Eugénie, *Les Curie et la Radioactivité*, Seghers, 1963.

CURIE Ève, *Marie Curie*, Gallimard, 1938, Folio n° 1336.

—, *Voyage parmi les guerriers*, Éditions de la Maison française, New York, 1944.

—, *They speak for a Nation. Letters from France*, New York, Doubleday & Doran, 1941, avec Philippe Barrès et Raoul de Roussy de Sales.

CURIE Marie, *La Radiologie et la Guerre*, Librairie F. Alcan, 1921.

—, *Pierre Curie*, Odile Jacob, 1996, réédition du livre paru chez Payot en 1923.

—, *Marie Curie et ses filles, Lettres*, préface d'Hélène Langevin-Joliot et de Monique Bordry, Pygmalion, 2011.

CURIE Marie et JOLIOT-CURIE Irène, *Correspondance, choix de lettres (1905-1934)*, Gilette Ziegler, Les Éditeurs français réunis, 1974.

FRAIN Irène, *Marie Curie prend un amant*, Le Seuil, 2016.
GOLDSMITH Barbara, *Marie Curie, Portrait intime d'une femme d'exception*, Dunod Sciences, 2006.
HENRY Natacha, *Marie Curie et Bronia Dluska, Les sœurs savantes*, Librairie Vuibert/Albin Michel, 2015.
HIMBERT Marie-Noëlle, *Marie Curie, portrait d'une femme engagée, 1914-1918*, Actes Sud, 2014.
HUCHETTE Nathalie, *Balade parisienne avec Pierre et Marie Curie*, Les Carnets du musée Curie, collection éditée par l'Institut Curie en collaboration avec le musée Curie, 2008.
HUCHETTE Nathalie et ANDRÉ Laurence, *Les Joliot-Curie. Deux savants à la une*, Les Carnets du musée Curie, n° 3, 2008.
JACQUEMOND Louis-Pascal, *Irène Joliot-Curie*, Odile Jacob, 2014.
—, « Irène Joliot-Curie : une féministe engagée ? », *Genre et histoire*, automne 2012, n° 11.
JOLIOT-CURIE Irène, « La vie et l'œuvre de Marie Sklodowska-Curie », *La Pensée*, novembre-décembre 1954, n° 58 (archives Curie, dossier I-16, liasse 49).
—, « Marie Curie, ma mère », *Europe*, décembre 1954, n° 108 (archives Curie, dossier I-16, liasse 50) [I. Joliot-Curie (1954) dans les notes].
JOLIOT Pierre, *La Recherche passionnément,* Odile Jacob, 2001.
LANGEVIN André, *Paul Langevin, mon père. L'homme et l'œuvre*, Les Éditeurs français réunis, 1971.
LANGEVIN-JOLIOT Hélène, *Cahiers de l'IHSME* (Institut d'histoire sociale Mines-Énergie – la CGT), février 2009, n° 21.
LANGEVIN-JOLIOT Hélène et BORDRY Monique, *Marie Curie et ses filles, Lettres*, Pygmalion, 2011.
LANSDALE Elizabeth, *My Metamorphosis*, Enaretos Press, Thessalonique, 2007, avec une préface d'Ève Curie-Labouisse.
LORIOT Noëlle, *Irène Joliot-Curie*, Presse de la Renaissance, 1991.

MARBO Camille (Marguerite Borel), *À travers deux siècles. Souvenirs et rencontres (1883-1967)*, Grasset, 1968.

MARDER Brendal, *Stewards of the Land, The American Farm School and Greece in the Twentieth Century*, Mercer University Press, Géorgie, 2004.

PIGEARD-MICAULT Natalie, *Les Femmes du laboratoire de Marie Curie*, Glyphe, 2013.

PINAULT Michel, *Frédéric Joliot-Curie*, Odile Jacob, 2000.

POIRIER Jean-Pierre, *Marie Curie et les conquérants de l'atome (1896-2006)*, Pygmalion, 2006.

QUINN Susan, *Marie Curie*, Odile Jacob, 1996 (traduction par Laurent Muhleisen de *Marie Curie, A Life*, Simon et Schuster, New York, 1995).

RADVANYI Pierre, *Les Curie, Pionniers de l'atome*, Belin, coll. « Pour la science », 2005.

RADVANYI Pierre et BORDRY Monique, *La Radioactivité artificielle et son histoire*, Seuil/CNRS, coll. « Points Sciences », 1984.

REID Robert, *Marie Curie derrière la légende*, Seuil, coll. « Points Sciences », 1979.

SAURIER Delphine, *Histoires de l'association Curie et Joliot-Curie et du musée Curie*, Université d'Avignon et des pays du Vaucluse, 2009.

ZAK Sonia, *Frédéric et Irène Joliot-Curie*, Causette, 2000.

2/ Autres ouvrages utiles pour cette biographie

AUMONT Jean-Pierre, *Le Soleil et les Ombres*, Opéra Mundi, 1976, coll. « J'ai lu ».

BARD Christine, « Marie Curie et Irène Joliot-Curie, le féminisme arcouestien », *Revue de la BNF*, 2009, n° 32 : *L'Arcouest des Joliot-Curie*.

—, « Les premières femmes au gouvernement (France, 1936-1981) », mai-juin 2007, *Histoire@Politique*, n° 1.

—, *Les Filles de Marianne, Histoire des féminismes, 1914-1940*, Fayard, 1995.

—, *Les Femmes dans la société française au XXe siècle*, Armand Colin, coll. « U », 2004.

BARRÈS Philippe, *Charles de Gaulle*, Plon, 1944.

BEAUVOIR Simone, de, *Le Deuxième Sexe*, Gallimard, 1949.

BEAUVOIS Daniel, *La Pologne, histoire, société, culture*, La Martinière, 2004.

CASSIN Gabriel, *René Cassin. Les guerres de 1914-1918 et de 1939-1945 et le combat pour la dignité humaine : les droits de l'Homme (1948), le prix Nobel de la paix (1968)*, Éditions Gabriel Cassin, 2011.

CHADOURNE Marc, *Absence*, Plon, 1933.

EIDELMAN Jacqueline, *La Création du palais de la Découverte*, thèse de doctorat sous la direction de Viviane Isambert-Jamati, Université Paris V-René Descartes, 1988 (disponible au Fonds Curie).

FEIS Herbert, *Churchill, Roosevelt, Staline*, Princeton University Press, Princeton, 1957.

GENDRON Louis-Paul, *En marge de l'histoire*, t. I, II, III (pas de référence d'éditeur).

GUY Claude, *En écoutant de Gaulle, Journal 1946-1949*, Grasset, 1996.

Kai-yu HSU, *Chou En-laï, éminence grise de la Chine*, Mercure de France, 1968.

KASPI André, *La Deuxième Guerre mondiale*, Perrin, 1990.

—, *La Libération de la France, juin 1944-janvier 1945*, Perrin, 1995.

KERSAUDY François, *De Gaulle et Churchill : la mésentente cordiale*, Perrin, 2003.

—, *De Gaulle et Roosevelt : le duel au sommet*, Perrin, 2004.

LELIEVRE Claude et Françoise, *Histoire de la scolarisation des filles*, Nathan, 1992.

MAURIAC Claude, *Le Temps immobile*, t. II : *Les Espaces imaginaires*, Grasset, 1975.

—, *Le Temps immobile*, t. III : *Et comme l'espérance est violente*, Grasset, 1976.

Nehru Jawaharlal, *A Bunch of Old Letters Written Mostly to Jawaharlal Nehru and Some Written by Him*, Jayasinghe Asia Publishing House, Bombay, 1958 ; Londres, 1960.
PERROT Michelle et DUBY Georges, *L'Histoire des femmes en Occident*, t. 5 : *Le XXe siècle*, Poche, 2002.
PONTY Janine, *Les Polonais en France de Louis XIV à nos jours*, Éditions du Rocher, Paris 2008.
PROST Antoine et WINTER Jay, *René Cassin*, Fayard, 2011.
ROOSEVELT Eleonor, *This I remember*, Harper and Brothers, New York, 1949.
SARTORI Éric et DE GENNES Gilles, *Histoire des grands scientifiques français : d'Ambroise Paré à Pierre et Marie Curie*, Perrin, 2012.
SAURIER Delphine, *La Fabrique des illustres, Proust, Curie, Joliot et lieux de mémoire*, Éditions non standard, 2013.
SHARP Evelyn, *Hertha Ayrton, A Memoir*, Edward Arnold and Co, Londres, 1926.
THIBAUDET Albert, *La République des professeurs*, Grasset, 1927, p. 123.
TROTEREAU Janine, *Marie Curie*, Gallimard, Folio n° 81, 2011.
VAÏSSE Maurice, *Histoire de la diplomatie française*, avec Jean-Claude Allain, Françoise Autrand, Lucien Bély, Philippe Contamine, Pierre Guillen, Thierry Lentz, Georges-Henri Soutou et Laurent Theis, Perrin, 2007.
WEISS Louise, *Combats pour les femmes*, Albin Michel, 1980.
—, *Mémoires d'une Européenne*, Payot/Albin Michel, 6 tomes (1968-1976).
WIEVIORKA Olivier, *Histoire de la Résistance, 1940-1945*, Perrin, 2013.
WINGATE Ronald, sir, *Lord Ismay, a biography*, Hutchinson & Co, LTD, Londres-New York 1970.
ZANCARINI-FOURNEL Michelle, *Histoire des femmes en France, XIXe-XXe siècle*, PUR, 2005.

3/ Liens utiles

Vers le musée : http://musee.curie.fr/
Vers la présentation des collections : http://musee.curie.fr/decouvrir/archives-et-collections/presentation
Accès au catalogue en ligne : http://www.calames.abes.fr/pub/curie.aspx

OUVRAGES DE CLAUDINE MONTEIL

Aux Éditions n° 1/Calmann-Lévy

Les Amants de la liberté. L'aventure de Jean-Paul Sartre et Simone de Beauvoir dans le siècle, Éditions n° 1, 1999.
Les Amants des Temps modernes. Charlie et Oona Chaplin, Éditions n° 1, 2002.
Les Sœurs Beauvoir, Éditions n° 1, 2003.

Chez d'autres éditeurs

Simone de Beauvoir, le mouvement des femmes : mémoires d'une jeune fille rebelle, Montréal, Éditions Alain Stanké, 1995 ; Le Rocher, 1996.
Simone de Beauvoir côté femme, Timée-Éditions, 2006.
Simone de Beauvoir. Modernité et engagement, L'Harmattan, 2009.
Complots mathématiques à Princeton, Odile Jacob, 2010.
Simone de Beauvoir et les femmes d'aujourd'hui, Odile Jacob, 2011.
Ève Curie, l'autre fille de Pierre et Marie Curie, Odile Jacob, 2016.

Ouvrages en collaboration

Cent lettres pour les femmes afghanes, « Nos cris traversent les murailles », Éditions n° 1, 2001.

Simone de Beauvoir, cent ans après sa naissance. Contributions interdisciplinaires des cinq continents, Thomas Stauder (dir.), Tübingen, Gunter Narr Verlag, coll. « Édition Lendemains », 2008.

L'Identité féminine dans l'œuvre d'Elsa Triolet, Thomas Stauder (dir.), Tübingen, Gunter Narr Verlag, coll. « Édition Lendemains », 2010.

TABLE DES MATIÈRES

Photocomposition Nord Compo à Villeneuve-d'Ascq

Achevé d'imprimer en octobre 2022
par CPI BUSSIÈRE (18200 Saint-Amand-Montrond)
pour le compte des Éditions Calmann-Lévy
21, rue du Montparnasse, 75006 Paris

PAPIER À BASE DE
FIBRES CERTIFIÉES

CALMANN LEVY s'engage
pour l'environnement en réduisant
l'empreinte carbone de ses livres.
Celle de cet exemplaire est de :
900 g éq. CO_2
Rendez-vous sur
www.calmann-levy-durable.fr

N° d'éditeur : 5286110/08
N° d'imprimeur : 2068002
Dépôt légal : novembre 2021
Imprimé en France.